스페인 아방가르드와
바로크적 전통

스페인 아방가르드와 바로크적 전통

조민현

KOREA UNIVERSITY PRESS
고려대학교 출판문화원

이 저서는 2015년 정부(교육부)의 재원으로 한국연구재단의 지원을 받아 수행된 연구임
(NRF-2015S1A6A4A01011340)

프롤로그

1990년대 초 민주화가 본격화된 한국 사회에는 많은 분야에서 변화가 찾아왔다. 문학에서도 기존의 리얼리즘 경향을 벗어나 포스트모더니즘의 조류가 다양한 형식으로 소개되고 논의되었다. 당시 대학원을 다니던 저자는 데리다, 푸코, 라캉, 롤랑 바르트 등의 저서를 읽으며 마치 새로운 대륙을 발견한 듯한 기분을 느꼈다. 인간과 세계에 대한 새로운 시각이 이들의 사유 속에 이전과는 다른 차원으로 들어있다고 생각했다.

이후 스페인에 유학하며 현대문학을 공부했는데, 그곳에서는 한국에서 한창 뜨겁게 논의되고 있던 이러한 이론들에 대한 열기가 그다지 높지 않았다. 수업 시간 등에서 이들의 이론을 언급하면, 그러한 것과 유사한 사유가 스페인에는 예전부터 이미 있던 것이라고 별 반응을 보이지 않았다. 당시 빠르게 발전하면서 이전 것은 늘 극복해야만 하는 것으로 간주했던 한국 사회의 프레임에 익숙했기에 그들의 미지근한 반응은 내게 스페인의 학문은 그다지 역동적이지 않다는 인상을 주었다.

하지만, 그들의 사유방식을 차츰 이해하고 전공하던 현대문학 역시 고전 전통에서 자유로운 것이 아니라는 생각이 들면서, 스페인 내부로부터 이어온 현대성의 문제에 관심을 가지기 시작했다. 문헌학의 오랜 전통을 이어온 스페인에서는 현재를 사유할 때도 이전 전통과의 관련성을 고려한다는 것을 점차 이해했기 때문이다. 이는 문학의 존재론은 현대 사회에서 요구하는 발전과 진보의 패러다임과는 다른 곳에 자리하고 있다는 생각으로 이어졌다.

이러한 생각은 귀국 후 '스페인 사상사'를 강의하며 참고했던 크레인 브린튼의 《서양사상의 역사》를 읽으며 좀 더 구체화되었다. 그는 지식을 두 유형으로 분류하는데, 과학적 지식은 새로운 지식이 나오면 이전의 지식은 폐기되거나 그 의미가 반감되지만, 문학이나 철학적 지식은 시대에 상관없이 같은 문제에 대해서 거의 유사한 방식으로 사유한다고 말한다. 그래서 그는 그리스의 천재 과학자 아르키메데스를 아인슈타인과 비교하기는 어렵지만, 고대 그리스의 문인이나 플라톤과 같은 철학자는 여전히 동시대적인 가치를 갖는다고 본다. 말하자면, 인간과 관련된 문학이나 철학 등은 근본적인 문제는 크게 바뀌는 것 없이 그것을 말하거나 표출하는 방식만이 달라질 뿐이라는 것이다.

이러한 전망에서 스페인 사상을 현재적인 맥락과 연결해보려고 했고, 스페인 문학을 시대를 가로지르며 사유해보기 시작했다. 문학작품이 갖는 역사성과 더불어 시대의 흐름과 관계없는 동시대적인 가치를 떠올려보려고 하였다.

그러한 관심은 20세기 초 스페인 아방가르드에서 나온 새로운 문학 장르인 '그레게리아'와 17세기 바로크 전통과의 관련성을 생각해보는 연구로 구체화되었다. 따라서 '그레게리아와 바로크적 전통' 등 저자가 기존에 했던 연구가 이 책의 일부를 이룬다. 이 책은 그 연구의 연장선이자 확장의 형태를 띠고 있다. 관련된 연구들은 참고문헌에 밝혀놓았다.

이렇듯 기존의 연구를 모태로 새롭게 집필을 진행하여 나온 이 책은 다음과 같은 구성으로 이루어졌다. 1장에서는 아방가르드와 바로크의 다양한 양상과 함의를 다루었다. 아방가르드가 여러 이름을 갖고 전개되었고, 바로크는 바라보는 관점에 따라 부정적 또는 긍정적으로 평가되고, 역사성에 한정되거나 동시대적인 가치를 지니는 것으로 구분된다. 이렇게 각각의 성격에 대해 논의한 후 아방가르드와 바로크가 연결될 수 있는 상관성을 도출해보았다.

2장에서는 20세기 전반 스페인 안팎에서 여러 비평가가 바로크에 관심을 두고 재평가한 것을 다루었다. 이들의 각 입장이 바로크의 다양한 성격과 연결된다고 볼 수 있다. 더불어 문학의 현장성이 담겨 있는 20세기 초의 문학 잡지를 들여다봄으로써 그 당시 바로크에 대한 사유를 좀 더 생생히 접해보려고 했으나 당대 자료에 대한 접근의 한계로 애초 계획한 것에 많이 미치지 못해 아쉬움이 남는다.

3장에서는 1, 2장에서의 논의를 바탕으로 아방가르드의 작품 속에 바로크의 성격이 구체적으로 어떻게 나타나는지를 살펴보았다. 은유에 대한 사고를 비롯해 기지, 과장, 신조어, 그로테스크 등 바로크적인 특성이 아방가르드 작품에 어떠한 방식으로 내재해 있는지를 살펴보았고, 특히 공고라와 케베도의 문학 전통이 아방가르드의 연장선에 있는 27세대 시인들의 문학 속에 어떠한 영향을 미쳤는지를 분석하였다. 이때, 시의 경우 한국어로 번역하기 어려운 경우나 작품에 대한 보다 충실한 이해를 돕기 위해서 원문을 함께 적었다. 마지막으로 미술과 영화 속에서 바로크적인 면을 간략하게나마 살펴보면서 문학 이외의 영역으로 접근을 모색하였다. 결론에서는 바로크적 전통이 갖는 현재적 의미를 살펴보았다.

이렇게 이 책은 이론과 실제라는 큰 틀 속에서 세부적인 계획을 세우고 집필을 진행하였다. 무엇보다 시대를 가로지르며 소통하는 문학의 한 단면을 드러내려고 하였다. 좀 더 세부적으로 논의할 부분은 향후 내실 있게 채우고 다져갈 것이다.

2019년 4월

조민현

차례

서론

문예사조의 흐름을 살펴보면, 새로운 문학이나 예술은 이전의 것에 대한 피로감 또는 비판에서 비롯된다. 신 중심적인 세계관에 바탕을 둔 중세의 인식론이 오랫동안 지속하자 그 내부로부터의 균열과 새로운 과학적 발견으로 인간 중심의 르네상스가 도래되었다면, 바로크는 인간적인 것에 대한 사유가 급격히 퍼지고 팽창하는 것에 불안감을 느끼며, 이를 제어하고 다시 인간적인 현실을 넘어서 궁극적으로 신적인 것과의 조응을 상정한다. 이로 인해 르네상스에서 비롯된 인간의 영역과 그에게서 벗어나는 초월적인 영역이 동시에 혼재하는 바로크는 17세기 유럽의 정체성을 이루게 된다. 이때, 인간의 세계와 신의 세계라는 서로 다른 두 현실의 혼합 속에서 바로크는 조화와 균형을 벗어나 서로 이질적인 속성이 뒤섞여 있는 형식을 의미하게 된다.

18세기에는 다시 계몽적 이성이 신의 자리를 대체하였고 인간의 이성적 능력에 대한 신뢰가 최고조에 도달한 19세기에는 현실을 객관적으로 관찰하여 재현해낼 수 있다는 사실주의가 절정을 이루게 된다.

하지만 20세기 초에 등장한 아방가르드 운동은 인간이 이성적 사고를 기반으로 현실을 객관적으로 재현해낼 수 있는가에 대해 질문하기 시작한다. 인간이 지각하고 감지하는 현실이 바로 현실 그 자체이냐는 의문이 제기된 것이다.

구체적으로 미술에서의 인상주의와 철학에서의 현상학 등은 인간 이성이 외부 현실을 객관적으로 재현한다는 능력에 의문을 표시하였고 큐비즘은 그러한 사고 전환의 정점에 위치한다. 이러한 사유는 인간을 둘러싼 외부 현실을 객관적으로 감지할 수 있다는 것은 하나의 환상에 지나지 않으며, 다양한 현실들만이 있을 뿐이라는 생각에 이르렀다. 이러한 관점을 내포하는 20세기 전반의 아방가르드는 현대의 인식론에 큰 영향을 미쳤으며, 문예사조의 순환론적인 관점에서 보면 르네상스에 대한 반작용으로 출현한 바로크와 어느 지점에서 연결된다는 것이 본 연구의 출발점이다.

하지만 역사적으로 살펴보면 바로크를 둘러싸고 많은 편견이 있었다. 바로크는 '일그러진 진주'라는 어원에서 보듯이 서로 다른 요소들 사이의 충돌로 인해 불완전한 체계를 특징으로 한다. 그러기에 바로크는 규칙을 중시했던 18세기 신고전주의 시대와 이성에 기반을 둔 19세기 사실주의 시대에는 별다른 조명을 받지 못했다.

명확한 자기 정체성을 갖지 못한 채 태생적 모호함으로 인해 바로크는 제대로 평가를 받지 못하고 이어져왔다. 서동욱에 의하면, "예술사에서 이름을 가지고 있다고는 하지만 바로크는 좀처럼 존중받지 못했다. 역사적으로 바로크는 나태한 시대로 인식되었으며 종종 조소의 대상이 되곤 했다."[1]

특히 바로크를 부정적으로 평가하는 사람들은 이 말에서 매너리즘을 떠올렸는데, 그것은 르네상스 이후 나온 것으로 특별히 새로운 것이 없이 반복되는 경향을 언급하는 것이며 바로크를 폄하하는 또 다른 이름이었다. 이러한 사고는 현대에 접어들어서도 발견된다. 스페인 예술사의 탁월한 전문가인 메넨데스 펠라요Menéndez Pelayo는 바로크 예술가들을 이단자, 추악하고 기괴한 것의 추종자로 부르며 그 시대에 어떠한 호감도 보이지 않았다.[2]

사르트르 역시 《문학이란 무엇인가》에서 바로크에 대해 부정적으로 평가하고 있다. 그는 17세기 바로크 시대의 작가들은 독창성이 결여된 채 이미 말해진 것을 반복했을 뿐이라고 주장한다. "이러한 작가들은 자기가 너무 늦게 태어나서, 말할 만한 것들은 남들이 이미 모두 말해 버렸으니, 그 말을 멋있게 다시 되뇌는 길밖에는 없다고 체념하면서 태평하게 제 직업에 종사했다."[3]

이러한 맥락에서 사르트르는 바로크 시대가 지배적인 사상이 매우 견고해서 새로운 사유를 도출해내는 것이 어려운 시대였기에 독자는 작가가 말한 바를 그저 확인하는 수준에 머물렀다고 한다.

---

1. 서동욱(2016), 〈현대사상으로서 바로크 – 벤야민과 들뢰즈의 경우〉, 《철학논집》, 44, 210.
2. José Miguel Muñoz Jiménez(1999), "El barroco como arte plenamente moderno", *Cuadernos de arte e iconografía*, 8, 16, 473.
3. 장폴 사르트르(1998), 《문학이란 무엇인가》, 민음사, 132.

> 종교적, 정치적 이데올로기가 매우 공고하고 금제禁制가 매우 엄격해서, 새로운 생각의 터전을 발견한다는 것은 도대체 불가능하고, 작가는 엘리트가 받아들인 〈상투적 사상〉을 형식화할 수 있을 따름이다. (…) 작가와 독자가 같은 세계에 속해 있고 모든 것에 대해서 같은 생각하고 있다는 것을 의식적儀式的으로 확인하는 것에 불과하다.[4]

여기서 바로크 작가들은 이미 알려진 내용을 다양한 기교를 통해 다시금 드러내는 데 관심이 있었다는 것이다. 말하자면 새로운 내용보다는 이를 어떻게 말할 것인지를 생각했고 독자 역시 작가에게 바란 것은 새로운 사상을 불어넣어 달라는 것이 아니라, 다만 이미 가지고 있는 사상을 멋있게 표현해 달라는 것뿐이었다.[5]

이렇게 사르트르가 바로크 문학을 깎아내린 배경에는 그가 그 시대의 지배적 이념에 주목한 데에 있다. 르네상스에 대한 반동으로 나타난 바로크는 크게 보아서 '반종교개혁'의 이념적 배경을 바탕으로 했기에 진보적인 이념을 견지했던 사르트르는 바로크 문학을 호의적인 눈길로 바라보지 않았을 것이다.

이렇듯 메넨데스 펠라요가 바로크의 이질성과 규범에서 벗어난 일탈적인 모습을 부각했다면, 사르트르는 르네상스 이후 지배적인 이데올로기가 된 종교성에 주목하였다.

하지만 이들은 공고화된 사회를 반영하는 문학과 예술의 내용에만 주목했지 이를 표현하기 위해 작가들이 고민하면서 겉으로 드러난 이데올로기에 균열을 냈던 틈새에 주목하지 않은 듯하다.

오늘날에 이르러 바로크는 단지 종교성의 문맥에서만 논의되지 않고 여러 성격을 가진 것으로 파악되고 있으며, 무엇보다 서로 다른 현실에 대한 다양한 전망을 내포한다. 이렇듯 바로크에 대한 또 다른 관점은 이를 아방가르드와 연결할 수 있는 여지를 준다. 그것은 무엇보다 아방가르드가 하나의 자명한 현실을 의심하고 다양한 현실을 가정하는 것과 연결된다.

이러한 면에서 스페인 아방가르드가 이전의 전통과는 급격하게 다른 것으로 단지 20세기 초반에 새롭게 부상한 예술 운동의 관점으로만 이해되는 것이 아니라 문학·예술 전통 구체적으로는 바로크적인 문맥과 관련을 맺으며 좀 더 폭넓은 해석의 가능성을 열 수 있다고 생각된다. 그 속에서 우리는 역사적으로 이어져 내려온 문학적 깊이와 전통을 다시 떠올려볼 수 있을 것이다.

따라서 아방가르드에 대한 이제까지의 연구가 동시대적인 맥락에서 주로 논의되었다면, 여기서는 스페인의 문학 전통, 특히 바로크적 전통과의 관련 속에서 스페인의 아방가르드 운동을 고찰하려고 한다. 이를 통해 스페인 내부로부터 우러나왔던 '현대성'의 문제를 성찰할 수 있을 것이다.

---

4. 같은 책, 127-128.
5. 같은 책, 128.

제1장

아방가르드와 바로크

1.

아방가르드 운동의 배경과 전개

1) 아방가르드 운동의 배경

서구 문화의 형성과 전개 속에서 나타난 형이상학은 세계를 설명하는 중심 원리로서 불변하며 영원한 것을 상정해왔다. 이데아, 원형, 신, 본질, 실체, 주체, 절대 이성 등의 이름이 그것이며, 이것은 시간의 흐름에 의해 오염되는 것 없이 항구적인 의미가 계속해서 이어지기를 열망하는 바람에서 나왔다.

이러한 맥락에서 영원한 것은 진리의 이름으로 여기에 속하지 않는 영역, 즉 순간적이고 가변적인 영역을 의미 없는 것으로 배척했다. 그런데, 이러한 폄하의 배경에는 가치론적인 판단이 내재해 있다. 서양의 오랜 전통 속에서 순간이란 그 순간만 지나면 사라지는 덧없는 것, 가치 없는 것이었기 때문이다. 따라서 플라톤은 이 두 영역을 완전히 존재하는 것과 불완전하게 존재하는 것이라는 가치 평가의 문제로 보아 이데아 같은 완벽한 존재는 선한 것이며, 시간의 영향을 받아 끝없이 변하는 현상 세계는 불완전한 존재로서 악한 것이라는 윤리적 판단을 가하였다.[1] 존재의 영역에 대한 이러한 이데올로기적 구분은 서구의 근대에 이르기까지 변하지 않은 채 이름을 달리하여 계속되었다. 그것은 서양적 사유의 주류가 이 세계에서 변화하지 않는 것이 무엇인가라는 실체적 물음에 기인하기 때문이다.

하지만 20세기 초에 이르러 항구적이고 영원한 것을 상정하는 이러한 서구 형이상학은 심각한 도전을 받게 되는데, 이는 순간적이고 가변적인 것에 대한 재평가와 인간이 마주하는 현실에 대한 새로운 인식으로 요약된다.

따라서 20세기에 접어들자 유럽 전역에서 문학과 예술에 대한 보다 혁신적인 사고가 일어났다.[2] 그 반향은 스페인에서도 나타났는데, 19세기 문학을 거부하고 새로운 세기의 문학을 주창한 세대가 나타났으며, 이를 '1900년대 세대Novecentismo'라고 부른다. 에우헤니오 도르스Eugenio D'ors에 의해서 명명된 이 명칭은 이전 세기와는 다른 새로운 시대의 문학을 언급하기 위해서 사용되었다. 따라서 이 세대는 19세기 말과 아방가르드 사이를 연결해주는 역할을 수행했다. 1900년대 세대는 다양한 형식으로 아방가르드가 개화되는 것을 준비했다. 이후 세대는 1890년에서 1900년 사이에 태어난 작가들로 구성된 전위주의 세대인데, 이들은 그들을 둘러싸고 있는 문학과 그들 직전의 문학뿐 아니라 물려받은 모든 문화와 단절하려는 의지를 갖추고 스페인 문학계에 등장하였다.[3]

레나토 포지올리는 이러한 아방가르드를 스페인어권 문화의 맥락에서 조명한다.

아방가르드 예술이라는 용어는 신라틴어 어족과 문화에 있어 매우 배타적인 어휘론적(또 아마도 비평적인) 유산이다. 그 용어는 예컨대 스페인 문화와 남미ispano-americana 문화에서 규칙적으로 사용된다. 기예르모 데 토레Guillermo de Torre는 문학적 아방가르드주의의 수많은 특수한 양상과 움직임들을 아주 날카롭게 연구한 어느 책의 표지에서 그 용어를 사용했다. 반면, 아마도 지금까지 특별한 전망에 따라 아방가르드 예술의 문제에 전력을 다해 부딪혀왔던 유일한 작가 오르테가 이 가세트는 그 용어를 피하는 대신 "비인간화된 예술arte disumanizzata", "추상예술", "새로운 예술", "젊은 예술"이란 용어를 선호했다. 이는 아마도 한편으로는 아방가르드 예술의 지적 급진주의를 강조하고, 또 한편으로는 그 예술이 새로운 세대의 도래와 일치한다는 사실을 강조하고 싶어서였을 것이다.[4]

1. 플라톤의 《이상국가》에서 소크라테스와 아데이만토스의 대화 내용에 이러한 생각이 집약되어 나타난다. 플라톤(1985), 《이상국가》(최현 옮김), 집문당, 88-99 참고.
2. 아르놀트 하우저는 20세기는 제1차 세계대전 이후, 그러니까 1920년대에 비로소 시작된다고 말한다(아르놀트 하우저(1989), 《문학과 예술의 사회사 4》(백낙청, 염무웅 옮김), 창작과 비평사, 285). 역사적인 사건을 기준으로 한 이러한 구분은 어느 정도 설득력이 있지만, 서구의 모든 국가에 일반적으로 적용되지는 않는다. 큐비즘이나 미래주의 같은 혁신적인 사고는 1차 세계대전 이전에 이미 나와서 전개되었기 때문이다.
3. 아기나가 외(2013), 《스페인 문학의 사회사 4》(정동섭 옮김), 나남, 44.
4. 레나토 포지올리(1998), 《아방가르드 예술론》(박상진 옮김), 문예출판사, 23-24.

이러한 맥락에서 이 세대의 핵심 인물인 오르테가 이 가세트의 역할을 주목해볼 필요가 있다. 1900년대 세대의 멘토 역할을 했던 그는 19세기 말 미서전쟁에서 패배한 이후 나타난 스페인의 심각한 위기 앞에서 형성된 98세대와는 다른 입장을 견지하며, 문학과 예술에 대한 새로운 입장을 내세웠다. 그는 1898년의 국가적 재난에서 시간상으로 거리가 있었고, 공간적으로도 스페인에서 벗어나 독일에서 유학했던 새로운 세대의 일원이었기에 현실을 보다 객관적으로 성찰할 수 있었다. 그것은 문학과 예술이 인간의 삶이나 감정에 매몰되지 않고 거기에서 벗어나는 길을 택하는 것이었다. 1925년에 나온《예술의 비인간화La deshumanización del arte》는 이러한 점에서 예술의 대상이 무엇인지를 새롭게 규정하는 기념비적인 작품이었다. 그것은 예술 작품이 드러내려는 대상은 더는 현실 자체가 아니라 현실에 대해 형성된 관념이라는 것으로 인식의 전환을 가져오게 하였다. 오르테가의 이러한 관점은 20세기 초반에 등장한 새로운 예술의 의미가 무엇인지를 분석했다는 점에서 아방가르드의 존재 근거를 마련해주었다. 오르테가는 이러한 면을 정당화하기 위해 먼저 아방가르드 이전 19세기 예술은 기본적으로 인간이 경험하는 다양한 삶과 감정을 다룬다고 지적한다.

> 19세기가 선호했던 예술작품에는 언제나 경험한 삶이 핵심으로 자리 잡고 있으며 그것이 미학의 실체였다. 이러한 미학에 따라 예술이 이루어졌고 예술 작업이란 그렇게 핵심을 이루는 인간적인 것을 연마하고 광을 내어 눈부시게 하고 꾸미는 일로 귀착되었

다. 대부분의 사람이 그런 예술작품이 가장 자연스러우며 유일한 것이라고 여겼다. 예술은 삶의 반영이며 예술가의 기질을 통하여 보인 자연의 모습이며 인간적인 것의 표현 등으로 해석했다.[5]

19세기를 대표했던 사조에는 사실주의와 낭만주의가 있다. 오르테가는 《예술의 비인간화》에서 새로운 예술을 주창하며 이 두 사조에 대해 비판적 태도를 보였는데, 윗글은 낭만주의를 좀 더 염두에 둔 것이다. 이 사조가 인간이 경험한 삶과 느낀 감정을 예술적 소재로 하기에 가장 대중 친화적인 예술형식이었으며, 그런 만큼 그가 생각하는 새로운 예술과는 가장 배치되는 것이었다. 여기서 오르테가가 19세기와 20세기를 가르는 중요한 요소로 고려한 대중성의 문제가 제기된다. 19세기 예술은 대중성을 가졌던 반면에 새로운 예술은 비대중적인 성격을 지니며, 나아가 대중의 반감까지 불러일으킨다는 것이다.

> 낭만주의는 대중적인 양식의 전형이다. 민주주의가 탄생시킨 최초의 산물로 대중의 사랑을 최대로 누렸다. 반면 새로운 예술은 대중과 거리가 멀다. 앞으로도 계속 그렇게 될 것이다. 본질적으로 비대중적이다. 아니 오히려 반대중적이라는 말이 맞을 성싶다.[6]

---

5. 오르테가 이 가세트(2004), 《예술의 비인간화》(안영옥 옮김), 고려대학교출판부, 34.
6. 같은 책, 5-6.

예술의 대중성과 반대중성의 문제는 예술과 삶의 관계를 설명하는 것으로 낭만주의와 아방가르드의 근본적인 차이를 나타낸다. 결국, 사회학적인 관점에서 볼 때, 인간적인 것을 다룬 예술에 익숙해 있던 다수의 대중은 이런 성격에서 멀어진 새로운 예술을 이해하지 못하고 적대시했으며, 소수의 사람만이 새로 등장한 예술을 받아들이고 공감하게 된다. 따라서 오르테가가 제시한 '비인간화'된 예술이라는 말은 인간의 감각, 감정, 느낌 등에서 비롯된 친숙한 요소들을 배제한 예술을 의미하며, 그로 인해 대중에게서 멀어진 예술이라는 의미를 함축한다. 그가《대중의 반역》에서 어떤 현상에 대해 평균적인 지식과 이해를 구하려는 대중의 속성을 언급한 것 또한 이러한 예술관과 관련을 맺는다.

이러한 면을 배경으로 오르테가는 낭만주의를 비롯한 19세기 예술과 대중에게서 멀어진 새로운 예술 경향을 다음과 같이 7가지로 요약한다.

1. 예술을 비인간화하려는 경향이다.
2. 인간화된 형식은 피하려고 하는 경향이다.
3. 예술 작품이 예술 그 자체가 되도록 하는 경향이다.
4. 예술을 더도 덜도 말고 바로 놀이로 보는 경향이다.
5. 근본적으로 아이러니한 경향이다.
6. 어떠한 것이든 억지로 꾸며낸 것 같은 거짓은 배척하려는 경향이다.
7. 젊은 예술가들에 의하면 예술을 통하여 어떠한 메시지를 주지

않고자 하는 경향이다.[7]

그렇다면 결국 새로운 예술을 추구하는 예술가는 이전에 익숙한 관점이었던 인간과 세계를 객관적으로 재현하거나 설명하려는 데서 벗어나 대상에 대한 자신의 주관적 관념을 드러내는 역할로 한정된다. 말하자면, 새로운 예술은 세계에 대한 모방이나 재현이 아니라 기존에 없던 것을 새롭게 만들어내는 것이다.

> 시인은 인간이 끝나는 곳에서 시작된다. 인간의 운명은 인생을 사는 일이요, 시인의 임무는 존재하지 않는 것을 창조해 내는 일이다. 시인의 일은 창조하는 업무로 평가받는다. 시인은 이미 저곳에 원래 현존하는 것에 비현실적인 대륙을 더함으로써 세상을 넓힌다. 작가라는 말은 '늘려 주는 자'라는 뜻의 라틴어로부터 왔다.[8]

1923년 오르테가가 창간한 《레비스타 데 옥시덴테Revista de Occidente》는 그가 《예술의 비인간화》에서 표방했던 새로운 예술과 미학적 혁신에 대한 사유를 전파하는 매체였다. 이 잡지는 문학, 예술, 사상의 새로운 흐름을 스페인에 소개하고 스페인어권 세계 및 유럽에 전파하면서 아방가르드 운동이 스페인에서 자리 잡고 다양한 형식으로 표출되는 데 많이 기여하였다.

---

7. 같은 책, 18-19.
8. 같은 책, 43-44.

보통 아방가르드는 이전의 전통과는 단절된 채 새로움을 추구하는 미학으로 알려져 있다. 아방가르드라는 뜻 자체가 군사 용어로 전투에서 가장 선두에서 싸우는 첨병을 의미했는데, 이러한 용어가 기존의 예술을 혁명적으로 바꾸는 예술을 의미하게 되었다. 즉 '전위前衛 예술'로 일컬어지는 것처럼 기성의 사고에서 벗어나 가장 앞장서서 움직이는 것을 의미한다.

특히 1910년대에 시작되어 1930년대 초반까지 이어진 예술적 실험으로 전술한 바와 같이 오르테가 이 가세트가《예술의 비인간화》에서 이를 이전의 예술과는 다른 성격을 가진 '새로운 예술'로 이름한 것을 가리킨다.

이러한 움직임은 스페인에서 다양한 흐름으로 나타났는데, 고메스 데 라 세르나는 이러한 실험적인 성격의 예술 운동을 지칭하기 위해서 '다양한 사조들'을 의미하는 말인 스페인어 'ismos'라는 용어를 사용하였다. 여기서 그는 아폴리네르주의Apollinerismo, 피카소주의Picassismo, 미래주의Futurismo, 동시주의Simultanismo 등의 용어를 사용하며 새로운 예술 운동의 성격을 분류하였다.

이러한 '다양한 사조들'에 대한 조명에는 유럽에서 일어나고 있었던 혁신적인 미학에 대한 고메스 데 라 세르나의 평가가 담겨 있으며, 이를 스페인에 수용하려는 의지 또한 내재해 있다. 따라서 어떤 면에서 보면, 스페인의 아방가르드는 유럽에서 불고 있었던 여러 미학적 움직임이 스페인의 토양과 결합하여 나타난 것으로 볼 수 있다.

하지만 그렇다고 해서 스페인 자체 내의 독창적인 요소가 부재했던 것은 아니며, 내부로부터도 새로움에 대한 열망을 가지고 발전했던 움직임 또한 존재했다. 울트라이즘ultraísmo과 창조주의creacionismo를 이러한 토착적인 흐름 안에 위치시킬 수 있을 것이다.

울트라이즘, 창조주의, 초현실주의surrealismo는 20세기 초반 스페인에서 나타났던 아방가르드 운동의 대표적인 모습이었다. 그중에서도 울트라이즘과 창조주의는 서로 융합되고 혼동되었던 스페인 전위주의의 주된 운동이었다.[9] 더불어 이러한 사조들은 27세대 시인들의 작품으로 꽃피우게 되었다. 어떤 의미에서 27세대는 아방가르드의 미학적 이념을 구현한 세대로 볼 수 있다.[10]

여기서는 먼저 시대에 따라 현실에 대한 개념이 어떠한 방식으로 변화했는지를 살펴보고, 이러한 인식론의 변화를 반영한 아방가르드 운동이 각각 어떠한 모습으로 전개되었는지를 살펴볼 것이다.

2) 시대에 따른 현실 개념의 변화

우리는 '보는 행위'를 기반으로 서양에서 현실에 대한 개념이 시대에 따라 어떻게 변모하였는지를 생각해볼 수 있다. 먼저 중세 시대에서 '현실'은 눈에 보이는 외부의 현실에서가 아니라 그 너머에 있는 초월적 세계에 있었다. 이는 가시적인 현실은 계속해서 변하는 데 반

9. 아기나가 외(2013), 《스페인 문학의 사회사 4》(정동섭 옮김), 나남, 44.
10. 펠리페 블라스 페드라사와 밀라그로스 로드리게스는 전통적인 명칭인 27세대를 아방가르드 세대와 동의어로 간주한다(*Manual de literatura española X. Novecentismo y vanguardia: Introducción, prosistas y dramaturgos*, 45).

해, 초월적인 이데아의 세계는 시간의 흐름에 오염되지 않고 사물 본래의 이데아를 담고 있었기 때문이다. 따라서 이데아의 세계에 대한 아리스토텔레스의 영향을 받은 중세 예술의 근본적인 특징은 감각 세계의 '가상'을 넘어서 초월적 세계를 드러내는 데 있었다.[11] 따라서 중세 시대에서 문학과 예술의 소재는 가시적인 현실 너머의 관념적인 세계를 그려내는 데 관심이 있었다.

하지만 르네상스 이후에는 인간이 감각적으로 파악할 수 있는 눈에 보이는 세계가 현실로 고려되었다. 더불어 이러한 현실을 포착하기 위한 방식이 나타나게 된다. 미술에서는 명암법을 바탕으로 한 원근법이 도입되면서 사물을 보는 관점에 일대 혁신이 일어난다. "명암법은 오직 단 하나의 관점을 강요한다. 화가는 넓은 대상, 빛에 빠져들어서 자신의 전체 작품을 보아야 한다."[12] 이런 식으로 당시 사람들은 예술을 통해 현실을 포착하고 지배하는 힘을 감지하게 되었다.

이렇듯 보는 이가 주체적으로 사물을 포용하며 인식하는 행위는 리얼리즘을 바탕으로 한 서구의 근대적 인식론과 맥락을 같이한다. 주은우에 의하면

> 시각 공간의 합리화는 공간의 깊이를 구축함으로써 재현 영역에서 리얼리즘을 고양했다. 다른 한편, 이 원근법은 하나의 시점을 설정하고 그것을 중심으로 시적 공간을 합리화함으로써, 보는 방식 자체를 합리화하는 동시에 가시적 세계의 중심이 되는 주체를 정의한다.[13]

근대적 인식론이 데카르트가 말하듯 세계를 인식하는 주체의 확실성을 바탕으로 관찰자가 자신을 둘러싼 세계를 통일적으로 인식한다는 점에서 볼 때, 원근법을 바탕으로 외부 세계를 바라보는 전망은 전지적 작가를 통해 세계를 명확하게 설명하려던 서구 리얼리즘의 원리와 맞닿아 있게 된다.

하지만 19세기 들어서면서 주체가 바라보는 대상에 대한 인식이 과연 안정적으로 주어지는 것이냐에 대한 의문이 들기 시작했다. 19세기 중반 이후 마네와 모네 등 인상주의 화가들은 시지각으로 바라본 사물은 빛에 따라 실시간으로 변하기에 사물 그 자체를 포착할 수 없고 사물에 대한 순간순간의 인상만을 화폭에 옮길 수 있다고 보았다. 따라서 인상주의는 개개의 인간이 파악하는 주관적인 세계로 시 '보는 방식'을 낳게 되었다.

(인상주의자들은) 눈에 보이는 대로의 대상을 그리는 게 아니라 봄 그 자체를 그리는 것이다. 대상을 그리지 않고 인상을, 즉 한 무더기의 감각을 그린다. 이로써 예술은 완전히 세상으로부터 떨어져 나와 주체의 행위에 따르기 시작한다. 감각은 어떤 의미에서도 이미 사물이 아니다. 주관적인 상태로 이를 통해 그리고 이를 수단

---

11. 진중권(2003), 《미학 오디세이 1》, 휴머니스트, 120.
12. 오르테가 이 가세트(2004), 〈예술에서의 관점에 대하여〉, 《예술의 비인간화》(안영옥 옮김), 고려대학교출판부, 261.
13. 주은우(2003), 《시각과 현대성》, 한나래, 24.

으로 해서 사물들이 우리에게 나타난다.[14]

하지만 대상을 바라보는 시각의 변화는 여기에 그치지 않고 세잔에 이르면서 또 하나의 변화가 예고되었다. 인상주의에만 머물 수 없었던 세잔은 명암법 등의 규칙마저 거부하며 캔버스를 새로운 형식으로 채우기 시작했다. 그의 유명한 사과 그림은 이러한 맥락에서 탄생하였다. 그가 그린 사과에는 우리가 현실에서 먹고 싶은 군침이 도는 사과가 들어 있지 않다. 그는 입체적으로 존재하는 사과를 평면인 화폭에 고스란히 재현할 수 없다는 인식 아래 사물에서 출발하지 않고 사과에 대한 자신의 관념에 주목하여 사과를 만들어냈다. 세잔의 이러한 관점은 후에 브라크와 피카소 등에 의한 큐비즘에서 보다 구체적으로 드러났다. 서구 회화의 이러한 변화에 대해 오르테가는 처음에는 사물이 그려졌고 나중에는 감각이, 그리고 마지막으로 관념이 그려진다고 말한다.[15]

현실에 대한 반모방적 성격을 지닌 큐비즘은 기본적으로 감각적 현실에 대한 관심에서 정신적으로 재구성된 현실의 우위성을 주장하며 나타났다. 오르테가는 이를 관념이라 부르며, 인간의 관심 대상이 현실에서 이 관념으로 이행했다고 언급한다.

주체의 안으로 더 들어가 보면 관념이 있다. 관념 또한 개인의 영혼에서 일어나는 실재이지만 관념화된 그 내용이 비실재적이고 때에 따라 불가능하기까지 하다는 데서 감각들과 차이가 있다. 내가 엄밀히 기하학적인 원통을 생각할 때 내 '사고'는 나에게서 일어나는 어떤 유효한 사건이다. 반면 내가 생각하는 그 기하학적인 원통은 비현실적 대상이다. 그러니까 관념들은 가상의 대상을 포함하는 주관적인 실재들로 우리의 눈이 우리에게 전해주는 것과 다른 새로운 세계로 불가사의하게 심리적인 내부로부터 솟아오르는 세계이다.[16]

현실 자체를 반영할 수 없다는 시각에까지 이어진 회화에서의 이러한 관점의 전환은 문학과 예술 일반에 적용되는데, 이러한 관점에서 새로운 예술을 지향하는 아방가르드가 나타나게 되었다. 말하자면, 아방가르드는 하나의 고정된 현실을 상정하는 것이 아니라 관점에 따라 다양한 현실이 있다는 전망 아래 인간을 둘러싼 세계를 바라보고자 시도하였다. 이러한 점과 관련하여 스페인에서 나온 아방가르드 사조로서 무엇보다 울트라이즘을 주목해볼 수 있다.

3) 울트라이즘

이 용어는 보통 스페인 아방가르드 운동을 지칭하기 위해서 사용되었다고 하지만 그 구체적인 개념과 범위를 정하기 어려운 모호성을

---

14. 오르테가 이 가세트(2004), 〈예술에서의 관점에 대하여〉, 《예술의 비인간화》(안영옥 옮김), 고려대학교출판부, 266.
15. 같은 책, 269.
16. 같은 책, 267.

내포한다. 이 말은 모더니즘의 끝자락에 있는 시 경향 전체를 언급하기 위해서 페데리코 데 오니스Federico de Onís가 사용했다고 하는데,[17] 이후 그 의미가 모더니즘과 같은 기존의 문학 경향을 벗어나는 운동을 가리키는 것으로 변모하게 되었다.

'극단의ultra'라는 말에서 보는 것처럼, 기존의 전통이나 질서를 따르지 않고 극단적인 새로움을 추구했던 울트라이즘은 다다와 같은 유럽에서 불어오고 있는 새로운 예술 운동의 영향을 받았다.

문학 개혁 운동의 필요성으로 라파엘 칸시노스 아센스Rafael Cansinos Assens에 의해 1918년 마드리드 콜로니알 카페의 테르툴리아에서 시작되어 본격적으로 전개된 울트라이즘은 스페인 아방가르드 운동을 대표했으며, 당대의 문인들이 기성 관념에 오염되지 않고 세상을 새롭게 바라보려는 강한 열망에서 비롯되었다. 시어와 문학에 대한 개념을 과감하게 혁신할 것을 요구하는 울트라이즘의 선언문을 살펴보자.

> 우리 문학은 오늘날 우리의 과학과 정치사상이 이루려고 하는 것처럼 혁신되어야만 한다. '극단의' 것을 성취해야만 한다. 그러기에 우리의 신조는 울트라ultra가 될 것이다. 어떤 차별 없이 모든 경향이 이 주의를 채울 것이다. 후에 이러한 경향은 그 핵심에 도달하고 구체적인 정의를 구할 수 있을 것이다. 지금으로서는 이러한 혁신적인 외침을 던지고, '울트라'라는 이름의 잡지 출간을 선언하는 것으로 충분하다. 그 속에서는 단지 새로운 것만이 환영받을 것이다.[18]

울트라이즘은 창조주의와 많은 공통점을 갖는다. 대중 친화적이지 않은 아방가르드 미학의 성격상 소수의 작가와 비평가들이 참여했지만, 그들 사이에서는 적극적인 움직임이 있었다. 이 사조는 특히 세비야, 오비에도, 마드리드에서 같은 이름으로 간행된 잡지《울트라Ultra》의 움직임과 관련된다. 그중에서 세비야에서 발행된 잡지는 '울트라이즘'의 탄생과 긴밀히 연결된다. 당시 마드리드에서 활동했던 라파엘 칸시노스-아센스는 세비야에서 새로운 문학 운동을 전개하며 잡지를 발간한 그룹을 적극적으로 지원하였다. 그 밖에《세르반테스Cervantes》와《그리스Grecia》역시 이 문학 운동의 전개 과정에서 중요한 역할을 했다. 당시 아방가르드 운동과 관련된 시 작품이 단행본의 형식으로 별로 발간되지 않았기에 이러한 잡지들을 통해 그 구체적인 사례를 찾아볼 수 있다.

칸시노스-아센스 이외에 이 사조가 탄생하는 데 기여한 대표적인 인물들로는 라몬 고메스 데 라 세르나, 에우헤니오 몬테스, 이삭 델 반도, 아드리아노 델 바예, 라파엘 라소 데 라 베가가 있으며, 이 운동이 일어났던 시기에 스페인에 체류했던 호르헤 루이스 보르헤스 역시 언급될 수 있다.

울트라이즘의 특징은 다음과 같이 요약된다.

---

17. Felipe B. Pedraza, Milagros Rodríguez(2002), Manual de literatura española X, Cénlit, 48.

18. Guillermo de Torre(1984), "Génesis del ultraísmo", Historia y crítica de la literatura española 7, Crítica, 238 재인용.

매우 다양한 충동이 울트라이즘으로 모인다. 따라서 그 전체적인 윤곽을 포착하기가 어렵다. 가장 독창적인 요소는 예기치 않은 복합적인 이미지를 모색한 것이었다. 그것은 초월적인 요소를 상정하는 것 없이 바로크의 예리한 개념을 떠올리게 한다. 엉뚱한 이미지들이 서로 나란히 놓이고, 독자는 그 이미지들을 연결하기 위해 상상력을 극대화한다.[19]

이렇듯 여러 사람의 많은 관심과 다채롭게 전개된 유럽 아방가르드 운동이 합류하여 스페인의 울트라이즘을 만들어냈지만, 그리 오래 전개되지는 못하였다. 그런데도 바로크적 표현 양식 같은 이미지와 개념을 추구한 울트라이즘은 보르헤스를 비롯한 중남미 작가들에게도 영향을 미쳤다. 여기서는 이 문학 운동의 형성과 전개에 중요한 역할을 했던 이들을 중심으로 스페인적인 맥락과 가장 관련이 깊은 흐름을 살펴보기로 한다.

라몬 고메스 데 라 세르나

스페인 아방가르드 운동을 대표하는 고메스 데 라 세르나는 젊은 시절부터 특별한 문학적 재능을 발휘하며 1908년 문학지《프로메테우스Prometeo》발간을 이끌었다. 그 지면을 통해 장 콕토, 로트레아몽, 아폴리네르 같은 작가들과 유럽에서 불고 있는 아방가르드 운동을 소개하며, 이전의 문학 전통과 급격히 단절하려고 했는데 이는 스페인 울트라이즘의 기원을 이룬다. 특히 그는 마리네티가 1909년

《르 피가로》지에 11개의 항목으로 구성하여 발표한 '미래주의 선언'을 바로 그해에 번역하여 게재했고, 1년 뒤에는 미래주의의 창시자인 마리네티가 이 잡지를 위해서 쓴 〈스페인인들에게 고하는 미래주의 선언Proclama futurista a los españoles〉을 싣는다. 마리네티와 고메스 데 라 세르나의 연합은 중요한데, 이는 피레네산맥 너머에 기원을 둔 전위운동이면서 스페인어를 사용하는 당대의 문인들에게는 고메스 데 라 세르나가 '탄생시킨' 전위의 분명한 본보기를 제시했기 때문이다.[20]

이와 더불어 카페 폼보Pombo에서 문학가들의 모임인 테르툴리아를 주재하며 새로운 예술 이념을 전파했는데, 그 스스로 '그레게리아Greguería' 같은 새로운 장르를 발표하며 은유에 기반을 둔 문학어의 혁신을 도모하였다.

고메스 데 라 세르나가 창조한 이 새로운 장르는 스페인 아방가르드 운동인 울트라이즘의 문을 본격적으로 열게 했으며, 그에게 국제적인 주목을 받게 하였다.[21] 그가 만들어낸 이 용어는 좀처럼 명확한 정의를 내리기 어렵다. 그는 이전의 예술과는 차별적인 어떤 장르를 생각해내고 이를 이름 붙이기 위해서 너무 심사숙고한 흔적이 있

---

19. Felipe B. Pedraza, Milagros Rodríguez(2002), *Manual de literatura española X*, Cénlit, 48.
20. 아기나가 외(2013), 《스페인 문학의 사회사 4》(정동섭 옮김), 나남, 45.
21. 고메스 데 라 세르나는 소설, 희곡, 단편, 비평 등 다양한 장르에 걸쳐 작품 활동을 했지만, 일생 동안 계속해서 관심을 쏟았던 것은 청년기였던 1910년부터 쓰기 시작했던 그레게리아였다. 그는 일상의 사소한 것들을 새로운 눈으로 바라보기 위해 신문 매체 등에 지속해서 그레게리아를 발표했다.

거나 흔하게 쓰는 말이 아닌 어떤 낱말을 마치 복권 추첨함에서 구슬이 나오듯 우연히 떠올렸다고 회상하며, 이 용어는 존재가 자신의 무의식에서 혼란스럽게 소리치는 것, 사물들이 아우성치는 것을 나타낸다고 한다.[22]

이러한 맥락에서 그레게리아는 너무 익숙해져서 쉽게 간과할 수 있는 인간의 일상이나 사물의 단면을 다양한 언어 형식상의 기법으로 표현하여 새로운 미학적 경험을 가능하게 하고, 이미 굳어버린 대상의 의미를 언어를 통해 다시 일깨우는 데 이바지하게 된다.

기존의 익숙한 관념을 전복하려는 이러한 태도는 그레게리아와 다다이즘의 관련성을 떠올리게 하고 더불어 바로크적 태도와의 유사성을 상정하게 한다. 기예르모 데 토레에 의하면,

> 차라와 피카비아가 과시한 쾌활하고 파편적인 그 극단적 진실성의 행동은 (…) 바로크적 태도와 어떤 유사성 그러니까 고메스 데 라 세르나가 붙이는 명칭, 그 창조적 태도와 유사한 것은 아닌가?[23]

이렇듯 울트라이즘의 전개 과정에서 가장 두드러지게 나타난 분야는 새롭고 놀라운 시적 이미지의 창조인데, 이는 고메스 데 라 세르나에 의해서 창조된 그레게리아라는 장르가 계속해서 발전한 것과 관련을 맺는다. 더불어 이러한 요소는 스페인 바로크 시에 나타난 은유적 표현이나 날카로운 개념을 떠올리게 하였는데, 실제로 이에 대한 재평가로 이어진다.

비센테 우이도브로

그레게리아를 창조한 고메스 데 라 세르나에 의해 잉태되기 시작한 스페인 아방가르드 운동은 칠레의 시인 비센테 우이도브로Vicente Huidobro의 스페인 방문과 함께 성숙기로 접어든다. 우이도브로는 1916년 처음 프랑스 파리에 간 후 그곳에서 새롭게 전개되던 다양한 예술 사조들을 접하고 그 경험을 바탕으로 자신이 추구하는 시에 대한 견해를 밝힌다. 그것은 일종의 선언문 형식으로 제시되었는데, 그는 시를 통해 외부 현실과 관련이 없는 새로운 현실을 창조하려고 하였으며 이는 다음과 같은 선언문에 분명하게 나타난다.

> 저는 제가 창조한 시를 어떻게 이해하는지 여러분에게 말씀드리겠습니다. 제 시의 각 부분과 전체는 외부 세계에서 독립되고 어떠한 외부 현실로부터도 단절된 새로운 것을 보여줍니다. 왜냐하면, 그것은 세상에서 일어나는 현상들과는 상이하고 별개이며 독특한 현상으로서 그 지위를 갖습니다.[24]

이러한 경험 후 그는 1918년 가을 마드리드에 온 후 일군의 작

22. Ramón Gómez de la Serna(1991), "Prólogo", *Greguerías: Selección 1910-1960*. Ed. César Nicolás, Espasa Calpe, 48-49 참고.
23. Guillermo de Torre(2001), *Literaturas europeas de vanguardia*, Renacimiento, 242.
24. https://edisciplinas.usp.br/mod/resource/view.php?id=2353042.

가들과 그룹을 형성하여 파리의 생생한 분위기와 그곳에서 접한 다다이즘, 미래주의, 큐비즘 등과 같은 아방가르드 이론을 전파하게 된다. 따라서 창조주의를 개척한 비센테 우이도브로의 마드리드에서 활동은 기존의 울트라이즘과 접목되어 스페인에 이 사조가 본격적인 궤도로 진입하는 데 기여하게 된다.

이렇듯 비센테 우이도브로에 의해 시, 회화, 연극, 영화, 건축 등 다양한 분야에 걸쳐서 새로운 예술 운동을 전개했던 이탈리아의 미래주의, 스위스에서 출현한 다다이즘, 프랑스에서 시작된 큐비즘 등 유럽의 아방가르드가 스페인에 들어왔는데, 이에 영향을 받은 일부 지식인들이 나타났고, 그들에 의해 스페인 울트라이즘이 보다 구체적인 윤곽을 드러냈다. 따라서 우이도브로는 일반적으로 창조주의 창시자로 알려졌지만, 당시 개화되고 있던 스페인 울트라이즘에 자양분을 제공하여 이 운동이 발전하는 데에도 상당히 기여했다고 볼 수 있다.

이러한 면에서 스페인의 아방가르드 운동을 일컫는 울트라이즘은 자체 내의 토양에서 나온 측면과 유럽에서 출현한 아방가르드의 여러 움직임을 수렴한 말로 볼 수 있을 것이다.

라파엘 칸시노스 아센스

시, 소설, 비평 등 다양한 장르를 다루었던 라파엘 칸시노스 아센스는 '1900년대 세대'에 속하며 1914년에 모더니즘 경향의 첫 작품을 출간하면서 문학 활동을 시작하였다. 그의 여러 활동 중 콜로니

알 카페에서 문학 모임을 주재하며 당시 떠오르고 있던 아방가르드 운동을 주제로 토론의 장을 마련한 것이 두드러진다. 그는 울트라이즘이 무엇인가를 정의하는 데 누구보다도 앞장섰으며, 이전 세대의 가치를 벗어나 새로운 사유의 틀을 찾는 젊은이들을 이끌었다.

울트라이즘과 관련하여 주목할 만한 또 다른 움직임은 1918년경 이 카페에서 열린 문학 '테르툴리아'에서 그가 이 운동을 다음과 같이 요약하며 선언문을 발표한 것이다.

> 울트라이즘은 스페인 역사의 오랜 전통인 스콜라 철학의 한계를 뛰어넘으려는 강력한 의지로 표현된다. 이는 문학적으로 젊음을 영원히 유지하려는 목적을 가지며, 모든 새로운 사유와 틀을 앞장서서 받아들이며, 지속적인 개혁을 지향한다. 울트라이즘은 시간의 흐름 속에서 기존 질서에 안주하지 않고 계속해서 앞으로 나아가려는 것이다.[25]

이렇듯 칸시노스의 가장 큰 공로는 유럽의 아방가르드를 스페인에 처음으로 소개하고, 실제로 스페인식 아방가르드인 '울트라이즘' 운동을 세비야의 젊은 시인들과 함께 펼쳤다는 점이다.[26] 비센테 우이도브로는 마드리드 방문 이후 문학지 《세르반테스》와 《그리스》를 통

---

25. Guillermo de Torre(2001), *Literaturas europeas de vanguardia*, Renacimiento, 76 재인용.
26. 김홍근(2005), 《보르헤스 문학전기》, 솔출판사, 148.

하여 이 새로운 사조가 정착되는 데 지원을 아끼지 않았으며, 1921년에 창간된 문학지 《울트라》를 통해서는 '극단의'라는 의미의 잡지명에 나타나듯이 이 운동의 이상을 실현하려는 목소리를 담아냈다. 울트라이즘에 참여한 작가들은 라틴어 'ultra'에서 당대 스페인에 불었던 아방가르드의 경향을 포괄하는 '울트라이즘' 이라는 용어를 생각해냈고, 이 낱말이 의미하는 것처럼, 이들은 기존에 안정적으로 세워진 질서를 거부하고 새로운 관점에서 세계를 바라보려고 하였다.

당시 일군의 젊은 시인들은 '후안 라스Juan Las'라는 필명을 가진 칸시노스 아센스를 자신들의 멘토로 삼고 이전의 모더니즘 시 경향과는 다른 새로운 시적 표현을 모색하며 문학의 혁신을 도모했다.

모든 언론 활동을 접고 문학에 전념하기 시작한 칸시노스-아센스는 유럽 아방가르드 운동을 전문적으로 연구했던 기예르모 데 토레Guillermo de Torre와 의견을 나누었으며, 그 밖에도 아드리아노 델 바예Adriano del Valle, 하비에르 보베다Xavier Bóveda, 비센테 우이도브로 등과 교류하였다.

한편, 보르헤스는 스페인의 마드리드에 머물면서 문학적 스승인 칸시노스를 만나 그가 주도하는 문학 모임 활동도 하고, 당대의 새로운 문학사조인 울트라이즘에 심취하여 그 일원으로 활동하였다.[27]

4) 창조주의

창조주의는 칠레에서 1914년경 새로운 시적 표현을 찾았던 비센테 우이도브로에 의해 태어나서 이후 10년 정도 가장 깊이 있게 스페인어권 문학 세계에 적용된 아방가르드 운동이다. 유사한 시기에 나온 울트라이즘이 일련의 아방가르드 운동을 수렴하며 다소 모호한 정체성을 띠었다면, 창조주의는 문학을 통해 지향하는 점을 명확히 하였다. 그것은 기존의 현실 모방 이론에 반하는 것으로 요약된다.

이 이론의 선구자 비센테 우이도브로는 1916년에 나온 작품《물거울El espejo de agua》의 한 시에서 다음과 같이 노래한다. "아, 시인들이여! 왜 장미를 노래하는가?/시 속에서 장미가 피어나게 하라.Por qué cantáis la rosa, ¡oh, Poetas!/Hacedla florecer en el poema." 이 구절은 비센테 우이도브로의 시적 원리를 상징적으로 나타내는데, 이를 통해 그는 언어가 사물과 맺는 관계를 부정하고 언어 자체가 목적이 되도록 한다. 자연 속에서 사물이 만들어지듯이 시 언어 자체로 대상을 창조해내려는 것이다.

스페인에서 창조주의는 울트라이즘의 여러 조류와 함께 섞이면서 전개되었기에 창조주의 만의 명확한 경계를 설정하기는 쉽지 않다. 하지만 파리에서 접했던 다다이즘, 미래주의, 큐비즘 등 여러 새로운 예술 운동을 스페인에 소개했던 우이도브로가 특히 창조주의를 전파하자 많은 젊은 문학가들이 깊은 영향을 받으면서 다소 피상적이었던 울트라이즘을 버리고 이 예술 사조를 받아들이기 시작한다.[28]

후안 라레아Juan Larrea와 헤라르도 디에고Gerardo Diego는 비센테

---

27. 같은 책, 149.
28. Francisco Javier Díez de Revenga(2004), *Las Vanguardias y la Generación del 27*, Síntesis, 18.

우이도브로에 의해 주창된 창조주의의 원리를 받아들인 스페인의 대표적인 시인들이다. 눈에 보이는 일상 현실 너머에 존재하는 또 다른 현실을 찾았던 그들의 열망이 창조주의가 추구하는 예술적 원리와 맞닿아있었다.

이렇듯 일상적인 현실 너머에 있는 감추어진 또 다른 현실을 드러내려는 것은 오르테가 이 가세트가《예술의 비인간화》에서 언급한 것처럼, 시인 또는 예술가는 현실을 모방하는 자가 아니라 기존의 익숙한 현실 위에 새로운 현실을 부가하는 자라고 본 맥락과 일치한다.

현실 모방 논리에서 벗어난 시인과 화가는 이제 현실로부터 독립하여 새로운 현실을 창조하게 된다. 이러한 면에서 우리는 아방가르드 운동 중 비센테 우이도부로 등이 주장한 창조주의를 떠올릴 수 있다. 우이도부로가 역설하는 바는 지금까지 시는 자연의 모방이라 스스로 현실을 창조할 수 없었다고 한 것에 반기를 들고 자연이 하늘, 바다, 땅, 나무를 만들어냈듯이 시도 시 자체의 세계를 만들어내겠다고 선언하는 것이었다.[29] 그의 창조주의 시학은 다음과 같이 요약된다.

> 첫째 자연이 나무를 만들어내듯이 시도 만들어내야 한다. 둘째 시는 현실 세계에서 시의 재료를 취하고 이를 변형시켜서 현실 세계와는 관계없는 독립적이고 새로운 것을 만든다. 세 번째 시에서 어떠한 일화나 묘사는 절대 배제해야 하고 시인의 창조하는 힘이 바로 시가 만들어내는 흥분의 본질이 되어야만 한다.[30]

이러한 창조주의 입장은 예술이 사회를 설명하는 도구의 기능을 벗어나 그 자체가 목적이 된다는 예술의 자율성을 설명해준다. 가르시아 로르카, 루이스 세르누다, 비센테 알레이산드레 등 스페인 27세대 시인들이 극단적인 은유의 시학을 제시했던 공고라의 무덤을 참배하며 새로운 시학의 지평을 열었던 사건은 이러한 입장과 연결된다.

이것은 또한 창조주의가 당대에 파블로 피카소, 조르주 브라크 등에 의해서 나온 큐비즘과 직접적인 관련성을 맺게 한다. 전혜찬은 창조주의와 큐비즘이 동일시된 이유에 대해서 다음과 같이 설명한다.

> (동일시하는 이유는) 큐비즘과 창조주의는 '예술의 자치세계 창조'라는 동일한 미학원리를 표방하고 있기 때문이다. (…) 전통미술과 현대미술의 획을 그어버린 큐비즘의 미학은 '그림은 그림 자체의 세계일 뿐 현실을 복사하는 것이 아니다'라는 화가들 자신의 작업에 대한 새로운 의식에 근거하고 있다. 따라서 큐비즘 화가들은 현실을 복사하는 대신, 규빅 입방체를 가지고 그림 속에서 자치적인 현실을 구축하였다. 그것은 예술을 위한 예술의 자치세계 창조였다. (…) 창조주의 시학도 큐비즘과 동일하게 '시는 현실을

---

29. 전혜찬, 〈현대시학의 전통에서 바라본 비센떼 우이도부로의 "창조주의"〉, 《서어서문연구》, 22, 478 참고.
30. 같은 책, 477.

모방하지도 않고, 현실의 진리와 관계조차도 없는 예술 자체로 자족한 자치세계'라는 미학 위에 세워져 있다.[31]

이렇듯 큐비즘과 창조주의의 관련성은 이 각각의 예술 사조가 추구하는 미학적 원리가 일치한다는 데서 일차적으로 얻어지며, 그 밖에 큐비즘의 원리를 이용한 '그래픽 시'를 쓰기도 했던 비센테 우이도브로와 피카소, 후안 그리스 등 큐비즘 화가들 사이의 교류와 공동 작업 등에서도 찾아볼 수 있다.

그런데 외부 현실과는 절연된 문학을 구현하려는 이 사조의 원리로 창조된 시가 정확히 어떠한 것인지에 대해서 의문을 던지는 시선이 있다. 헤라르도 디에고는 이러한 면에 대한 고민을 토로한다. "시인은 무로부터 창조할 수는 없다. 낱말들로 창조를 하는데, 그 낱말들은 이미 존재하는 것이다. 그것에서 벗어날 수는 없다."[32] 하지만 이것이 언어를 통한 재현의 문제를 논하는 것은 아니다. 마치 큐비즘에서 대상을 인식할 수 있는 최소한의 선, 면, 입방체를 사용하듯이, 언어를 기본적인 질료로 하여 관념 속에 형성된 대상을 새롭게 드러낸다는 것이다.

따라서 큐비즘이 세계를 모방한다는 예술론에서 완전히 벗어나 주관적 관념으로 세계를 창조한다는 관점으로 이행되었다고 할 때, 이는 예술은 자연을 모방하는 것이 아니라 창조해야 한다는 창조주의 이론과 맥락을 같이한다.

5) 초현실주의

울트라이즘과 창조주의가 문학의 영역에서만 논의되었던 운동이었다면, 초현실주의는 미술이나 영화의 영역까지를 포괄하는 예술 사조로 평가받는다.

스페인의 초현실주의에 가장 영향을 미친 아방가르드 운동은 프랑스에서 기원한 초현실주의였다. 스페인에서 이 움직임은 위대한 초현실주의 예술가들인 루이스 부뉴엘, 살바도르 달리, 페데리코 가르시아 로르카가 마드리드의 '학생 기숙사Residencia de Estudiantes'에서 거주하며 활동하던 시기에 나타난다.

그런데, 스페인에서 아방가르드의 한 분파로서 초현실주의가 실제로 존재했는지에 대해서 많은 논란이 있다. 그것은 외국에서 수입된 초현실주의와 스페인 자체 내 전통 간의 구분이 쉽지 않기 때문이다. 또한, 스페인의 초현실주의가 유럽의 정통적인 흐름과 차이가 있기 때문이다. 폴 일리에Paul Ilie는 스페인이 프랑스 초현실주의에서 받은 영향이 크지 않다고 보며, 이 영향을 최소화하고 오히려 공고라, 케베도, 고야, 솔라나, 마자노, 바예 잉클란으로 이어지며 형성되어 온 내부로부터의 초현실주의 미학 전통을 부각한다.[33]

---

31. 같은 책, 474-475.
32. Gerardo Diego(1984), "El creacionismo poético y Huidobro", *Historia y crítica de la literatura española*, Crítica. 240.
33. "La generación de 1927: De la vanguardia al surrealismo", *Historia y Crítica de la literatura española VII*, Crítica, 255 재인용.

스페인 시인들은 엄격한 의미의 초현실주의자들이 아니었으나 그들의 작품 속에는 기존에 세워진 논리를 전복하려는 파격적인 이미지를 담고 있으며, 다양하고 다채로운 시어를 개발하면서 언어의 혁신을 도모하였다.

27세대에 속하는 많은 시인이 이 조류에 가담했는데, 특히 스페인에서 창조주의와 초현실주의의 기초를 확립한 헤라르도 디에고, 파격적인 이미지를 통해 인간에 대한 지식을 깊이 있게 탐구했던 비센테 알레이산드레 등을 언급할 수 있다.

이 운동에 합류한 상당수의 작가는 울트라이즘과 창조주의에 가까운 입장에서 그들의 문학적 여정을 시작했다. 더불어 미래주의의 경향에도 합류하면서 그들이 원래 사용하던 시어와 현대의 기술 혁명에서 유래한 낱말을 혼합하면서 서로 이질적인 요소들을 결합한 새로운 시학을 선보였다.

페데리코 가르시아 로르카, 루이스 세르누다, 라파엘 알베르티, 비센테 알레이산드레 같은 27세대를 형성했던 시인들은 특히 그들의 문학 여정 속에서 초현실주의와 관련된 작품 세계를 분명히 드러낸 시기가 있었다.

로르카의 경우 아방가르드 시의 영향을 확실히 받았고 창조주의 글쓰기나 중요한 시적 요소로서 은유를 상정한 울트라이즘과 공유하는 바가 있었지만, 어떤 면에서는 이 두 그룹과 어느 정도 거리를 유지한 채 자신만의 독특한 시학을 정립하였다.

스페인 밖에서 시작된 초현실주의는 앙드레 브르통과 함께 초현실주의를 개척한 프랑스의 작가 루이 아라공이 마드리드 학생 기숙사에서 이 사조에 대해 강연하며, 프랑스 등 유럽에서의 동향을 스페인에 알리기 시작하면서 본격화되었다.

한편 유럽에서 들어온 초현실주의와는 별개로 스페인 내부의 전통에서 이어져 온 초현실주의가 가르시아 로르카나 라파엘 알베르티의 시 속에 자리 잡기 시작했다. 《레비스타 데 옥시덴테Revista de Occidente》에 관여했던 페르난도 벨라Fernando Vela와 호세 베르가민José Bergamín 등이 유럽과 구분되는 이 사조의 스페인적인 특성을 드러내기 위해 큰 노력을 기울였다.

문학의 영역에서 스페인에 초현실주의 운동을 들여오고 작품 활동을 했던 이는 호세 마리아 이노호사José María Hinojosa이다. 그는 1925년에서 1926년까지 파리에 체류하면서 이 운동에 참여했던 작가들의 작품을 읽고, 그때 받은 영향을 1927년에 《바람의 장미La rosa de los vientos》와 1928년 《캘리포니아의 꽃La flor de California》에 담아냈다.

그런데 이 초현실주의 운동은 문학적인 성향이 강했던 울트라이즘이나 창조주의와는 다르게 문학 이외의 영역에도 주앙 미로Joan Miró나 살바도르 달리Salvador Dalí의 그림에서 보듯이 회화 등 조형예술 분야에 영향을 주었다. 녹아내리는 시계가 나오는 그림처럼, 이성적이고 합리적인 사고를 거부하고 잠재의식 속에 있는 꿈의 몽환적 세계를 불러내어 이를 작품의 소재로 한 달리의 회화는 초현실주의의 원리를 충실히 구현한 것으로 볼 수 있다.

초현실주의의 원리 특히 무의식의 세계를 작품 속에 구현한 달리는 일반적인 통념을 여지없이 깨버리고 또 다른 시각에서 작품을 바라볼 것을 요구한다. 이러한 점에서 이 사조는 당시 새롭게 나타나기 시작한 영화에도 깊은 흔적을 남겼다. 영화와 관련해서는 루이스 부뉴엘의 활동을 주목할 만하다. 마드리드 학생 기숙사에서 새로운 예술 운동에 큰 관심을 보였던 로르카, 달리와 함께 생활했던 그는 1924년 파리를 여행하고 그곳에서 초현실주의 운동을 접하면서 영향을 받게 된다.

부뉴엘, 로르카, 달리는 서로 장르를 달리했지만, 이들 간의 우정과 경쟁의식은 장르를 뛰어넘어 초현실주의에 대한 사유를 서로 교환하고 예술 작품을 창조하는 데 협력했다는 점에서 이 운동에 큰 흔적을 남겼다.

특히 이 운동에서 상징적인 작품은 부뉴엘과 달리가 함께 제작하여 1929년에 나온 영화 〈안달루시아의 개〉이다. 프로이트 심리학의 영향을 받은 이 작품 앞에서 관객들은 어려움을 넘어 무엇을 의미하는지 모른 채 당혹감을 느끼게 된다. 그것은 장면 간에 아무런 논리적 연관성이 없기 때문이다. 이는 무엇보다 영화 제목과 내용 사이에 아무런 관련성이 없다는 사실에서 일차적으로 볼 수 있다. 이러한 점을 드러내려는 부뉴엘의 의도는 면도칼로 눈을 자르면서 관객을 경악시키려는 시작 부분의 상징적인 장면에서 이미 예고되었다.

이 장면은 세상을 바라보는 기존의 익숙한 시각을 버리고 '제3의 눈'으로 세계를 응시하라는 것이다. 이는 가시적인 세계 너머에 관심을 두는 초현실주의의 이상과 부합된다.

이 영화와 더불어 주목할 영화는 합리적 이성 뒤에 내재해 있는 인간의 본능과 비이성적인 면을 끌어내기 위해 다양한 이미지를 사용한 〈황금시대〉이다.

〈황금시대〉 시작 부분에는 전갈의 습성에 관한 다큐멘터리가 나오는데, 이는 숭고한 문명 뒤에 내재하여 있는 인간의 적나라한 본성을 드러내기 위한 장치이며, 인간 속에 있는 도착적 성격을 암시한다. 실제로 영화에는 엄숙한 의식을 거행하는 사람들 옆에서 한 쌍의 남녀가 마치 동물처럼 진흙탕을 뒹굴며 사랑을 나누고, 위대한 로마 문명 뒤에 배설물이 이어진다. 수염을 기른 채 가운을 걸친 예수의 전통적인 이미지와 사드의 《소돔의 120일》에 나오는 블랑지스 공작을 중첩하는 장면이 나오고, 깎아지른 듯한 낭떠러지에서 해골 모습을 한 채 장례식 노래를 부르고 있는 주교들의 모습, 수북이 쌓여 있는 머리털 같은 것과 함께 십자가가 나타나는데, 이러한 이미지들은 우리가 믿었던 기존의 질서를 전복하고 우리를 둘러싼 현실이 얼마나 부조리한 것이었는지를 성찰하게 만든다.

이렇게 극단적으로 서로 다른 요소들의 혼합 속에서 독자들은 당혹감을 느끼게 되고 기존에 자명하게 받아들여진 가치들을 다시 한번 의심해볼 것을 요구받는다. 세계가 더는 합리적으로 설명되는 것이 아니라 기괴하고 뒤틀린 모습으로 제시되기 때문이다.

2.

바로크의 여러 함의와 특성

바로크는 일반적으로 포르투갈어 '일그러진 진주'라는 말에서 기원했다고 알려져 있다. 이 밖에 1611년 즈음 나온 코바루비아스 사전에 의하면, 세월에 닳은 화강암과 같은 '불규칙한 돌'을 의미하는 바루에코barrueco에서 유래했다고 한다.[34]

이러한 기원은 처음에는 이 용어가 표준이나 정상에서 벗어난 것을 지칭하며 다분히 경멸적인 의미가 있었음을 암시해준다. 실제로 프랑스인들은 이상하고 기이한 것의 동의어로서, 보로미니와 구아리니와 같은 건축가들의 대담성을 비난하기 위해 이 말을 사용하였고, 이탈리아인들은 프랑스 로카유 양식의 과도함을 힐책하기 위해 특히 이 말을 사용했다고 한다.[35]

이렇게 기원에서 볼 때 바로크라는 말은 하나의 양식으로서 명확하게 정의된 것이 아니라 정상에서 벗어나는 것을 지칭하는 폄하의 의미로 사용되었으며, 이후 다양한 예술 분야에 적용되기 시작했다.

시기적으로는 르네상스 이후 나타난 문학, 음악, 미술, 건축 등 여러 분야에서 이 용어가 광범위하게 사용되었지만, 이 용어는 각 장르 간에 또는 바라보는 관점에 따라 그 개념이 무엇인지에 대해 많은 혼란이 있었다. 또한, 이 용어와 유사한 성격을 가진 매너리즘, 로코코와 스페인에서 이야기되는 기지주의Conceptismo, 공고리즘Gongorismo[36] 등과 어떤 유사성과 차별성이 있는지도 구분할 필요성이 있었다.

이렇게 다양한 전망에서 이야기되는 바로크에 대해 그레그 램

---

34. José Miguel Muñoz Jiménez(1999),"El barroco como arte plenamente moderno", *Cuadernos de arte e iconografía*, 8, 16, 472.
35. 프레데릭 다사스(2000), 《바로크의 꿈》(변지현 옮김), 시공사, 118. 이어 다사스는 이 말이 18세기에는 이상하고 조잡한 범주로 이해되었던 '고딕' 양식과 종종 혼동되어 사용되었고, 19세기 말이 되어서야 르네상스 이후의 예술이 연구의 대상이 되면서 그 시대의 건축 전체를 정의하기 위해 바로크라는 용어가 사용되었다고 말한다(같은 책, 같은 페이지).
36. 매너리즘은 오늘날 혁신 없이 기존의 것을 반복해서 한다는 부정적인 의미로 보통 사용되지만, 그 기원에서는 르네상스 이후 고전 법칙을 거부하고 변형과 일탈을 추구하는 양식을 뜻하였다. 20세기 초까지 이 용어는 규범에서 벗어난 기교를 의미하는 것으로 폄하되었으나, 이후 바로크가 새롭게 복권된 것처럼 매너리즘 역시 르네상스 이후의 시대 변화를 반영한 새로운 예술 양식으로 재평가되고 있다. 로코코는 18세기 프랑스에서 바로크 양식을 이어받아 미술과 건축 등에서 이전보다 좀 더 장식적인 기교를 사용하여 화려함을 표현해낸 것을 말한다. 기지주의는 17세기 스페인 작가들인 프란시스코 데 케베도와 발타사르 그라시안의 문학에서 발견되는데 사고의 예리함을 통해 서로 이질적인 대상 사이의 연관성을 떠올리게 하며, 과식주의(Culteranismo)로도 불리는 공고리즘은 루이스 데 공고라의 미학을 일컫는 것으로 난해한 은유와 신조어를 사용하며 시어의 혁신을 도모했다.

버트는 다음과 같이 다섯 가지로 이 용어의 의미에 대한 정의를 시도한다.

- 바로크는 탄생, 쇠퇴, 종말을 고한 시기가 17세기에서 18세기 어딘가에 있는 현상이다.
- 그것의 개념은 단지 서구에 관련된 것이다. 왜냐하면, 바로크적 감성의 어떤 무대 또는 버전은 반종교개혁의 엄숙한 에로티시즘과 염세적인 세계관Weltschmerz에 반응해서만 단지 발달할 수 있을 것이다.
- 그것은 조각과 카라바조, 루벤스, 벨라스케스, 베르메르, 렘브란트의 회화에서 빈번히 발견되는 특징일 뿐만 아니라 보로미니의 로마네스크 건축, 베르니니의 조각과 건축에서 일반적으로 발달한 것이다. 그 특징은 다음과 같다.
  - 장식으로 움직임을 낳게 하고, 표면을 계속해서 펼침으로써 통일성과 더불어 관객에게 현기증을 불러일으킨다.
  - 관객과 독자에게 긴장과 해방감을 낳으면서 경이와 감탄의 느낌이 들어온다.
  - 좀 더 풍부하고 관능적인 색채를 사용한다.
  - 빛과 어둠 사이의 극적인 대조가 나타난다(명암법).
  - 감정극으로 고양된 감각과 느낌이 있다.
- 바로크 양식은 기괴하고 세속적인 취향을 강박적으로 선호하기에 종종 병리학적인 것으로 간주된다. 그것은 이 양식이 르네상스나 뒤에 오는 고전주의보다 더 일반 대중의 취향 – 관능성 추

구, 동적인 움직임 지향, 감정 표출 – 과 맞기 때문이다. 이러한 대중 지향성은 현대 대중 영화의 출현과 자주 비교되고 있다.

- 바로크는 때때로 르네상스 고전 양식이 분명하게 해체되고 쇠퇴한 것으로 간주된다.[37]

바로크에 대한 그레그 램버트의 정리는 이 양식의 전반적인 성격과 특징을 이해하는 데 도움을 준다. 하지만 그가 바로크의 개념을 단지 서구에 한정한 것은 논란의 여지가 있다. 송상기가《멕시코의 바로크와 근대성》에서 멕시코 등 중남미에서의 바로크적 에토스를 논한 것처럼, 이 개념이 유럽에만 적용 가능한 것이 아니라 어느 곳에서나 나타날 수 있는 성격 또한 갖기 때문이다. 이러한 문제와 더불어 바로크의 개념을 어떻게 규정할 것인가에 관한 많은 연구와 그에 따른 학자들 사이에 여러 논란이 있었다. 크게 보아서 바로크를 특정 역사적 시기에 있었던 미학으로 간주하는 이론과 인류 역사에서 항구적으로 이어져 오면서 반복되는 개념으로 고려하는 것으로 나누어볼 수 있다. 전자의 경우는 역사적인 현실과 바로크의 관련성에 초점이 맞춰지며, 후자에서는 바로크에 내포된 현대성의 의미를 추출할 수 있다. 또한, 스페인을 '바로크의 조국'이라고 부르듯이 종교성의 지배를 강하게 받은 스페인적인 문맥을 크게 고려하는 태도

37. Gregg Lambert(2004), *The Return of the Baroque in Modern Culture*, Continuum, 17-18.

와 유럽의 보편적인 양식으로 간주하는 관점이 있다. 그럼, 먼저 역사적 맥락에서 바라본 바로크의 의미를 떠올려보자.

1) 반종교개혁의 정신으로서 바로크

1559년 펠리페 2세는 유럽 전역으로 퍼지고 있던 루터의 종교 개혁에 제동을 걸고, 새로운 사상으로부터 스페인을 지키기 위해 강력한 쇄국정책을 취하게 된다. 같은 해에 종교재판소의 수장을 지낸 페르난도 데 발데스에 의한 금서목록은 이러한 분위기를 배가시켰다.

이렇듯 급격히 확산되고 있던 르네상스 정신에 회의를 느끼며, 이를 제어하려는 움직임으로 이해되는 바로크는 인간의 이성적 능력을 기반으로 한 새로운 시대의 도래에 회의감을 갖기 시작했다. 이러한 면은 스페인에서 모든 새로운 것을 배격하고, 근대적 학문을 배척하는 것으로 이어졌다.

> 바로 1559년에 종교재판관 페르난도 발데스의 금서목록이 나타난다. 이것은 마르셀 바타용이 말한 것처럼, 스페인 사람들의 정신적인 삶의 조건을 심각하게 바꾸어 놓았다. 왜냐하면, 금지된 책을 소유하는 것은 중대한 범죄로서 고려되었고, 신학자들에게조차 그것을 읽는 특권을 주지 않았다. 사전 허가 없이 스페인에 책을 들여왔을 때도 재산을 몰수당하고 죽임을 당했다. 이러한 금지는 바야돌리드와 세비야에서 금서들이 불태워지면서 더욱 힘을 얻었다. 그것은 17세기 내내 '새로운 것을 배격하는 분위기'를

이어지게 하였고, 새로운 학문 연구가 가져올 수 있는 불길한 결과에 공포를 느끼게 하였다. 그리하여 이미 펠리페 2세의 시대에 모든 엔지니어는 이탈리아인이었고, 1576년에 살라망카대학교의 해부실은 사용자가 없어서 폐쇄되었다. 해부학 수업 역시 폐지되었다. 상황은 더욱 악화되어서 17세기 내내 이 대학교의 수학과 강단은 비어 있었다.[38]

스페인이 이렇게 완고한 폐쇄정책을 고집한 배경에는 종교를 기반으로 스페인을 하나로 통일하려는 단일성에 대한 열망이 자리 잡고 있었다. 중세 시대에 기독교, 이슬람교, 유대교 등 다양한 종교가 혼합되어 있었던 이베리아반도는 결국 가톨릭 왕들에 의해서 통일되었으나, 인종적 · 문화적으로는 여전히 여러 이질적인 요소가 혼재되어 있었다. 가톨릭 왕들은 이를 극복하기 위해서 '순혈정책'을 실시하였고, 종교정책을 강화하였다.

이로부터 스페인은 중세 시대에 서로 다른 문화 간의 만남으로 형성된 다문화주의의 경험, 아랍인들을 통한 그리스 · 로마 문화의 보존, 신대륙 발견 등으로 르네상스를 받아들일 수 있는 좋은 조건을 갖추었으나, 국가 통합을 위한 종교정책으로 르네상스에서 비롯된 모든 정신과 반대 방향으로 나아가게 되었다.

---

38. José Luis Abellán(1996), *Historia del pensamiento español: de Séneca a nuestros días*, Espasa Calpe, 217-218.

이로 인해 스페인에는 르네상스에서 비롯된 인간의 영역과 거기에서 벗어나는 초월적인 영역이 혼재하는 바로크가 나타나고, 이는 16세기 후반에서 17세기에 걸쳐 스페인의 정체성을 이루게 된다. 이렇게 형성된 스페인 바로크 문화는 16세기 중엽부터 견고해진 제국의 논리로 인해 초월적인 종교적 이상을 궁극적인 목표로 상정하게 된다.

베르너 바이스바흐Werner Weisbach는 《반종교개혁의 예술로서 바로크》(1921)에서 스페인의 이러한 역사적 맥락과 관련하여 바로크의 성격을 규정한다. 그는 개신교의 출현과 도전에 대처하기 위해 1545년에 시작되어 1563년에 끝난 트리엔트 공의회의 결과로 나타난 정치·사회적인 움직임이 바로크의 문학, 예술과 긴밀하게 연결된다고 본다.

이러한 전망에서 볼 때, 바로크의 문학과 예술은 반종교개혁의 정신을 구현하기 위한 예술 양식을 의미한다고 볼 수 있다. 이는 인간 세상의 가치 너머에 천상의 궁극적인 가치가 있다는 것을 드러내는 방식으로, 르네상스 이후 세속 문화의 범람으로 위험 속에 빠진 문명을 다시 기독교적 이상으로 구하려는 움직임으로 읽힐 수 있다.

레오 스피처Leo Spitzer 역시 바로크를 이러한 구체적인 시대적 맥락 속에 귀속시킨다. 그는 스페인의 바로크는 지중해 가톨릭주의의 종교성을 제반 분야에 구체적으로 형상화한 것이라고 본다.[39] 이어 그는 바로크를 육체와 정신 사이의 돌이킬 수 없는 싸움으로 규정하며, 이는 마치 교회와 수도원의 어둠을 보충하는 방식으로 스페인의 눈부신 태양이 존재하는 것과 마찬가지라고 말한다.[40]

이러한 점은 이탈리아의 르네상스적인 관능성이나 프랑스의 합리주의적인 경향으로부터 스페인을 구분하는 준거로서 바로크를 상정한 것이다. 여타 유럽 국가에서는 바로크가 일시적으로 나타난 현상으로 이내 이를 벗어나 르네상스에서 비롯된 근대의 합리적 이성주의로 다시 나아간 반면, 스페인에서는 바로크가 오랜 기간 고착되는 현상을 보였다는 것이다. 아베얀에 의하면,

> 여타 유럽의 모든 나라가 경제와 과학 발전의 토대를 기반으로 세상을 지배하기 위한 길을 갈 때, 가장 많은 땅과 부를 소유했던 나라는 지상의 가치를 금욕적이고 스토아적으로 포기하고 도덕적이고 정신적인 이상을 찬양하는 길로 나아갔다.[41]

결국, 스페인에 깊이 뿌리 내린 종교적이고 정신적인 영역에 대한 강조는 이러한 면과 르네상스적인 요소가 함께 혼재하는 이중적인 현실을 낳게 하였다.

이러한 역사적 문맥에서 나온 바로크라는 말은 '일그러진 진주'라는 어원에서 보듯이 조화와 균형을 벗어나 서로 이질적인 속성이 뒤섞여 있는 형식을 의미한다. 이는 세속의 형식을 취하더라도 그것

---

39. Leo Spitzer(1980), *Estilo y estructura en la literatura española*, Crítica, 317.
40. 같은 책, 318.
41. José Luis Abellán(1996), *Historia del pensamiento español: de Séneca a nuestros días*, Espasa Calpe, 221.

을 통해 궁극적으로 그 뒤에 숨어 있는 궁극적 요소를 가정하는 것이다. 이러한 의미에서 바로크는 17세기 새로운 천문학에서 비롯된 타원과 연결된다.[42] 그런데 이 타원은 두 개의 초점을 갖고 있다. 장원長圓이라는 별명과는 다르게 타원은, 초점을 하나 가진 원이 옆으로 길어지거나 찌그러진 게 아니라, 자기 나름대로 온전하게 두 초점을 가지는 도형이다.[43]

이러한 두 개의 초점은 17세기 스페인인들이 바라보는 세계관과 밀접히 연결되는데, '바로크의 조국'이라고 불리는 당대 스페인 문화는 겉으로 드러난 초점과 직접 나타나지는 않았지만, 속에 근원적인 내용을 담고 있는 초점을 바탕으로 한다. 이때 바로크적인 담론은 겉모습과 진실을 위계화하면서 구분하는 일이 되는데, 겉모습은 하위, 진실은 상위 질서를 형성하게 된다.[44]

여기서 타원이 내포하는 이러한 형식적 의미를 바로크 시대의 문학구조와 연결해볼 수 있는데, 이를 가장 잘 대표하는 이는 칼데론 데 라 바르카이다. 그가 태어나서 생을 마감할 때의 시기인 1600년에서 1681년까지가 반종교개혁적 맥락의 스페인과 잘 연결되는데, 무엇보다 그의 《인생은 꿈입니다La vida es sueño》와 《세상이라는 거대한 연극El gran teatro del mundo》은 이러한 바로크적 문맥과 관련하여 상정해볼 수 있다.

먼저 《인생은 꿈입니다》의 전제는 모두 인간의 삶 자체가 허구, 꿈, 그림자 또는 연극 무대일 뿐이라는 가정에서 출발한다. 왕자로 태어났으나 후에 이 왕자가 반역을 꾀한다는 점성술의 예언 때문에 태어날 때부터 탑에 갇혀 지냈던 주인공 세히스문도는 예언이 맞는지를 시험해보기 원했던 왕에 의해 궁전이라는 연극 무대에 세워진다. 하지만, 그곳에서 난폭하게 행동하여 다시 탑으로 돌아온 세히스문도는 궁전에서의 일을 꿈으로 여기게 되며, 다음과 같은 독백을 내뱉는다.

> 산다는 것은 단지 꿈을 꾸고 있다는
> 그토록 분명한 세상에 있으니.
> 이것을 경험으로 나는 알고 있다.
> 살아가고 있는 인간은 깨어날 때까지
> 현재의 자기를 꿈을 꾸고 있다.[45]

이러한 점은 바로크 세계관의 핵심을 이루는 삶은 하나의 꿈 또는 연극무대일 뿐이라는 가정을 낳게 한다.

> 인생이란 무엇인가? 하나의 열정.
> 인생이란 무엇인가? 하나의 환상이자

---

42. 이지훈은 17세기에 이르기까지 형상에 대한 고전적인 취향은 '원'이나 '사각형'이라고 말한다. 이때 타원은 또 다른 시대를 의미하는 형상이 된다. 이지훈(1998), 〈바로끄의 과학(I) : 케플러의 타원과 공고라의 생략법〉, 《과학과 철학》, 9, 115.
43. 같은 책, 121.
44. 같은 책, 122.
45. 페드로 칼데론 데 라 바르카(2000), 《인생은 꿈입니다》(안영옥 옮김), 서쪽나라, 123.

그림자이며 허상이다.
그리고 최대의 선도 부족하다.
모든 인생이 꿈이며
꿈은 단지 꿈일 따름이다.[46]

《인생은 꿈입니다》에 나타난 이러한 구도는 《세상이라는 거대한 연극》에서 보다 구체화한다. 제목이 암시하는 바와 같이 세상은 창조주가 만들어낸 연극 무대로서 기능한다. 창조주는 작가로서 각 인물이 세상이라는 무대에서 맡을 역할을 정한다. 각각 부자, 농부, 왕, 거지, 지혜, 아기, 미인 등으로 배역을 받은 인물들은 인생이라는 연극 무대에서 자신의 역할을 수행해야 한다. 자신이 맡은 배역을 마치고 나면 연극은 끝나게 된다.

연극은 짧았다.
모든 것이, 한 번 들어갔다가
한 번 나오는, 인생의 연극
역시 짧은 것이다.
이제 너희 모두는 연극을 끝냈다.[47]

연극이 끝나면, 창조주는 각 역할을 맡은 인물들이 세상이라는 무대에서 자신들의 역할을 얼마나 훌륭히 수행했느냐를 평가한다. 따라서 창조주가 "연극을 잘한 사람과 그렇지 못한 사람을 위해 상과 벌을 준비했다"[48]고 말하자 무대가 되었던 지상은 닫히게 된다.

칼데론 데 라 바르카의 작품에서 보이는 현세가 단지 꿈이며 허상일 수 있다는 확신은 스페인 바로크의 핵심 주제인 가시적인 세계에 대한 '환멸' 또는 진정한 세계에 대한 '깨달음'의 생각을 낳는다. 그의 이 두 작품은 신의 세계와 인간 세계로 분리된 현실 그리고 그 궁극적 귀결점으로서 신의 세계를 상정한 스페인의 바로크적 현실을 문학적으로 구현했으며, 그 속에는 '실제로 존재하는 것'과 '겉으로 드러난 것' 사이의 이중적 구조가 내재해 있다. 말하자면, 바로크 시대의 과학자 케플러가 제시한 두 개의 초점이 있는 타원처럼 인간의 삶을 이중적 구조를 가진 꿈과 현실 그리고 세상과 연극 무대로 나누면서 이 시대의 세계관을 나타내고 있다.

칼데론 데 라 바르카 작품의 이중적 구성은 또한 상반된 요소들이 함께 내재하여 긴장감을 유발하는 바로크 미학을 이해할 수 있게 하는 틀로서도 기능한다. 예를 들어 삶을 바라보는 태도로 '메멘토 모리mememto mori'와 '카르페 디엠carpe diem'이 동시에 제시되어 있고, 인간과 자연, 이상주의와 리얼리즘, 삶에 대한 환희와 죽음 앞에서의 고뇌가 함께 나타나고 있다.

이 시대의 궁전이나 도시의 분위기 역시 빛과 그림자가 공존하듯이 서로 대조적인 요소들이 혼합되어 있고, 풍요와 빈곤, 광채와

---

46. 같은 책, 124.
47. 페드로 칼데론 데 라 바르카(2004), 《세상이라는 거대한 연극·살라메아 시장》(김선욱 옮김), 책세상, 71.
48. 같은 책, 70.

어두움, 삶에 대한 탐닉과 고행, 신비주의와 피카레스크적인 요소가 함께 내재해 있다.

이렇게 대조적인 요소의 혼합은 세계를 안정되고 고정된 것으로 인식하지 못하게 하고 동적이며 긴장감 있는 것으로 파악하게 한다. 르네상스 시대에 경험했던 현세에 대한 긍정 뒤에 다시 죽음의 문제에 대한 성찰이 나타나며, 시간의 흐름에 대해서도 신랄한 인식이 뒤따른다. 중세에서 지배적이었던 감각적인 세계의 덧없음의 문제가 다시 주목받았고, 그로 인해 현세를 살아가는 인간 역시 불안정한 상황 속에 놓이게 된 것이다.

바로크 문학은 이를 상반되는 의미를 함께 제시하는 역설적인 표현 속에 나타냈는데, 신비주의 시인인 산타 테레사 데 헤수스Santa Teresa de Jesús는 그러한 표현으로 자신이 갈망하는 궁극적인 세계를 추구하였다.

> 나는 내게서 사는 것 없이 산다.
> 그래서 숭고한 삶을 기대한다.
> 나는 죽지 않기 때문에 죽는다.[49]
> Vivo sin vivir en mí
> Y tan alta vida espero
> Que muero porque no muero.

내게서 사는 것은 인간적인 열망을 따르는 세속의 삶을 추구하는 것인데, 산타 테레사 데 헤수스는 이를 거부하기에 신과의 만남을 기대할 수 있는 고양된 삶을 살 수 있으며, 이는 결국 영원한 삶을 얻기에 "죽지 않기 때문에 죽는다."라는 역설적인 표현을 가능하게 한다. 산 후안 데 라 크루스San Juan de la Cruz는 세상의 가치와 천상의 가치를 대비하며 이러한 신비주의의 원리를 체계적으로 정리한다.

> 산 후안 데 라 크루스 신비주의 체계의 기본적인 사유는 '두 개의 서로 반대되는 것이 하나의 주체 안에 들어갈 수 없다는 것이다.' 피조물에 대한 애착과 신에 대한 애착은 상반된 것이다. 따라서 영혼 속에 함께 살 수 없다. 식욕, 색욕, 욕망 등 우리 자신의 의지에서 비롯되는 모든 것을 부정해야 한다. 그렇게 욕망을 비울 때, 모든 걸림돌이 제거된 영혼은 자유롭게 되어 신을 영접할 수 있게 된다.[50]

이렇게 서로 반대되는 요소들을 상정하면서 산 후안 데 라 크루스는 역설적인 표현으로 진정한 가치를 추구하였다. 그의 시에 나오는 "침묵하는 음악la música callada", "소리 나는 고독la soledad sonora"과 같이 그는 서로 대조되는 의미가 있는 낱말들을 결합하면서 의미 간의 긴장을 통해 또 다른 현실을 떠올리려고 하였다.

---

49. Santa Teresa de Jesús(1966), "Glosa", *Primavera y flor de la literatura hispánica 1*, Selecciones del Reader's Digest, 294.
50. José Luis Abellán(1996), *Historia del pensamiento español: de Séneca a nuestros días*, Espasa Calpe, 251.

이렇게 바로크 세계관에서 비롯된 이중적인 구조와 대조적이고 역설적인 표현 방식은 일차적으로 스페인의 구체적인 역사적 문맥에서 잉태된 것으로 볼 수 있다.

그런데, 이러한 바로크의 성격이 단지 반종교개혁 등 스페인의 특수한 역사적 문맥에서만 유래된 것이 아니라 당대 유럽의 보편적 성격에서 기인한 것으로 보는 시각이 있다. 이와 관련하여 우리는 1975년《바로크 문화La cultura del Barroco》를 출간한 호세 안토니오 마라발José Antonio Maravall의 관점을 주목해볼 수 있다.

2) 안토니오 마라발과 유럽의 보편적인 맥락으로서 바로크

20세기 스페인의 역사학자였던 안토니오 마라발은 앞서 언급한 베르너 바이스바흐나 레오 스피처와 같이 바로크를 역사의 흐름 속에서 나타난 특정 시대의 양식으로 정의한다. 이에 해당하는 시기는 앞서 바로크를 반종교개혁의 정신이 발현된 것으로 본 것을 고려하면 자연스럽게 르네상스나 종교개혁 이후의 시대가 된다. 안토니오 마라발은《바로크 문화》에서 스페인의 정치·경제·사회의 변화를 염두에 두면서 이 시대를 좀 더 세분화하여 나타낸다.

> 스페인에 구체적으로 적용해서 바로크의 시기를 살펴보면, 펠리페 3세의 지배 시기(1598-1621)는 스페인에서 바로크가 형성되는 때였으며, 펠리페 4세의 지배 시기(1621-1665)는 바로크의 절정기였다. 18세기가 되어 새로운 국면이 시작되기 전까지 카를로스 2세

> 가 지배했던 초기 20년간은 바로크의 마지막 단계로 쇠퇴기에 해당한다. 그러므로 바로크는 우리에게 역사적인 개념이다. 대략 바로크는 17세기의 4분의 3에 해당하며, 1605년부터 1650년까지가 가장 핵심적인 기간에 속한다.[51]

마라발은 이렇게 스페인에서 바로크가 태동하고 쇠퇴한 구체적인 기간을 언급하였지만, 바로크를 단지 스페인의 특수한 역사적 문맥에서 나온 것으로만 한정하지 않고 당대 유럽 전체의 문맥과 연결된다고 주장하며, 스페인에 초점을 맞추었던 바이스바흐나 레오 스피처와 차별화를 시도한다.

> 이 책의 독자는 우리가 이야기하고자 하는 스페인의 바로크가 유럽 바로크의 다양한 표현들에 속한 현상이라는 것을 처음부터 이해할 것이다. 그 각각의 표현이 서로 다른 색깔을 드러내고 있지만, 결국 그 모든 것이 '바로크 문화'라는 유일하고 일반적인 역사적 범주에 포함된다.[52]

마라발은 역사적으로 특정한 순간에 나온 바로크 시대의 예술적 산물을 보면서 스페인의 바로크와 유럽의 바로크가 관련된다고

51. José Antonio Maravall(2000), *La cultura del Barroco*, Ariel, 24.
52. 같은 책, 13-14.

생각한다. 이를 위해서 그는 바로크를 르네상스 이후 근대로 급속도로 접어드는 것에 대한 우울감의 표현 또는 반종교개혁의 산물로서 규정할 때 일반적으로 이야기되는 스페인 신비주의와 바로크의 긴밀한 관련성을 배제한다. 바로크를 스페인의 주요 정신과 연관 지어 생각할 때, 그 속에는 신비주의가 중요한 문학적 표현으로 고려되기 때문이다. 마라발은 스페인 신비주의는 벨기에의 플라망 지역이나 독일 등에서 유래한 종교 형식이며, 이후에 다시 독일과 프랑스로 전파된 것으로 스페인만의 바로크를 특징짓는 고유한 요소로 보기 어렵다고 말한다.[53]

이는 이전 가치에서 새로운 가치로의 이행이 이루어진 17세기의 상황이 단지 스페인의 영역에만 한정되지 않고 전 유럽적인 차원에서 이루어졌다는 것을 의미한다. 따라서 그는 바로크를 스페인의 신비주의에서 보듯이 단지 종교성에만 매몰된 양식이 아니라 유럽적인 차원에서 인간의 현실과 초월적 현실 사이의 갈등과 충돌이 일어난 시대를 총칭하는 것으로 파악하고 있다.

이러한 의미에서 마라발이 바로크를 유럽의 보편적 맥락으로 고려한 저서《바로크 문화》를 출간한 1975년은 의미 있는 해다. 왜냐하면, 1936년에 일어난 내전 이후 집권하여 오랜 기간 스페인을 유럽에서 고립시켰던 독재자 프랑코가 죽으면서 스페인이 다시 유럽을 향해 눈을 돌리기 시작했던 해이기 때문이다. 따라서 1975년은 스페인이 유럽적인 보편성에 다시 합류하는 시기를 의미할 뿐만 아니라 유럽에서 바로크가 갖는 보편성을 상징적으로 드러내기도 한다. 에드가르도 도브리Edgardo Dobry는 마라발이 바로크를 보편적인 맥락에 위치해놓은 것과 책의 출판 시기의 상관성을 다음과 같이 언급한다.

> (1975년은) 보통의 해가 아니다. 고립되고 움직임이 없었던 40년(무엇보다 역사와 시간을 볼모로 잡았던 독재의 시간) 후 그 순간에 스페인은 현대성을 향한 여행을 결정적으로 시작하고, 역사 속으로 다시 복귀하려고 한다. 역사 속으로 복귀하는 것은 무엇보다 내전이 끝날 무렵부터 고립되고 그래서 점차 잊혔던 스페인이 유럽으로 다시 돌아가고 그 일원이 되는 것을 의미했다.[54]

이렇듯 스페인을 유럽의 보편적인 틀 안에서 보려고 하는 논의는 또한 바로크가 특정 국가의 문맥에만 국한된 것이 아니라 유럽의 일반적인 맥락과 연결될 수 있는 가능성을 제시한다. 이러한 면에서 당대의 스페인 작가들이 신의 세계와 인간 세계라는 상호 융화되지 못하는 두 가지 현실 즉 새롭게 등장한 바로크의 현실 앞에서 고민하면서 이에 대응할 방법을 모색했던 점에 주목해볼 수 있다.

이와 관련해서 마라발은 정지와 움직임이라는 이중적 구조로 바로크 문화의 특성을 설명한다. 정지 상태를 지향하는 경화된 사

---

53. 같은 책, 43-45.

54. Edgardo Dobry(2009), *Barroco y modernidad: de Maravall a Lezama Lima*, Orbis Tertius, 1.

회와 그 사회의 모순된 구조를 드러내는 움직임으로 대변되는 것이다. 정지와 움직임의 반복은 동적인 긴장감과 연결되는데, 그는 이러한 면을 '서스펜스' 기법으로 파악한다. 이 기법은 움직이고 변화하는 것, 불안정한 균형, 종결되지 않은 것, 이상하고 기이한 것, 어려운 것, 새로운 것, 생전 처음 보는 것 등의 수단을 사용하는 것과 연관된다.[55] 이와 함께 바로크에서는 영구히 지속되는 것은 없고 모든 사물이 변화하고 쇠퇴할 뿐이라는 주제가 나온다.

이러한 바로크의 성격에서 마라발은 근대가 요구하는 원리를 발견한다. 근대적인 세계에서 인간의 삶은 안정되거나 고정되지 않고 계속해서 변화하며 불안정한 상태로 존재한다. 따라서 바로크 시대에서 인간은 자신을 둘러싼 상황을 부단히 성찰하고 이에 능동적으로 대처해야 한다는 것이다. 그는 이러한 삶의 원리가 바로크 작품을 대하는 독자나 관객의 심리적 반응 속에 들어 있다고 보았는데, 이를 나타내기 위해 '용수철resorte'이라는 용어를 사용한다.

> 미완성인 채 끝나거나 매우 불규칙하게 만들어진 바로크 작품을 대하며 당혹해하는 사람은 잠시 어리둥절한 채로 있게 된다. 하지만 이내 작품 속에 참여해야 한다는 압박을 느끼게 되고 그것에 사로잡힌 채 더 강한 영향 속에 놓인다. 그렇게 바로크 작품을 대하는 사람은 자신 앞에 놓인 작품의 비할 데 없이 강력한 영향력을 다른 어떤 예술 양식을 따랐던 작품에서보다 훨씬 더 강렬하게 느끼고 이를 받아들인다. 이것은 감상자를 논리적으로 설득하려는 문제가 아니라 감상자의 마음을 움직이게 하려는 데 있다. 여

기서 일시 정지 상태의 용수철을 떠올리게 되는데, 그것은 이후에 더 분명한 움직임을 가져오기 때문이다. 문제는 바로 그것이다. 움직임.[56]

이러한 면은 바로크 작품을 대하는 독자들을 수동적인 위치에 놓지 않게 하고 낯섦에서 비롯된 긴장, 놀라움, 당황, 경이로움 등의 감정을 느끼게 한다. 바로크 작품에 나타나는 이러한 전망을 바탕으로 마라발은 바로크를 당대 유럽 전체의 문맥으로 파악하면서 이 양식이 정적인 사회에 균열을 내는 또 다른 요소를 가정한다고 보았다. 이는 결국 상대성에 기반을 둔 근대와 연결되는데, 그러한 근대성이 어떠한 방식으로 드러날 수 있을지 스페인 바로크 문학의 예를 통해 살펴보자.

바로크적 현실과 근대 개인주의

16세기 중반 이후 인문주의와 종교개혁의 광풍 앞에서 심각한 위기의식을 느낀 가톨릭교회가 외부 세계의 변화된 질서가 침투하는 것을 막기 위해 더욱 철저하게 문을 걸어 잠그자 스페인은 집단적 이상과 규범을 강조하며 이에 벗어나는 어떠한 생각도 용인하지 않

55. José Antonio Maravall(2000), *La cultura del Barroco*, Ariel, 445.
56. 같은 책, 444-445.

는 폐쇄사회로 변모되어갔다. 이렇게 굳게 닫힌 사회에서 마라발은 오히려 공동체의 틀을 벗어나 개인의 자유와 일탈을 꿈꾸는 환경이 조성될 수 있다고 보았다. 그리하여 스페인은 현상적으로는 폐쇄적인 사회였으나 그 이면에 이에서 벗어나려는 목소리가 또한 존재하는 바로크의 현실로 접어들었다.

마라발은 전술한《바로크 문화》에서 변화를 거부하는 정적인 사회에서 새로운 움직임을 추동하는 힘이 함께 내재해 있음을 조명하였는데, 이는 특히 문학과 예술작품 속에 근대 개인주의의 모습으로 나타났다.

예술작품은 현실에서 허용하지 않은 가치를 간접적인 방식으로 드러내는 힘을 갖는다. 그것은 변화를 요구하는 일종의 '문화적 실천'으로 스페인의 경우에는 결핍된 현실을 메우는 보충의 역할을 수행해왔다. 이러한 예술 작품의 힘에 대해서 나병철은 다음과 같이 말한다.

> 권력에 지배되어 또 다른 문화가 물질적 삶의 형식으로 나타나기 힘든 상황에서, 저항적 문화를 활성화하는 가장 유력한 방법은 좁은 의미의 문화인 '창조적 예술'을 생산하는 것이다. 창조적인 예술은 직접 지배문화에 저항하는 새로운 삶의 형식을 만들지는 못하지만, 그것을 소망하는 욕망과 무의식을 활성화한다. 해방된 욕망과 무의식으로서의 '창조적인 예술'은 광의의 문화인 '물질적인 삶의 형식'을 새롭게 만들려는 쪽으로 사람들을 움직인다.[57]

이러한 맥락에서 종교성을 강조했던 바로크에서 근대와 연결되는 면을 떠올린 것을 우리는 당대 스페인의 예술작품들 속에 나타나는 여러 문제적 인물들에서 살펴볼 수 있다. 스페인 바로크 문학은 기본적으로 르네상스적인 현실에 제동을 걸었던 당대의 지배 계층이 자신들이 내세우는 도덕과 종교성을 강화하려는 모습을 담아냈다. 그러므로 많은 작품이 기본적으로 지배 체제의 이상을 구현하려는 주제의식을 가졌다. 말하자면 바로크는 집단적 규범을 바탕으로 전통적이고 권위적인 세력들이 다시 힘을 모아 종교, 일상생활, 문학과 예술 등에 새로이 나타난 르네상스 개인주의의 새로운 열망에 반격을 가하던 시기였다.[58]

하지만 종교적 신념을 바탕으로 집단적인 규범을 강조했음에도 불구하고 당대 스페인의 문학과 예술에는 당대의 규범에 상반되는 요소를 제시하면서 충돌을 일으켜 역설적으로 집단의 가치 추구와 반대되는 개인의 존재 의미를 드러냈다. 예를 들어 벨라스케스는 시녀, 실 잣는 여인들, 난쟁이 등 주변에서 소외된 것을 그림의 한복판으로 옮겨왔다. 고전 신화를 소재로 한 그림에서도 이러한 면이 나타나는데, 〈실 잣는 여인들Las hilanderas〉에서 신의 권위에 도전하는 아라크네, 〈주정뱅이들Los borrachos〉에서 일탈과 해방을 꿈꾸는 바쿠스, 〈메르쿠리우스와 아르고스Mercurio y Argos〉에서 정해진 경계를 벗어나

---

57. 나병철(2004), 《탈식민주의와 근대문학》, 문예출판사, 45.
58. 이언 와트(2004), 《근대 개인주의 신화》(이시연·강유나 옮김), 문학동네, 14.

또 다른 곳으로 모험을 감행하는 교역, 상업, 통신의 신 메르쿠리우스가 그러한 임무를 수행한다.[59]

세르반테스의 소설이나 칼데론 데 라 바르카의 연극 속에는 산초나 클로탈도 등 일상에서 볼 수 있는 희극적인 인물들이 작품의 한 축을 형성하고 있다. 여기에 실존적 욕구, 기지, 교활, 영악함 등의 성격을 드러내는 피카레스크 소설 속 피카로들을 떠올릴 수 있을 것이다. 이러한 점을 고려해보면, 여타 유럽 국가들이 정치·사회적인 영역에서 개인주의의 영역을 확장해왔다면 스페인은 문학과 예술을 통해 문제적인 인물들을 각인시키며 근대 개인주의의 외연을 넓혀왔다고 볼 수 있다.

이러한 관점에서 살펴볼 때, 우리는 신적인 세계관을 강조하는 시기와 더불어 등장한 피카로, 돈키호테, 돈 후안의 존재가 왜 당대의 문맥에서 잉태되었는지를 떠올려볼 수 있을 것이다. 먼저 배고픔 등 실존적 조건을 바탕으로 역동적으로 움직이면서 공간 이동을 하는 피카로들이 등장한 피카레스크 소설은 리얼리즘의 전통을 잉태하며 폐쇄되고 경직된 사회에 틈새를 내는 한 개인의 모습을 그려내는 데 성공하고 있다. 이렇듯 개인의 실존의식을 바탕으로 역동적 리얼리즘을 탄생시킨 피카로의 존재는 정착하지 못하고 부유한다는 점에서 돈 후안과 비교될 수 있다.

> 피카로는 끝없는 욕망을 따라 표류하는, 같은 시대 가톨릭 사제 티르소 데 몰리나가 쓴《세비야의 바람둥이》의 주인공 돈 후안의 또 다른 모습일지 모른다. 피카로도 돈 후안처럼 역동적인 변화의

시대, 채울 수 없는 욕망과 위안받을 수 없는 불안으로 들끓는 불확실성의 시대를 대변하고 있다.[60]

이렇듯 우리는 피카로와 사회적 신분은 다르지만, 기존 체제에 동화되지 못하고 문제적 개인으로 남는 또 다른 주인공들을 주목할 수 있는데 바로 전술한 돈 후안이나 돈키호테이다. 그들은 모두 적극적이고 개인주의적인 욕구가 있다는 점이 특징이며, 다른 사람들과는 상관없이 자기 뜻대로 나아가고자 한다.[61] 이러한 면에서 이들은 영국의 햄릿, 독일의 파우스트와 함께 근대 개인주의 신화의 정점에 오른다.

스페인 문학의 대표적인 주인공 돈키호테와 돈 후안 등이 겪게 되는 좌절과 최후의 형벌은 종교적인 이상을 다시 구현하려는 세력이 르네상스 개인주의자들을 올바르게 이끌려는 교훈일지도 모르나

59. 메르쿠리우스가 눈이 백 개 달린 아르고스를 물리치는 신화 속 이야기를 벨라스케스가 가져온 것은 당대 스페인의 역사적 문맥과 관련성이 있어 보인다. 아르고스가 감시와 통제를 상징하는 스페인 제국을 의미했다면, 메르쿠리우스는 그 경계 밖의 세계 즉 경쾌한 움직임을 바탕으로 변화를 추구하는 세계를 상징한다고 볼 수 있다. 이는 육체의 즐거움을 의미하는 빨강과 노란색에 대한 회색과 검정이라는 색조의 대비에도 나타나는데, 색채상징을 통한 이데올로기적인 대조로 읽힐 수 있다. Gonzalo M. Borrás Gualis(1999), "Mercurio y Argos", *Vélazquez*, Galaxia Gutenberg, 84.

60. 김춘진(1999), 《스페인 피카레스크 소설》, 아르케, 46.

61. 이언 와트(2004), 《근대 개인주의 신화》(이시연·강유나 옮김), 문학동네, 15.

티르소 데 몰리나나 세르반테스 모두 고난과 역경을 겪은 이들로 은연중에 집단적 규범에 상대되는 개인주의의 의식을 불어넣었다는 것은 부인할 수 없을 것이다. 이들은 모두 외로운 인간이었으며 다양한 종류의 소외에 대해 잘 알고 있었고 모두 자신의 주요 작품에서 개인주의의 상징이 되는 영웅을 생산해냈다.[62]

여기서 모든 이의 생각을 비웃는 돈키호테 광기의 긍정적 의미가 있다. 세르반테스는 모두가 하나의 단일한 관점에서 사고하는 것의 위험성을 경고하며, 거기에서 일탈한 시선의 의미를 역설하고 있다. 같은 맥락에서 우리는 돈 후안의 존재 의미를 구할 수 있다. 돈 후안의 명성은 모든 사회, 도덕, 종교적 규범을 폄하하거나 위반함으로써 얻어지는데, 그러한 명성은 결국 이러한 규범이 가장 엄격하고 강한 나라에서 역설적으로 구해질 수 있다.

> 여성의 명예를 뻔뻔스럽게 조롱하고, 수도원을 침입하여 신성을 모독하는 돈 후안은 신, 명예, 수도원 등이 중요한 위치를 차지하는 나라에서 단지 존재할 수 있다. 모든 법, 규범, 굴레, 담을 넉살좋게 비웃는 돈 후안의 에너지는 이러한 요소들로 충만한 나라에서 오히려 나올 수 있었다.[63]

돈 후안이 결말에 가서 석상의 초대를 받아 지옥 불에 떨어지면서 《돈 후안》은 분명히 개인주의에 상반되는 주제의식을 표방했다. 어떻게 보면 이 작품은 '개인주의의 적'일 것이다. 집단의 도덕과 윤리에 반하는 돈 후안의 개인주의가 끝내 사회 속에서 심판을 받았기 때문이다. 하지만 이러한 분명한 주제의식에도 불구하고 작품의 의미는 그러한 표면적 의미와 상치되는 곳에서 나타날 수 있다. 반영웅으로서 돈 후안의 존재는 기존의 닫힌 규범에 대한 돌파구로서 그 사회적 의미가 있기 때문이다.

> 그런데도 그 극이 성공을 거둔 것은 세속세계의 이중적 태도 때문이라 할 수 있다. 세속은 성공한 비도덕적 난봉꾼을 겉으로는 비방하면서 속으로는 찬양하고 부러워한다. 게다가 관객들은 주인공 돈 후안에 대한 내재적·심리적 관심으로 인해 티르소가 제기한 엄격한 도덕성의 문제를 너무도 쉽게 더 넓고 더 개방적인 질문들 – 정력적인 성욕, 인간이 가진 야망의 정체, 그리고 사회의 이익을 우선하는 경우 개인적 자아에 지워지는 한계 – 속에 포함해버리고 만다.[64]

결국, 종교적 이상을 다시 추구하는 단성적인 사회에서 탈주의 목소리로 나온 이러한 피카로, 돈키호테, 돈 후안이라는 개인들은 단일한 집단적 규범에 틈새를 내며, 집단의 도덕과 반대되는 무의식적 욕망을 활성화한다.

62. 같은 책, 201.
63. José Luis Abellán(1996), *Historia del pensamiento español: de Séneca a nuestros días*, Espasa Calpe, 381.
64. 이언 와트(2004), 《근대 개인주의 신화》(이시연·상유나 옮김), 문학동네, 177.

이렇듯 수도원과 교회의 어둠 속으로 다시 돌아간 것으로서 바로크의 성격을 규정하는 것 이외에 바로크가 또한 개인적 자유의 영역을 새롭게 여는 출구로서 기능했음을 떠올릴 수 있다. 종교를 강조하며 초월적 현실을 상정했던 시대에서 바로크 문학은 그와 상반되는 현실에 대한 강렬한 열망을 드러내며, 서로 다른 이중적 현실 속에서 우러나오는 긴장감을 나타냈었기 때문이다.

그런데 이러한 바로크의 성격을 스페인이든 유럽이든 단지 특정한 역사적 조건에서 찾지 않고 인류 역사에서 항구적으로 반복되어 온 것으로 인식하는 이들이 있다. 대표적으로 스위스의 미술사가 하인리히 뵐플린과 스페인의 비평가 에우헤니오 도르스를 떠올릴 수 있을 것이다.

3) 항구적인 성격으로서 바로크

에우헤니오 도르스는 바로크가 특정한 역사적 문맥에서 나타난 것이라는 전통적인 개념을 바꾸는 데 기여하였다. 《프라도 미술관에서 3시간Tres horas en el Museo del Prado》(1922)과 《바로크론Lo barroco》(1944)은 바로크에 대한 그의 사유를 엿볼 수 있는 대표적인 저서들이다. 특히 《바로크론》은 여타 유럽 국가보다 미학이나 예술 비평과 관련된 두드러진 비평서를 찾아보기 힘든 스페인에서 바로크에 관한 보편적인 차원의 논의를 한 저서이다.

에우헤니오 도르스는 바로크에 관한 역사적인 문맥은 배제한 채 표현 방식에 주목하여, 서로 모순되는 다양한 의도들이 함께 모인 곳을 발견할 때마다 나타나는 양식이 바로 바로크의 범주에 속한다고 본다.[65] 그는 이러한 전망에서 바로크 정신에 대해서 다음과 같이 말한다.

> 바로크 정신은 (…) 찬성을 하는 동시에 반대한다. 여기 감정적으로 역설적인 구조를 가진 기둥들이 있다고 할 때 바로크 정신은 끌리는 동시에 도망을 친다. 나는 살라망카의 어느 성당 예배 보는 곳의 격자에 붙어 있는 아기 천사를 기억한다. 바로크 정신은 팔을 올리는 동시에 손을 내린다. 바로크 정신은 나선에서 멀어지고 가까워진다. 그것은 모순의 원리가 요구되는 곳에서 웃음 짓는다.[66]

서로 대조되고 모순되는 것들이 동시에 공존하는 모습 속에서 바로크 정신을 구하며, 에우헤니오 도르스는 이러한 정신이 17세기 스페인이나 유럽이라는 특수한 역사적 문맥에만 한정된 것이 아니라 인간의 정신 속에 항구적으로 이어져 온 것으로 이해하였다.

뵐플린 역시 《미술사의 기초 개념》(1915)에서 비술사를 16세기 르네상스 양식 또는 고전 양식과 17세기 바로크 양식으로 구분하며, 각각의 특징을 '선적인 것과 회화적인 것', '평면성과 깊이감', '폐쇄된

---

65. Eugenio d'Ors(2002), *Lo barroco*, Tecnos, 37.
66. 같은 책, 같은 페이지.

형태와 개방된 형태', '다원성과 통일성', '명료성과 불명료성' 등으로 나누어 비교 분석하였다.

그런데 그는 회화 표현 방식의 이러한 변화가 단지 이 두 세기에만 해당하는 것이 아니라 시대를 달리하며 계속해서 나타난다고 보았다. 뵐플린은 이를 '발전의 순환성'이라는 말로 정의하며 고전적 성향과 바로크적 성향은 근대나 고대 건축에서뿐만 아니라 고딕 같은 전혀 이질적인 양식에서도 발견된다고 언급한다.[67]

이러한 면에 대해서는 바로크의 재평가와 관련된 다음 장에서 각 비평가의 입장을 정리하면서 더욱 구체적으로 논의할 것이다.

역사적 문맥에서 파악하든 항구적인 요소로 보든 바로크의 개념에는 서로 반대되는 요소들 사이의 충돌과 갈등이 공통으로 내재되어 있다. 이를 바탕으로 바로크와 아방가르드 사이의 인식론적 관련성을 살펴볼 것이다.

---

67. 하인리히 뵐플린(1994), 《미술사의 기초 개념—근세미술에 있어서의 양식발전의 문제》, 시공사, 323.

3.

바로크와 아방가르드의 인식론적 상관성

1) 이전 가치에 대한 반작용과 그 원리

17세기 스페인의 바로크는 문학과 예술에서 황금세기를 구성하며, 아방가르드는 현내 문학과 예술에 깊은 영향을 남겼다. 그렇다면 시간적 거리를 가지고 있는 이 두 미학 사이에 어떠한 공통점이 있는가? 무엇보다 이 두 시기 문학의 성격은 이전의 가치와 지배적인 사고에 대한 반작용의 형태로 나타났다는 데 있다.

바로크가 르네상스의 급격한 확산에 대한 회의감을 드러내며, 겉으로 드러난 현상 뒤에 자리 잡은 또 다른 현실을 사유했다면, 18세기 이후 퍼진 계몽적 이성에 대한 회의감은 아방가르드 문학과 예술로 발현되었다. 말하자면, 아방가르드 문학이 근대의 보편적 이성으로 세계를 바라보려는 관점에 대한 반작용으로 출현했다면, 바로크 문학은 조화와 안정을 바탕으로 한 르네상스에 대한 회의의 시선 속에 등장했다. 그러므로 바로크에는 르네상스적인 균형과 안정을 벗어나 불균형, 부조화, 불안정, 불안한 시선 등이 그 기저에 자리 잡고 있다.

바로크적 세계관에서는 어떤 대상을 불변하는 것으로 파악하지 않고, 시간의 흐름 속에서 부단히 변화하는 역동적인 것으로 상정한다. 칼데론 데 라 바르카가《인생은 꿈입니다》에서 보여준 것처럼, 17세기 바로크 작가들은 세계를 고정된 것으로 보지 않고, 어느 것이 진정한 현실인가에 대해서 끝없는 의문을 제기했다. 꿈과 현실, 삶과 죽음, 미와 추, 빛과 어둠 등이 각각의 영역 속에 한정된 채 항구적으로 존재하는 것이 아니라 서로를 비추며 호환적인 관계망 속에 위치한다. 돈키호테의 모험을 구성하는 내용이나 벨라스케스의 〈시녀들〉의 구조 역시 바로 이러한 인식의 연장선 속에 있는 것이다.

이러한 점에서 바로크 문학의 원리는 '부조화의 조화discordia concors', 즉 겉으로 볼 때 서로 다른 의미를 결합해 그 속에 숨어 있는 유사성을 찾아내게 하는 방식을 갖고 있거나, 사물을 직접 명명하지 않고 그것의 어떤 특정 측면을 부각하거나 에둘러 표현하는 기법을 발달시켰는데, 공고라의 과식주의culteranismo, 케베도의 기지주의conceptismo, 발타사르 그라시안의 간결한 표현 기법 등을 예로 들 수 있다.

세계에 대한 바로크의 상대적 인식과 역동적인 표현 기법은 바로 아방가르드 예술이 요구하는 세계에 대한 주관적 인식과 맞닿아 있다. 따라서 일반적으로 20세기 전반의 아방가르드가 보편적 이성에 대한 반작용의 형식으로 상정되지만, 스페인에서는 내부의 전통 속에 그런 반작용의 메커니즘이 이미 자리 잡고 있었다고 볼 수 있다. 말하자면, 17세기 스페인 바로크 사회에서 잉태된 세계관과 사물을 바라보는 다양한 표현 기법은 아방가르드 미학을 비롯한 현대적 인식의 근원적 원천으로 작용한다고 볼 수 있다.

이러한 맥락에서 기예르모 데 토레는 고메스 데 라 세르나가 1910년에 선언한 '나의 일곱 단어Mis siete palabras' '아! 이 모든 것을 파괴할 수 있다면!¡Oh, si llega la posibilidad de deshacer!'은 아방가르드의 원칙을 표방한 것임과 동시에 바로크적 태도와 관련성을 갖는다고 본다.[68]

이때 고메스 데 라 세르나에게 바로크라는 용어가 갖는 함의는 언어에 대한 개혁과 세상을 바라보는 전망과 연결된다. 조형성이 가득하며, 복잡하고, 모호하며, 암시적이고 역동적인 문체의 동의어로서 바로크주의의 개념이 바로 고메스 데 라 세르나의 작품에 연결된 것이다.[69] 보다 구체적으로 이러한 시각은 은유, 기지, 유희, 풍자, 변형 등 다양한 바로크적 표현 기법으로 표출된다.

결국 바로크 작가들의 표현기법은 아방가르드의 역동적인 언어와 미학을 산출해내는 데 하나의 발판이 되었다고 볼 수 있다. 이러한 관점을 바탕으로 바로크와 아방가르드를 가로지르는 핵심적인 면들을 상호 비교해볼 수 있을 것이다.

---

68. Guillermo de Torre(2001), *Literaturas europeas de vanguardia*, Renacimiento, 241-242.
69. Aurora Egido(2009), *El barroco de los modernos*, Universidad de Valladolid, 168.

2) 새로움에 대한 열망과 비대중성

안토니오 마라발은 《바로크 문화》에서 바로크 미학을 '미완결의 기법'으로 규정하고 주요 특징으로 "극단성extremosidad", "중지suspensión", "난해함dificultad"을 들며, 다음과 같이 고전주의적 자세와 상반되는 바로크의 성격을 열거한다.

> 비이성적인, 비현실적인, 환상적인, 복잡한, 모호한, 표정이 풍부한, 측정할 수 없는, 넘쳐흐르는, 광적인, 변화하는 등의 형용사는 논리적인, 조절된, 사실적인, 분명한, 고요한, 차분한 등 고전적 태도를 나타내는 형용사들과 상반되게 바로크 문화를 드러내는 성격으로서 주로 사용된다.[70]

이어 바로크 인들의 정신 구조로 '난해한 것에 대한 선호'와 '새로움에 대한 열망'을 드는데, 이 두 가지 요소는 서로 상관성을 갖는다.

> 바로크 정신에서 많은 호응을 받았던 난해한 것에 대한 선호는 어떤 작품에서든지 두드러지게 나타난다. 그것은 새로움, 진귀함, 발명, 엉뚱함, 규칙 파괴 등의 성질과 관계되는데, 이러한 것들이 17세기 사람들의 사유 속에 자리 잡게 된다. 이때, 새로움에 대한 열망은 동시에 어려움을 찾는 경향과 연결된다.[71]

어렵고 새로운 것에 대한 선호는 바로크 시대의 스페인 사회가 변화를 거부하고 현상 유지를 고수하려는 것에 대한 반작용의 일환으로 나타난 모습일 수 있다. 문학과 예술에서 가장 급진적인 혁신은 가장 경직되고 권위적인 사회 체제 속에서 나타날 수 있기 때문이다. 변화를 거부하는 세계 속에서 오히려 예술가는 열린 세계에 대한 갈망을 첨예하게 느낄 수 있을 것이기 때문이다.

이러한 전망 아래 카를로스 푸엔테스는 예술이 도그마나 금지령과 싸울 때 풍부해질 수 있는 것인가라는 질문을 던지며, 스페인의 경우 이러한 원리가 잘 적용된다고 보았다. 그 예로서 스페인이 종교 정책 등을 강화하며 나타난 반근대적인 운동이 인간 내부로부터 비판적인 경험을 제기했던 세르반테스, 벨라스케스, 티르소 데 몰리나, 그리고 산 후안 데 라 크루스의 작품들 속에 나타난 상상력에 의해서 조롱받았던 것을 상기시킨다.[72] 이는 문학과 예술 작품은 기성 관념에서 벗어나 결여된 현실을 보충하고 현실에서 허용되지 않는 현실을 열망하는 힘이 있기 때문이다.

이러한 맥락에서 20세기 전반 스페인 사회 역시 과거의 유산으로부터 자유롭지 못했을 때, 고메스 데 라 세르나를 위시한 아방가르드주의자들은 기성 관념의 오염에서 벗어날 수 있는 새롭고 혁신적인 사고를 했다. 비센테 우이도브로의 시학과 연결되는 헤라르도 디에고의 창조주의도 이러한 맥락과 연결된다.

---

70. José Antonio Maravall(2000), *La cultura del Barroco*, Ariel, 421-422.
71. 같은 책, 453.
72. 카를로스 푸엔테스(1997), 《라틴 아메리카의 역사》(서성철 옮김), 까치, 230.

더불어 아방가르드와 관련된 이들의 여러 선언문이 초점을 둔 것은 '새로움'에 대한 강렬한 열망으로 수렴된다. 새로움에 대한 열망은 다다이즘에서 말하듯 기존의 전통 미학에 대한 부정과 관습적인 규범을 벗어나려는 것으로 요약되는데, 여기서 '다다'라는 용어는 기성 질서에 반발하는 젊은 예술가들이 우연히 가져온 용어로서 다다이스트들은 이 말 속에 기존의 모든 개념에 대한 저항을 담아낸다.[73]

새로움에 대한 이러한 열망은 기존에 세워 놓은 익숙한 언어 체계를 뒤흔드는 것으로 나타나기에 일반 대중이 쉽게 접근하는 것을 방해한다. 이는 아방가르드 미학이 왜 비대중적 성격을 갖게 되는가를 설명해준다. 전술한 바와 같이 오르테가 이 가세트가 《예술의 비인간화》 도입부에서 20세기 전반 새롭게 나타난 예술을 사회학적인 관점에서 분석하며, 낭만주의를 비롯한 19세기 예술과 구분되는 새로운 예술의 특성을 비대중성에서 찾았던 것도 이러한 맥락에서이다.

3) 시간에 대한 새로운 관념—순간성에 대한 자각

시간의 흐름에 대한 신랄한 인식, 그로 말미암은 삶의 불안정성과 덧없음은 바로크 시대에 나타난 주요 주제 중의 하나이다. 케베도는 누구보다 바로크 세계관에서 비롯된 돌이킬 수 없는 시간의 흐름에 대한 깊이 있는 성찰을 보여준다.

따라서 바로크적 역동성을 드러내는 예로 시간에 대한 새로운 상념을 떠올릴 수 있다. 르네상스적인 안정을 벗어나 바로크가 함의하는 세계에 대한 불균형과 불안정한 인식에는 시간 역시 안정적이지 못하고 계속된 변화가 있을 뿐이라는 인식이 작용한다. 스페인의 쇠퇴에 대한 신랄한 인식을 시간에 대한 상념과 연결했던 케베도의 다음 시는 일순간에 지나가 버린 후 죽음을 맞이해야 하는 찰나적인 삶의 모습을 보여준다.

꿈이었는데 어제는, 내일은 흙이라,
조금 전엔 아무 것도 없었는데 잠시 후엔 잡을 수 없는 연기라,
야망을 품기엔 적당하다고 생각했는데!
한순간 날 울타리에다 가둬버리는구나!

형세가 나쁜 전쟁의 짧은 전투,
방어하는 데 난 문제없지만,
살려고 버둥대는 동안
육체는 갈수록 나를 적게 받고, 나를 묻어버린다.

이미 어제가 아니다, 내일은 오지 않았다,
오늘이 지나가고, 오늘이 있고, 오늘이 갔다.
날 성급하게 죽음으로 데려갈 움직임 속에서,

시간의 찰나가 곡괭이다.

---

73. 조민현·황수현(2009), 〈그레게리아의 수용과 확장—알베르또 이달고의 단순주의 미학〉, 《세계문학비교연구》, 29, 377.

나의 고통과 슬픔의 하루 품삯으로
나의 삶에 내 무덤을 파고 있다.[74]

Fue sueño Ayer, Mañana será tierra;
Poco antes nada, y poco después humo.
¡Y destino ambiciones! ¡y presumo,
Apenas punto al cerco que me cierra!

Breve combate de importuna guerra,
En mi defensa soy peligro sumo:
Y mientras con mis armas me consumo,
Menos me hospeda el cuerpo, que me entierra.

Ya no es Ayer; Mañana no ha llegado;
Hoy pasa, y es, y fue, con movimiento
Que a la muerte me lleva despeñado.

Azadas son la hora y el momento,
Que a jornal de mi pena y mi cuidado,
Cavan en mi vivir mi monumento.

이 시는 시간의 빠른 흐름 끝에 당면한 죽음을 말하고 있다. 무엇보다 두드러진 표현은 '어제', '오늘' '내일'을 언급하며 '현재'는 항상 '움직임 속에' 있다는 점을 상기시킨다. 그런데 이러한 시간의 인식은 그 흐름 속에 들어 있는 '나'의 불안정성으로 이어진다. '나'는 시간처럼 늘 '다른 나'로 변해가기 때문이다. 또 다른 소네트에서 케베도는 이러한 점을 분명하게 드러낸다.

> 어제는 가 버리고, 내일은 오지 않고,
> 오늘은 한순간도 머물지 않고 가고 있나니,
> 나는 '~이었던 그 사람', '~일 그 사람', '~인 피곤한 그 사람'이다.[75]
> Ayer se fue; mañana no ha llegado;
> hoy se está yendo sin parar un punto:
> soy un fue, y un será y un es cansado.

"나는 '~이었던 그 사람', '~일 그 사람', '~인 피곤한 그 사람'이다.soy un fue, y un será y un es cansado."라는 구절에서 주어 '나'에 상응하는 대상을 3인칭 동사 과거, 미래, 현재형으로 표현한다. 과거, 미래는 물론이고 현재에서도 '나'를 '그'라고 표현한 것은 시간이 한순간도 고정되지 않고 흘러가기에 주체 역시 어느 한순간도 안정적으로 인식되지 못하고 계속해서 다른 존재로 변화해감을 의미한다. 바로크의 시인 케베도는 모든 사물은 시간에 의해 변화될 수밖에 없으며 시간에 오염되지 않는 영원한 것에 대해 회의하였다.

이러한 인식은 바로크의 화가 렘브란트에게도 나타난다. 윤혜

---

74. Francisco de Quevedo(2008), *Poesía varía*, Ed. James O. Crosby, Cátedra, 160.
75. 같은 책, 158.

준은 서양미술사에서 가장 오랜 기간에 걸쳐 가장 많은 자화상을 꾸준히 그린 바로크 시대의 화가 렘브란트를 주목하며, 시간의 흐름 속에서 그 어떤 자화상도 렘브란트를 온전히 그려내는 결정판이 아니라고 말한다.[76] 렘브란트가 변하는 자신의 모습만큼 자화상을 계속해서 그렸다는 것이다. 자기 동일성을 확보하지 못하고 항상 타인으로 남을 뿐이라고 고백한 케베도처럼, 이 네덜란드의 화가는 완전히 고정된 자신은 존재하지 않음을 깨달았다. 이는 르네상스의 인간관과는 다르게 불완전한 존재로서 '나'를 규정하는 바로크의 인간관을 의미한다.

> '나는 불완전하다. 고로 존재한다.' 이것은 인간을 이상화한 르네상스와 대조되는 바로크의 인간관을 요약하는 명제이다. 나는 불완전하므로, 미완성이다. 따라서 나는 계속 변하는 가운데 나의 삶을 죽음의 순간까지 이어간다.[77]

아방가르드는 고정되고 안정된 것, 영원히 변하지 않는 것에 대해 의심하고 있다. 이러한 의미에서 오늘날 많이 회자되는 케베도의 소네트 〈폐허 속에 묻힌 로마에게A Roma sepultada en sus ruinas〉에는 거대하고 위대했으나 결국 사라져버린 로마 문명에 대한 케베도의 상념이 담겨있다.

> 오! 위대함과 아름다움 속에 있던 로마
> 견고했던 것은 사라졌다.

단지 사라지는 것만이 남고 지속된다.[78]

¡Oh Roma en tu grandeza, en tu hermosura,

Huyó lo que era firme, y solamente

Lo fugitivo permanece y dura!

마지막 구절 '단지 사라지는 것만이 남고 지속된다'라는 생각은 먼저 19세기 인상주의에 그 흔적을 남긴다. 인상주의는 불변하며 고정된 영역을 설정하려는 서구의 오랜 전통에 반격을 가하며, 대상이 빛에 따라 순간순간 다르게 나타날 뿐이라고 보았다. 클로드 모네가 루앙 성당을 계속해서 그린 것도 어느 그림도 성당의 실제 모습을 드러내지 못하기 때문이다. 이렇듯 인상주의는 지속과 존속에 대한 순간의 우위, 모든 현상은 어쩌다가 일시적으로 그렇게 놓여 있을 뿐이라는 느낌을 드러낸다.[79]

케베도의 시와 인상주의 회화는 그동안 서구의 역사에서 배제해온 덧없이 사라지는 것과 순간적인 것에 대한 성찰을 담고 있으며,

---

76. 윤혜준(2013), 《바로크와 '나'의 탄생—햄릿과 친구들》, 문학동네, 113-120.
77. 같은 책, 120.
78. Francisco de Quevedo(2008), *Poesía varia*, Ed. James O. Crosby, Cátedra, 135.
79. 아르놀트 하우저(1999), 《문학과 예술의 사회사 4》(백낙청·염무웅 옮김), 창작과비평사. 202. 인상주의는 또한 회화의 역사에 나타나는 변증법적 과정, 즉 정(靜)과 동(動), 선과 색, 추상적 질서와 유기적 생명의 교체에서 동적 발전 경향의 정점이요 정적인 중세적 세계상의 완전한 해체를 뜻한다(같은 책, 같은 페이지).

이는 아방가르드의 세계관에 영향을 미치게 된다. 말하자면 시간에 의해 영향받지 않는 영원성의 개념에 대한 회의는 세계를 상대적 전망으로 바라보는 것과 연관되며 매 순간 변화하는 것에 의미를 부여한다. 이러한 맥락에서 쉼 없이 흘러가는 시간의 본성을 긍정하는 아방가르드의 시인들은 더는 절대적인 것을 추구하지 않고, 가변적인 삶의 모습을 받아들이게 된다.

따라서 시인들은 이제 아담의 언어를 꿈꾸지 않는다. '태초에 말씀이 있었다.'라는 성경 요한복음 1장 1절의 내용은 세계 창조를 언어적 성격으로 이해할 수 있게 하였고, 말씀에 따라 창조된 사물에 아담이 이름을 붙이자 '말(이름)과 사물' 그 둘 사이는 불가분의 관계가 되었다. 이후 많은 시인은 대상을 고스란히 포착하고 재현하는 아담의 언어를 꿈꾸었다. 후안 라몬 히메네스 역시 〈지성Intelijencia〉에서 이러한 꿈을 노래했다.

> 지성이여,
> 사물의 정확한 이름을 달라.
> 나의 말이 나의 영혼으로 새롭게 창조된
> 사물 자체가 되기를.[80]
> Intelijencia, dame
> el nombre esacto de las cosas!
> Que mi palabra sea
> la cosa misma,
> creada por mi alma nuevamente.

하지만 이러한 외침은 역설적으로 그러한 꿈이 가능하지 않음을 드러낼 뿐이다. 시인 역시 시간의 흐름 속에 계속해서 변화는 대상을 고정하여 담아낼 수 없음을 안다. 따라서 전통적으로 영감을 받은 창조자의 입장에서 대상을 고스란히 담아내려는 시인의 역할을 내려놓고 존재의 가변성을 순순히 인정한다.

> 아방가르드의 시인들 대부분은 아이러니하게도 자신들 시의 덧없는 성격을 기꺼이 강조한다. (…) 시인은 더는 신적인 영감을 받거나 신에 의해서 보내진 존재로 여겨지지 않으며, 또 다른 어떤 신화의 힘을 빌리지도 않는다. 시인은 단순히 그 시대의 사람들일 뿐이다.[81]

이처럼 바로크나 아방가르드의 시간관은 모두 변하지 않는 절대적인 것, 영원성에 대한 회의 또는 부정으로 특징 지어진다. 다만, 케베도의 시에서 보듯 바로크 시대에는 고정되지 않고 계속해서 사라지는 것 앞에서 염세적인 시선을 드러냈다면, 아방가르드에 이르면, 그러한 순간성을 유쾌히 긍정하고 오히려 역동적인 삶이 나타날 가능성을 모색했다는 점에서 약간의 차이점을 드러낸다.

---

80. Juan Ramón Jiménez(1968), *Páginas escojidas* (verso), Gredos, 142.
81. Guillermo de Torre(2001), *Literaturas europeas de vanguardia*, Renacimiento, 46.

제2장

20세기 초

바로크에 대한 관심과 재평가

스페인에서 18세기 계몽적 이성에 기반을 둔 신고전주의 시대나 현실에 대한 객관적 관찰을 중시했던 19세기 사실주의 시대에는 바로크의 문학과 예술에 대해 별 관심을 두지 않았다. 바로크의 불균형, 불규칙성, 현실에 대한 주관적 인식이 신고전주의나 사실주의 등이 지향하는 바와 부합하지 않았기 때문이었다. 하지만 20세기 전반부에 이르러 스페인 문단은 점차 바로크의 문학과 예술에 대해 관심을 기울였다.

이러한 면은 20세기 전반 여러 작가와 비평가가 바로크에 관심을 표명한 데서 나타난다. 번저 발터 벤야민은《독일 비애극의 원천》에서 바로크에 대한 기존의 부정적 인식을 벗어나게 하고 이것을 재평가할만한 가치를 지닌 예술 양식으로 정립하는 데 기여하였다. 바로크가 르네상스에서 신고전주의로 넘어가는 과도기적 양식이라는 이유로 소외되고 과소평가 받은 점을 지적하고, 문학사적으로 다시 평가하며 새로운 가치를 부여하였다.

바로크에 대한 새로운 가치 평가에서 에우헤니오 도르스의 논의 또한 주목할 만하다. 그에게 바로크는 무엇보다 무질서한 것에 신뢰를 보이고 그 속에서 자유를 얻는 것이다.[1]

한편, 스페인 내에서도 20세기 전반은 바로크 문학을 위시한 스페인 고전문학에 대한 관심이 증대되는 시기였다. 이는 여러 가지 이유에서 설명될 수 있는데, 그중에서 라켈 아순Raquel Asún은 전반적인 시대적 맥락을 포함하여 관심이 이렇게 고조된 배경을 네 가지 이유로 설명한다.[2]

첫째, 히네르 데 로스 리오스Giner de los Ríos 등에서 비롯된 크라우제주의의 영향이다. 크라우제주의는 새로운 인간 의식과 감성을 키우는데 문학 교육의 중요성을 주장하였고, 그 영향이 지속적으로 이어졌다. 둘째, 1900년대 세대의 멘토 역할을 하며 당대 문화에 깊은 영향을 미친 오르테가 이 가세트가 1914년에 출간한《돈키호테의 성찰Meditaciones del Quijote》에서 보듯이 스페인의 문학 전통에 관심을 기울였던 점이다. 그는 스페인 내부로부터 비롯된 문학적 사유를 심도 있게 파헤치며, 당대의 관점에서 지난 문학 유산에 대해 호의적인 시선을 보냈다. 셋째, 라몬 메넨데스 피달Ramón Menéndez Pidal 등의 지도하에 스페인의 대학 등 교육기관에서 문헌학적 전통에 대한 관심이 고조되었다. 마지막으로 실증주의의 위기가 도래하고 독일 관념론을 수용하면서 스페인 문학사를 단지 지난 시대의 유물이 아니라 현재적 의미를 지닌 것으로 파악하게 되었다.

이러한 분위기에서 보듯이 20세기 전반은 스페인 고전문학에 대한 관심이 새롭게 나타났던 시기로 스페인 문단은 객관적인 법칙이나 규범 또는 이성적 사유를 추구하는 문학 전통을 벗어나 점차 바로크에 관심을 두고 자연스럽게 이 시기 문학에 대해 재평가를 하게 된다.

그렇다면 당시 바로크 문학에 관심을 기울였던 대표적인 비평가들을 유럽과 스페인적인 맥락에서 살펴보도록 하자.

---

1. Severo Sarduy(1986), "El barroco y el neobarroco", *América Latina en su literatura*, siglo veintiuno, 168 재인용.
2. Raquel Asún(1986), "1927 y la literatura clásica: presencia de Fray Luis de León", *Studia in honorem profesor Martín de Riquer*, Quaderns Crema, 203-207.

1.

하인리히 뵐플린과 발터 벤야민의 논의

1) 하인리히 뵐플린

뵐플린은《미술사의 기초 개념》에서 16세기 고전 미술과 17세기 바로크 미술의 양식을 비교하면서 바로크 미학의 성격이 어디에 있는지를 규명하기 위해서 몇 가지 비교의 준거를 마련하고 있다.

따라서 바로크에 관한 현대의 연구는 뵐플린의 이 책이 출판됐을 때인 1915년경에 본격적으로 시작된다. 이 책에 실린 여러 개념은 후에 바로크 미학을 둘러싸고 제기됐던 논쟁의 기원이 된다.

뵐플린은《미술사의 기초 개념》에서 고전 미술과 바로크 미술을 '선적인 것과 회화적인 것', '평면성과 깊이감', '폐쇄된 형태와 개방된 형태', '다원성과 통일성', '명료성과 불명료성' 등 다섯 가지 기준으로 나누어 설명한다.

각각 전자가 고전 양식을 나타낸다면 후자는 바로크 양식의 특징으로 제시되었다. 이상을 대략 정리하면 다음과 같다.

첫째, 선적인 것은 형태를 분명하게 제시하는 것으로 대상의 경계가 분명히 강조되는데, 회화적인 것은 대상의 형태가 불분명하게 드러나며 전체적으로 대상이 부유하는 존재로 나타난다.

둘째, 고전적 미술은 각 부분을 표현할 때 같은 층위에 평면적으로 나타내지만, 바로크는 대상을 들어가고 튀어나온 관계로 결합한다.

셋째, 16세기에는 모든 미술 작품이 그 자체로 완결된 형태를 지녀야 하였다. 즉 닫힌 형식의 예술로 상정될 수 있다. 뵐플린은 이를 다음과 같이 설명한다.

> 인체의 대칭성이 이때만큼 강조된 적은 일찍이 없었으며 수평, 수직 방향이나 완결된 비례가 그처럼 뚜렷이 적용된 적도 일찍이 없었다. (…) 자연은 질서이며 '미'란 법칙이 현시화된 것이다.[3]

하지만, 17세기 바로크 시대에는 이러한 정적인 균형 관계가 비대칭적이며 유동적인 경향으로 대체되면서 화면의 양편이 단순하게 대칭을 이루지 않고 또 다른 구조를 암시하는 탈중심적이며 개방적 형태를 띠게 된다.

넷째, 고전적인 양식에서는 각 부분이 전체에 대해 여전히 독립적인 면을 갖는 데 반해, 바로크 양식은 부분과 부분과의 관계를 결

---

3. 하인리히 뵐플린(1994), 《미술사의 기초 개념—근세미술에 있어서의 양식발전의 문제》, 시공사, 191.

합하여 전체적인 맥락을 파악하는 새로운 방식이 요구되었다.

마지막으로 제시한 '명료성과 불명료성'의 문제는 첫 번째 '선적인 것과 회화적인 것'과 관련이 깊은데, 이는 대상의 부분들을 고스란히 재현해내느냐 아니면 전체적으로 대상의 중요한 특징만을 제시하느냐의 문제로 구분하게 된다. 뵐플린의 이러한 구분은 특히 보는 것에 대한 급격한 인식론적 전환이 이루어진 인상주의에서 큐비즘으로 이행된 시기를 이해하는 데 의미 있는 시사점을 준다.

그런데 미술 양식에 대한 이러한 구분은 어느 것이 더 낫다는 우열의 문제가 아니라 세계를 바라보는 서로 다른 관점에 따른 것이며, 시대에 따라 새롭게 나타나는 감수성의 문제이다. 따라서 이러한 구분은 단지 16, 17세기의 특정 역사적 맥락에만 적용되는 것이 아니라 역사를 통해 항구적으로 이어지는 것으로 이해할 수 있게 된다. 말하자면, 고전 양식과 상반되는 바로크 양식이 어느 시대에서나 나타날 수 있는 개념이라는 함의를 내포한다. 이것은 문화 전반을 비롯한 일상적인 삶과 유행까지를 포괄한다. 이때, 바로크는 이미 정해진 형태를 띠는 세계가 아니라 운동성과 생동감을 가지고 계속해서 변화하며 확장되는 것을 의미하게 된다.

이러한 맥락에서 20세기 초반 스페인에서 바로크에 대한 재평가가 한창일 때, 고전 양식과 비교하면서 바로크 양식을 본격적으로 조명한 뵐플린의 《미술사의 기초 개념》이 스페인어로 번역되었다. 오르테가 이 가세트의 후원을 받아 모레노 비야가 번역한 이 책은 당시 태동 후 발전하고 있던 아방가르드 문학과 예술의 미학 이론에 적절한 좌표 역할을 하였다. '고전적인 것'과 '바로크적인 것' 사이의 영원한 순환을 다룬 이 책에서 스페인 아방가르드 운동을 이끄는 예술가들은 자신들이 추구하는 새로운 예술에 바로크적인 요소가 분명히 적용되고 있음을 보았다.

결국, 20세기 전반 벨라스케스의 그림을 비롯한 바로크 미술에 대한 뵐플린의 평가는 단지 미술의 영역에 한정되지 않고 바로크 문학에 관심을 두게 하는 계기가 되었으며, 고전 전통과 아방가르드 문학, 예술과의 관련성을 성찰하도록 하였다.

2) 발터 벤야민

그레그 램버트는 에우헤니오 도르스의 '바로크 에온'은 독일의 미학자이자 문학 비평가인 발터 벤야민과 같은 이론가들과 포스트모던 문화의 세례를 받은 작가들에게 공감을 받고 영향을 미쳤다고 말한다.[4]

바로크의 현대성과 관련하여 특히 발터 벤야민의 논의를 주목해볼 수 있는데, 그의 《독일 비애극의 원천》은 이러한 면에서 의미 있는 저작이다. 이 책은 "바로크 개념의 고유성으로 향하는 표지판 역할을 할 수 있는 몇 되지 않은 작품"[5]으로 언급된 것처럼, 역사 속

---

4. Gregg Lambert(2004), *The Return of the Baroque in the Modern Culture*, Continuum, 9.
5. 서동욱(2016), 〈현대사상으로서 바로크—벤야민과 들뢰즈의 경우〉, 《철학논집》, 44, 211.

에서 제대로 평가받지 못했던 바로크 미학을 새롭게 정립하는 데 많은 기여를 하였다.

먼저 벤야민은 바로크 미학이 현대 미학과 연결되는 점을 예술적 감수성의 문제에서 찾고 있다. 예를 들어 그는 한 문학사가의 글을 인용하며 바로크가 20세기 전반의 감성과 유사함을 다음과 같이 역설하고 있다.

> 지난 2세기 이래로 어느 시대의 예술 감정도 자신의 양식을 추구하는 17세기의 바로크만큼 우리 시대의 예술 감정과 근본적으로 유사했던 적이 …… 없었던 것 같다. 내면은 공허하거나 깊숙한 곳까지 들쑤셔져 있으면서, 외적으로는 그 시대의 생존문제들과 일단 거의 무관하게 보이는 기술적 · 형식적 문제들에 골몰하는 모습. 이것이 대부분의 바로크 작가들이었으며 사람들이 개관할 수 있는 한 적어도 우리 시대의 작품을 각인하는 작가들도 이와 비슷하다.[6]

이러한 언급과 함께 벤야민은 바로크 시대의 사람들과 오늘날 사람들 사이에 새로움에 대한 갈망과 그것을 표현해내고자 하는 데 유사성이 있다고 보면서 오늘날은 바로크적 정신상태의 어떤 면들을 예술 활동의 세부에 이르기까지 반영한다고 본다.[7] 이는 현대성의 사유가 바로크의 정신 속에서 이미 잉태되고 있음을 의미한다.

무엇보다 그는 바로크에는 중세 시대에 나타났던 초월이나 종말론의 사유가 드러나지 않는다고 보았다. 바로크를 초월적인 현실에 의존하는 대신 "세속적인 자유의 시대" 또는 "모든 묵시론적인 특징들을 낯설게 여기는 평화와 예술의 황금시대"로 상정한다.[8]

이렇게 바로크 시대는 초월이 단지 세속적으로 위장된 형태로 유희 속의 유희로서 자신의 마지막 말을 했다.[9] 이때 초월을 대신한 자리에 바로크의 내재성이 자리 잡고 있으며, 이와 조응하는 양식을 알레고리로 보았다.

> 내재성의 세계는 초월적인 영원성과 상반되는 시간의 질서 속에 있으며, 이 시간의 질서 속에서 자연과 역사는 일치한다. 신학적 함축을 지니는 '기원의 신화'를 고발하는 현대 철학 일반이 말하듯 순수한 기원으로서의 자연 같은 것은 없는 것이다. 벤야민과 들뢰즈가 말하는 이 내재성의 세계의 표현 형식이 알레고리이다.[10]

이렇듯 완결된 형태의 신적인 질서에서 벗어난 양식으로서 바로크에 대한 벤야민의 새로운 가치 평가는 현대와 연결되는 맥락 속

---

6. 발터 벤야민(2009), 《독일 비애극의 원천》, 한길사, 76, 재인용.
7. 같은 책, 78.
8. 같은 책, 116.
9. 같은 책, 119.
10. 서동욱(2016), 〈현대사상으로서 바로크 - 벤야민과 들뢰즈의 경우〉, 《철학논집》, 44, 215-216.

에서 바로크에 대한 보다 심도 있는 이해를 구하게 하였다.

칼데론 데 라 바르카의 재평가

벤야민은 이러한 탐색 속에서 칼데론 데 라 바르카의 작품에 눈을 돌렸다. 이는 그의 문학이 바로크의 미학적 개념을 가장 잘 체화하고 있다고 평가했기 때문이다. 칼데론의 작품이 19세기 독일 낭만주의에 많은 영향을 미쳤는데, 벤야민은 반종교개혁 시대의 독일 드라마는 결코 칼데론Calderón이 스페인 드라마에 부여한 형식, 즉 유연하고 노련한 기법을 보여주는 형식을 찾아내지 못했다고 말하며,[11] 자신의 비애극 이론의 원천으로 17세기 스페인 극작가의 문학을 또다시 주목하였다.

또한, 자신이 상정하는 칼데론의 경우를 제외한 그 어떤 곳에서도 바로크 비애극의 완성된 예술형식을 연구할 수는 없을 것이라고 언급하며,[12] 비애극 이론과의 관련 속에서 칼데론의 문학 세계에 의미를 부여하였다.

벤야민의 바로크에 대한 새로운 의미부여는 말과 사물의 유사성에 바탕을 둔 중세의 언어와는 다르게 서로 이질적인 속성이 혼재하는 바로크의 언어에 대한 성찰로 이어진다.

> 어구의 철자 바꾸기 놀이Anagramm, 의성어적 표현들, 그리고 여타 종류의 많은 인위적 언어조작들 속에서 단어와 음절과 소리는 전승된 모든 의미연관에서 해방되어 알레고리적으로 맘껏 이용될

> 수 있는 사물로서 으스대며 등장한다. 바로크의 언어는 언제든지 그 언어의 요소들이 일으키는 반란으로 뒤흔들려 있었다.[13]

그는 이를 칼데론의 드라마에 나오는 서로 이질적인 낱말들이 들어 있는 구절로 예를 들며, 언어는 깨어져 그 파편의 형태로 어떤 변화되고 상승된 표현에 기여한다고 주장했다.[14]

---

11. 발터 벤야민(2009), 《독일 비애극의 원천》, 한길사, 67.
12. 같은 책, 119.
13. 같은 책, 310.
14. 같은 책, 311.

2.

오르테가 이 가세트

1915년 오르테가 이 가세트는 잡지《에스파냐España》8월 12일 자에 기고했던〈바로크의 의지La voluntad del Barroco〉에서 바로크라는 용어를 새롭게 규정하는데, 그 시대까지 바로크가 갖는 어둡고 그로테스크하다는 일반적인 함의에서 벗어나 심오하고 복잡한 문체를 바탕으로 역동적인 움직임을 동반한 예술 운동으로써 바로크의 성격을 재정립하게 된다.

오르테가가 20세기 전반의 문학과 사상에 큰 영향을 미쳤기에 바로크에 대한 그의 재평가는 당대의 작가들이 바로크 미학에 관심을 돌리는 데 이바지하였다. 그는 비록 바로크의 성격이 무엇인지 명확하게 밝혀지지 않았지만, 분명함을 추구하는 신고전주의나 사실주의보다 무언가 매력 있는 예술 양식임을 언급한다.

> 바로크는 어떻게 하면 더 복잡하게 만들 수 있을까에 몰두했던 양식이다. 바로크 양식에는 앞선 시대 고전주의가 추구했던 분명함이란 게 없다. (…) 그것이 어떤 것이든 간에 갈수록 바로크 양식

> 에 대한 관심이 점점 더 고조되어 가고 있다.《명승지 안내》의 저자인 부르크하르트가 1600년대 작품들을 연구한 것에 대한 더 이상의 변명은 이제 필요하지 않을 것 같다. 아직 그 시대적 요소들을 분명하게 분석해내지 못했는데도 무엇인지 모를 그 무엇이 우리의 마음을 끌어당기고 우리는 그러한 바로크 양식에 만족해하는데, 이와 같은 일이 도스토옙스키와 스탕달에게서도 똑같이 일어나고 있다.[15]

오르테가가 바로크에 대한 관심을 표명하는 데 도스토옙스키까지 언급한 이유는 이 러시아의 소설가가 비록 사실주의 시대에 활동했음에도 불구하고, 인물을 창조할 때 사실적인 요소를 강조하지 않고 바로크 미학이 그렇듯 역동적인 분위기와 긴장감을 조성하는 데 역점을 두었기 때문이다. 이러한 동적인 움직임을 추구한 화가로 오르테가는 엘 그레코를 떠올린다. 그의 그림에 등장하는 인물들의 모든 부분이 움직임을 동반하는 역동적인 몸짓을 하는 것에 주목했다.

> 개별적인 한 형상에서 그림 전체로 우리의 시선을 옮겨보면 현기증이 나 눈이 돌아갈 것 같다. 그림이 하나의 격렬한 나선이거나 타원이거나 S자이다. 엘 그레코에서 사실성을 보고자 함은, 이 표

---

15. 오르테가 이 가세트(2004), 〈바로크의 의지〉, 《예술의 비인간화》(안영옥 옮김), 고려대학교출판부, 240-241.

현보다 더 적절한 건 없을 텐데, 산에서 물고기를 찾는 격이다. 사물들은 가만히 있는 형상인데 엘 그레코는 거기서 단지 움직임만을 추적한다.[16]

이렇듯 바로크에 대한 오르테가의 관심은 이 양식이 정적인 면을 벗어나 역동적인 움직임을 추구하고 있는 열린 미학이라는 데 초점을 두기에 이른다. 그것이 바로크 예술에서 가장 흥미로운 내용인데, 새로운 감각은 움직이려는 놀라운 몸짓을 품고 있는 예술과 삶을 갈망하고 있다.[17]

말하자면, 오르테가는 바로크에 대한 이전까지의 부정적 평가에서 벗어나, 움직임을 동반한 이 양식이 문학과 예술에 적용될 때 새로운 감성을 불어넣는 긍정적인 요소로 작용한다고 보았다. 여기서 그는 바로크를 이성에 대한 감성의 승리로 보았고, 불명료하고 무질서한 것에 대해 공감을 표시하는 것으로 파악했다.

이러한 맥락에서 오르테가는 아방가르드의 미학과 많은 부분에서 연결되는 하인리히 뵐플린의 《미술사의 기초 개념》을 스페인어로 번역하게 하였는데, 바로크에 대한 긍정적인 시각을 담고 있는 이 책은 스페인에서 바로크 미학이 새롭게 조명받는 데 기여하게 된다. 98세대와 대립각을 세우며 부상하고 있던 1914년대 세대를 이끌던 그는 이 용어를 재평가하며 새로이 받아들였다.

오르테가는 1902년에서 1914년까지의 초창기 글에서 스스로 세하도르의 제자이며, 세르반테스의 충실한 추종자이고 로페 데 베가, 칼데론 데 라 바르카, 발타사르 그라시안, 프란시스코 데 케베도를 연구했다고 밝히고 있다. (…) 따라서 오르테가 산문의 사상적 배경이 상당 부분 17세기 고전 작가들에 대한 문학적 탐색에서 이루어졌다. 공고라의 경우에서는 특히 은유적 언어에 대한 성찰에 초점이 맞춰진다.[18]

이러한 면에서 그는 바로크를 단지 특정 시대의 예술적 표현으로만 한정 짓지 않고 당대의 미학과 연결함으로써 이 용어가 갖는 외연을 확장했다고 볼 수 있다.

한편, 세르반테스와 《돈키호테》에 대한 오르테가의 관심은 《돈키호테의 성찰》에 나타나는데, 여기에서 그는 바로크의 관심사인 눈에 보이는 현실과 그 뒤에 자리 잡은 이데아의 세계 또는 현실과 환영의 문제를 도출해낸다. 말하자면, 오르테가가 바라본 《돈키호테》는 사물(현실)과 그것의 의미 관계를 문제 삼는 것으로 요약될 수 있다. 어떤 사물이든지 사물 자체의 성질과 그 뒤에 자리 잡은 의미의 세계가 있다. 오르테가는 돈키호테와 산초의 모험을 이루는 여정 속에는 인간이 사물을 바라보는 이 두 가지 관점이 내재하여 있다고 말한다.

---

16. 같은 책, 245.
17. 같은 책, 246.
18. Aurora Egido(2009), *El barroco de los modernos*, Universidad de Valladolid, 124-125.

> 우리는 돈키호테와 산초와 함께 이 들판을 걸으면서 사물에는 두 개의 측면이 있다는 사실을 깨닫게 된다. 하나는 사물의 '의미'이니, 그 의미는 사물이 해석될 때에 나타나는 바로 그 의미이다. 또 다른 측면은 사물의 '실체'이니, 그 절대적인 본질은 바로 모든 해석을 앞서거나 초월해서 사물을 구성하고 있다.[19]

오르테가가 돈키호테를 통해 바라본 하나의 사물 속에 들어 있는 두 가지 요소에 대한 성찰은 실상 중세와 근대를 가르는 인식론을 반영한다. 중세 시대에는 사물 뒤에 숨어 있는 이데아만이 현실적인 것으로 생각되고 절대적인 언어로 표현됐지만, 근대의 세계관은 우연적이고 현재적인 감각의 세계가 실재적인 것으로 고려되기 시작했다. 이 서로 양립할 수 없는 세계관을 이루고 있는 것이《돈키호테》를 이루는 중심 주제였다. 이때 돈키호테와 산초의 모험은 무엇이 실재하는 현실인가를 증명하는 여정이 될 것이다.

오르테가는 이렇듯《돈키호테》에 나타난 주인공의 모험을 통해서 중세적 인식론에서 근대적 인식론으로의 변화를 읽는다.

또 다른 바로크의 작가 공고라에 대한 오르테가의 관심은 전술한 바와 같이 무엇보다 은유에 대한 성찰에서 비롯되는데, 그는《예술의 비인간화》에서 문학 특히 시의 근원적 힘으로서 은유의 의미를 언급한다.

> 은유가 사물을 명명할 때 적어도 시에서 주도적인 역할을 하게 된다. 이 말은 미의 개념이 바뀌어서 반대 방향으로 나가게 되었다

> 는 사실을 간단하게 암시하고 있다. 전에는 현실이 있고 그 위에 예복 망토나 레이스로 장식하듯 은유를 갖다 부었다. 지금은 반대로 시 외적인, 다시 말해 현실적인 것을 배제하려 하고 은유 자체로 시를 만들려고 한다.[20]

은유 자체를 미적 대상으로 여기는 것은 예술적 대상이 삶과의 직접적인 관련성 속에 있지 않다는 데 그 바탕을 둔다. "예술 작품이 우리에게 언급하고, 보여줄지도 모르는 인간 운명들의 모습에서 우리가 즐거워하기도 하고 고통을 느끼기도 하는데, 이것은 진정한 의미의 예술적 즐거움과는 전혀 별개의 것이다. 더 나아가 작품 속에서 보이는 인간적인 면에 집착하는 것은 엄격한 의미의 예술적 기쁨과는 처음부터 양립할 수 없는 일이다."[21] 결국, 오르테가는 삶과 예술의 경계선을 분명히 구분하며, 미적인 감동은 삶의 원리가 끝나는 데서 시작된다고 역설한다.

현실적인 세계로부터 독립되어 은유 자체만의 구조로 작품을 썼던 대표적인 작가로 오르테가는 말라르메를 언급한다. 말라르메는 세상 속에서 유추될 수 있는 소재를 거부하고 세상에는 존재하지 않는 대상을 노래한다. 말라르메의 시는 삶의 어떠한 반향도 무효로

---

19. José Ortega y Gasset(1985), *Meditaciones del quijote, Ideas sobre la novela*, Espasa Calpe, 131.
20. 오르테가 이 가세트,《예술의 비인간화》, 고려대학교출판부, 52.
21. 같은 책, 13.

하고 단지 바라보는 것으로 충만한 기쁨이 되는 이 세상 밖의 형상들을 우리에게 보여주고 있다는 것이다.[22] 말라르메에 대한 오르테가의 언급에서처럼 인간적인 것으로부터의 도피, 말하자면 현실과의 관련성의 절연은 이후 아방가르드로 표방되는 새로운 예술의 미학적 원리가 되는데, 이는 오르테가가 "오늘날의 시는 은유의 고등대수高等代數이다"[23]라고 표명한 것과 같이 시를 비롯한 예술의 원리를 은유의 체계 속에서 파악하는 데서 비롯된다.

그런데 오르테가가 말라르메를 언급한 것은 당대에 말라르메와 공고라 사이의 미학적 연관성에 대한 많은 관심이 있었기에, 당대 일었던 공고라에 대한 재평가와 관련해서도 의미 있는 부분이다.

22. 같은 책, 44.
23. 같은 책, 45.

3.

호르헤 루이스 보르헤스

보르헤스는《불명예의 세계사Historia universal de la infamia》의 1954년판 서문에서 바로크는 17세기 미술과 18세기 건축에 특별히 많이 나타난다고 말하며, 자신이 볼 때 모든 예술의 마지막 단계는 바로크적이라고 본다. 또한, 바로크주의는 지적인데, 버나드 쇼의 언급대로 모든 지적인 작업은 유머를 동반한다고 말한다.[24] 유머는 겉으로 드러난 개념과 그 뒤에 내재하여 있는 또 다른 개념 사이의 충돌에서 비롯된다. 서로 이질적인 개념 간의 갈등과 혼란이 전제되는 것이며, 그들 사이에 순간적으로 나타나는 일치는 웃음을 유발한다.

이러한 유머와 웃음은 미셸 푸코가《말과 사물》의 서문에서 자신의 책이 보르헤스의 책에 나오는 한 글을 읽었을 때 이제까지 간직해온 사고의 전 지평을 산산이 부숴버린 웃음에서 나왔다는 고백을 떠올리게 된다.

24. Jorge Luis Borges(1996), *Obras Completas I*, Emecé, 291.

푸코가 언급한 보르헤스의 글은 〈존 윌킨스의 분석적 언어〉에 나오는 동물 분류 체계에 관한 것인데 다음과 같다.

> a) 황제에게 속하는 것, b) 향기로운 것, c) 길들여진 것, d) 식용 젖먹이 돼지, e) 인어人魚, f) 신화에 나오는 것, g) 풀려나 싸대는 개, h) 지금의 분류에 포함된 것, i) 미친 듯이 나부대는 것, j) 수없이 많은 것, k) 아주 가느다란 낙타털 붓으로 그린 것, l) 기타, m) 방금 항아리를 깨뜨린 것, n) 멀리 파리처럼 보이는 것[25]

우리가 기존에 익숙하게 알고 있는 인식과는 완전히 다른 서로 간에 관련성이 없는 이러한 동물 분류 체계는 독자에게 당혹감과 혼란을 안겨주며, 푸코가 언급한 헤테로토피아의 영역을 떠올리게 한다. 그것은 어떤 내부 속에 이질적인 요소를 포함하는 영역으로 서로 다른 요소들의 결합이라는 점에서 바로크를 연상시킨다.[26]

이러한 점에서 볼 때, 바로크에 대한 보르헤스의 관심 역시 어느 정도 짐작해볼 수 있을 것이다. 실제로 라틴 아메리카의 작가 중 스페인 바로크 문학에 대해 특별한 관심을 표명한 이로 누구보다 보르헤스를 떠올릴 수 있다. 그는 엄청난 양의 독서로 세계 여러 나라의 문학에 대해 다양한 지식을 습득했는데, 거기에는 스페인 고전문학도 포함되었다.

청년이 되었을 때 보르헤스는 스위스에 유학하며 영문학, 불문학, 독문학 등을 공부한 후 스페인을 여행했는데, 이때 세비야, 마드리드 등에 거주하며 그곳 작가들과 교류하면서 본격적으로 스페인 문학과 접촉하게 되었다. 특히, 그는 당대에 불고 있던 아방가르드 문학에 깊은 관심을 갖게 되었다. 이때 보르헤스는 유럽에서 불고 있던 아방가르드 운동을 스페인에 도입하고 '울트라이즘'으로 대표되는 스페인 아방가르드 운동을 이끈 라파엘 칸시노스 아센스와 라몬 고메스 데 라 세르나에게 많은 영향을 받았다. 이러한 아방가르드 운동을 따르던 와중에 자연스럽게 그는 스페인 문학 전통에 노출되었다. 그의 스페인 체류 시기가 젊은 시인들에 의해 스페인 문학 전통, 특히 공고라의 시를 비롯한 바로크 문학이 재발견되는 시기였기 때문이다.

> 보르헤스가 마드리드에 머물렀던 시기는 또한 후에 〈1927세대〉라고 불리는 젊은 시인들에 의하여 스페인 문학 전통, 특히 바로크가 재발견되는 시대와 일치한다. 보르헤스도 이런 흐름에 노출되어 스페인 황금세기 문학의 바로크 시인들인 케베도와 공고라를 접하고, 세르반테스의 소설 미학에도 관심을 가졌다.[27]

결국, 보르헤스는 일차적으로 스페인 전위주의인 울트라이즘으

25. 미셸 푸코(2012), 《말과 사물》(이규현 옮김), 민음사, 7.
26. 그레그 램버트는 상기 언급한 보르헤스의 글을 바로크적 맥락에서 파악하고 있다. Gregg Lambert(2004), *The Return of the Baroque in Modern Culture*, Continuum, 2-3.
27. 김홍근(2005), 《보르헤스 문학 전기》, 솔출판사, 153.

로 스페인 문학에 관심을 두게 되었지만, 이후에 그 기원이 될 만한 문학 전통인 케베도, 공고라, 세르반테스, 그라시안과 그 밖의 스페인 바로크 작가들의 작품에 접근하게 되었으며, 이를 계기로 스페인의 고전이 보르헤스에게 재해석되며 그의 문학 속에 자리 잡게 되었다.

또한, 스페인에 머물면서 보르헤스가 스페인 문학에 보였던 관심은 바로크 문학이 새롭게 조명되는 데 일조했다고 볼 수 있다.[28]

스페인 고전에 대한 보르헤스의 관심은 1920년대에 출간된 초창기 세 작품인 《심문Inquisiciones》(1925), 《내 희망의 크기El tamaño de mi esperanza》(1926), 《아르헨티나인의 언어El idioma de los argentinos》(1928) 등에 집중적으로 나타난다. 특히 그는《아르헨티나인의 언어》의 서문에서 이 책의 중요한 세 가지 초점을 제시하는데, 그중 가장 대표적인 것은 언어에 대한 의심이라고 말하며,[29] 이를 위한 예로 케베도, 공고라 등 스페인 문학 전통을 언급한다. 이 밖에 그는 이후에 출간했던 여러 책에서 자신의 문학적 관심과 관련해서 스페인 문학에 대한 단상을 계속해서 드러냈다. 여기서는 언어적 관점과 관련하여 보르헤스 문학에 미친 케베도와 공고라의 영향에 대해 살펴보도록 하자.

1) 기지주의와 표현 형식에 대한 관심

보르헤스는 케베도의 여러 이력 그리고 이를 반영한 다양한 작품들에도 불구하고 그의 문학 세계를 관통하는 공통적인 요소가 있음을 암시하는데, 그것은 언어에 대한 문제의식과 이에서 비롯된 그의 탁월한 수사적 능력이다. 말하자면, 그는 케베도에게서 사물을 재현하는 도구로서 언어의 기능에 대한 의구심과 이를 극복하기 위한 언어 능력을 본다. 언어의 효력에 대한 불신은 역설적으로 케베도에게 언어에 대한 조탁과 정제에 심혈을 기울이게 했다는 것이다.[30]

이러한 면에서 보르헤스는 케베도에게 근본적인 것은 은유와 대조 등 탁월한 언어적 기교에 있다고 보며, 지적인 훈련으로 이해를 구하고 문학성을 담보하려는 그의 문학적 관점을 다음과 같이 표현한다.

> (케베도는) 은유, 대조, 무수한 형용사들로 사물을 묘사하는 것에서 완벽했다. 이러한 것들로 이루어진 저 문학이라는 분야가 갖는 행복 또는 불행은 이해력에 의해서 정해진다. 모든 수사적 기교들이 두 개념을 하나로 연결하려는 데에 기반을 두고 있기에 이해를 구하기 위한 지적인 훈련은 수사적 기교의 효과를 드러내는 데 필요 불가결한 것이다.[31]

따라서 보르헤스는 케베도에 의해 대표되는 '기지주의concep-

---

28. 신정환은 카브레라 인판테의 말을 근거로 스페인어권 문학의 정수가 케베도-루벤 다리오-보르헤스로 계승된다고 본다면 보르헤스의 스페인 체류는 잠자고 있던 스페인어 문학이 다시 만개하기 위한 예정된 은총이었다고 본다. 신정환(1999), 〈보르헤스와 바로크 미학〉, 《이베로아메리카연구》, 10, 66.
29. Jorge Luis Borges(1998), *El idioma de los argentinos*, Alianza, 10.
30. Jorge Luis Borges(2001), *Inquisiciones*, Alianza, 46.
31. 같은 책, 같은 페이지.

tismo'를 주목하며 이 기법은 짧고 강렬한 맥박 소리같이 어떤 생각을 드러내는 것이라고 평가한다.[32] 이를 위해 보르헤스는 케베도가 전체를 조망하는 시선 대신에 "주관적이고 상이하며 부분적인 시선만을 보여주었다"[33]고 말하며, 이러한 문학을 이해하기 위해서는 지각작용을 활성화해야 한다고 주장했다. 그런데 여기에는 또한 심리적 재구성을 활성화하기 위해 부분적인 전망만을 제시하는 언어의 문제가 자리 잡고 있다. 왜냐하면, 어떤 대상이 우리의 정신에 처음으로 제시되었을 때 우리를 놀라게 했던 그 대상의 갑작스럽고, 예기치 않았던 모습을 언어로 다시 복원해내려고 하기 때문이다.[34]

이렇듯 보르헤스는 케베도가 불완전한 언어를 매개로 대상을 포착해내려고 표현기법을 혁신했던 면을 보았다.

2) 공고라의 언어관에 대한 재평가

보르헤스는 1925년에 출간된 《심문》의 〈토머스 브라운 경Sir Thomas Browne〉이라는 글에서 즐기기 위해서는 명확한 언어를 사용해야 한다는 로페 데 베가의 입장과 언어를 체스 게임에 비유하며, 체스 게임은 난해할수록 더 즐거움을 준다는 공고라의 입장을 비교했는데, 여기서 그는 난해함이 한때 예술의 목적이었다는 것을 이해할 수 없다고 보며, 게임이 어려울수록 더 높이 인정받을 수 있다는 공고라의 말은 궤변이라고 평가하고, 공고라의 난해한 언어 사용에 의문을 나타낸다.

보르헤스는 《아르헨티나인의 언어》의 〈과식주의〉에서 공고라의 문학과 언어관을 다시 들추어내며 고찰하고 있다. 여기서 그는 스페인 문학 비평사에서 공고라에 대한 부정적 평가는 그가 은유, 라틴어, 그리스 신화를 남용했다는 데서 비롯되었다고 보고 이에 대한 자신의 의견을 조목조목 나누어 피력하였다. 먼저 공고라가 시의 소재로 그리스 신화를 빈번히 사용한 것에 대해 다음과 같이 평가한다.

> 시의 소재로 고전 신화는 시공간적으로 먼 것이나 이국적인 것을 찬양하는 데 그 의미가 있는 것이 아니라 우리의 관점에서 그 신화를 새롭게 해석하고 발견해낼 때 그 의미가 있는 것이다. 말하자면 그것을 시인 자신만의 감성으로 새롭게 느껴보아야 한다.[35]

이러한 보르헤스의 평가에는 실체에 대한 관심 없이 공허한 대상만을 제시하는 공고라의 언어 사용에 대한 이전의 비판적 입장이 계속해서 담겨있는 듯이 보인다. 공고라로 대표되는 과식주의가 실체를 담보하지 못하고 환영만을 나타낸다는 것이다.

> 과식주의는 그림자, 흔적, 낱말, 메아리, 부재, 환영으로 인해 지라났다. 그것은 불사조, 고대의 신성, 천사 – 이런 것들을 믿지도 않

32. 같은 책, 48.
33. 같은 책, 같은 페이지.
34. 같은 책, 같은 페이지.
35. Jorge Luis Borges(1998), *El idioma de los argentinos*, Alianza, 66.

> 으면서 – 에 대해서 말했다. 과식주의는 시처럼 보이기 위해 화려하게 치장을 했다. 하지만 그것은 시의 시뮬라크르일 뿐 아무런 실체도 들어 있지 않다.[36]

하지만 보르헤스는 전통적으로 공고라의 문학에 제기한 이러한 평가를 돌이켜보면서, 또 다른 전망을 제시하기 시작한다. 그것은 일정 정도는 공고라에 대한 부정적 인식에 편승하면서도 그의 언어관이 갖는 매력을 새롭게 바라보기 시작했다. 무엇보다 그것은 공고라의 은유에 관한 생각에서 비롯되었다. 그는 공고라가 은유를 남용한다는 것에 대해, 은유 자체에 주목하지 말고, 그것을 통해 얻은 미학적 효과에 주목할 것을 권한다. 말하자면, 은유를 사용하는 것은 사고 작용을 말하는데, 대상에서 우러나오는 다양한 생각들을 모으는 것이다.[37] 이로부터 보르헤스는 은유를 남용했다고 비난받아왔던 공고라를 방어할 수 있는 길을 발견한다. 특히 그는 쇼펜하우어를 인용하며, 공고라의 과식주의를 방어한다.

> 쇼펜하우어는 시는 언어를 통해서 상상을 불러일으키는 예술이라고 썼다. 나는 이 낭만적 구상을 받아들이는 것은 과식주의를 받아들이기 위한 전제가 아닐까 생각한다.[38]

쇼펜하우어의 정의에 힘입어 보르헤스는 공고라의 은유를 고찰하면서 문학 언어에서 중요하게 고려되어야 할 점은 독자에게 사고 작용을 불러일으키는 데 있음을 역설한다.

> 한탄할 만한 것은 거의 모든 시인이 소설가들과 역사가들을 지지하며 상상력을 포기했고, 단지 언어가 갖는 재현적인 힘에만 의존한다. (…) 누구도 상상하거나 생각하려고 하지 않는다. 아마 공고라가 이 문제를 가장 의식했었고, 덜 위선적이었다.[39]

한편, 보르헤스는 공고라가 라틴어를 남용했다는 비판에는 전통적인 것만을 중시하며, 외부의 것에 눈을 돌리지 않는 스페인의 순혈적인 성격이 작용했다면서, 자신은 순수하거나 닫힌 것보다는 스페인어에 라틴어와 같은 또 다른 요소가 침투하는 것을 기꺼이 받아들인다고 말한다.[40] 나아가 보르헤스는 스페인의 전통은 순수한 것이 아니라고 말하며, 케베도나 공고라의 문학뿐 아니라 우르타도 데 멘도사Hurtado de Mendoza와 사아베드라 파하르도Saavedra Fajardo도 라틴어의 영향을, 프라이 루이스 데 레온Fray Luis de León과 세르반테스는 이탈리아어의 영향을 각각 받았음을 밝히고 있다.[41]

결국, 보르헤스는 공고라에 대한 기존의 부정적 평가를 벗어나, 그의 시어를 다시 바라보고, 그의 시를 이루는 미학적 형식인 과식주의를 다음과 같이 재평가하기에 이른다.

---

36. 같은 책, 같은 페이지.
37. 같은 책, 64.
38. 같은 책, 같은 페이지.
39. 같은 책, 64-65.
40. 같은 책, 65.
41. 같은 책, 같은 페이지.

> 시는 (…) 낱말들을 새롭게 하고 개혁하는 데 그 가치가 있다. 그러므로 영웅 서사시든 서정시 등 그 내용과 관계없이 시에는 상징과 은유가 가득하며 그 속에서 즐거움이 나온다. 이것이 바로 공고리즘 즉 과식주의이다.[42]

그런데 보르헤스의 이러한 성찰은 단지 공고라 문학을 새로이 바라보는 데에만 그쳤던 것이 아니라 그 자신의 문학론을 형성하는 데 중요한 전기로 작용한다. 그것은 문학과 현실의 관계에 대한 문제이다. 문학은 외부 현실을 고스란히 재현할 수 없고, 문학은 현실에서 독립하여 자율성을 갖는다는 것이다. 이러한 문제의식은 보르헤스가 상정하는 문학론의 핵심을 이루는데, 그 기저에는 바로 공고라가 제기한 언어의 문제가 자리 잡고 있다. 이러한 면을 고려할 때, 보르헤스가 비록 처음에는 공고라의 문학에 호감을 느끼지 못했지만, 이후 재평가하며 자신이 상정하는 문학의 존재론과 관련하여 공고라에게 적지 않은 암시를 받았다.

3) 바로크적 언어로 구성된 세계

보르헤스는 언어와 그것이 지시하는 대상과의 관계에 관해 많은 탐구를 했는데, 수많은 개념이 처음에는 단순한 우연에서 비롯된 언어에서 시작되었고, 후에 시간이 그 말들을 확고한 개념으로 정립시켰다고 본다.[43] 그런데 어떠한 정교한 개념도 처음에는 우연적 언어에서 시작됐다는 말은 다름 아닌 낱말과 대상 사이에 필연적인 관계가 성립되지 않음을 의미한다. 보르헤스는 공고라가 제기했던 것처럼 세계와는 독립된 언어 자체의 가치에 주목하였다.

앞서 보르헤스는 공고라의 언어를 '그림자, 흔적, 부재, 환영' 등의 말로 설명했다. 이는 공고라의 언어가 그것이 지시하는 대상에 안착하지 못한 채 기호 그 자체만으로 남아있음을 의미한다. 그런데 이러한 언어와 대상 사이의 불일치는 공고라나 보르헤스에게 새로운 전망을 열어준다. 언어와 대상 사이의 거리가 멀어질 때, 세계를 해석하고 설명하는 언어의 기능에서 벗어나 언어 그 자체만으로 구성된 세계를 가정할 수 있다. 이러한 맥락에서 보르헤스는 공고라의 문학을 조명하며 세계와의 관계에서 문학이 의미하는 바가 무엇인지를 1932년에 출간된 《토론Discusión》에 나오는 한 글에서 다음과 같이 표현하였다.

> 내가 보기에 공고라는 중요한 책은 오히려 중요한 주제를 다루지 않을 수 있다고 생각한 첫 번째 사람이었다. 그의 《고독Soledades》이 전하는 공허한 이야기는 의도적으로 별 볼 일 없는 내용을 다룬 것이었다.[44]

이는 오르테가 이 가세트가 20세기 전반 새로운 예술의 성격 중

---

42. 같은 책, 60-61.
43. 같은 책, 144.
44. Jorge Luis Borges(1996), *Obras Completas I*, Emecé, 249.

하나로 언급한 예술을 통하여 어떠한 메시지를 주지 않으려는 경향을 떠올리게 하는 것으로 문학 작품이 인간적인 현실을 진지하게 다루어야 한다는 생각에서 벗어날 것을 요구한다.

이렇듯 공고라에 대한 보르헤스의 관심은 결국 내용보다는 언어 자체로 구성된 세계에 대한 관심으로 수렴되며, 공고라는 말라르메와 더불어 비밀스러운 작품을 부단히 구상한 작가로서 그 작가적 의미가 계속 이어져 오고 있다고 본다.[45]

이러한 면에서 절대적인 언어, 총체적인 책에 대한 열망을 가졌던 보르헤스가 공고라의 언어관에 관심을 가졌던 것은 자연스러운 일이었을 것이다. 공고라가 은유, 라틴어, 고전 신화 또는 신조어를 통해 새로운 시어를 창조하려 했던 점은 보르헤스에게 언어로 구성된 가상의 세계에 대한 영감을 줄 수 있었을 것이다.

4) 재현에 대한 회의와 문학적 현실의 창조

케베도가 보르헤스 문학에 미친 영향을 논할 때, 우리는 또한 17세기 스페인 바로크 시대의 지배 이념이었던 '환멸desengaño'이라는 용어를 떠올리게 된다. 스페인 제국의 영광이 섬광처럼 사라진 자리에 남은 쇠퇴의 분위기에서 나온 이 용어는 르네상스에서 비롯된 세계를 이해하려는 인간의 자신감에 제동이 걸리면서, 눈앞에 보이는 가치가 덧없음을 의미한다. 케베도의 시 구절 중 시간의 흐름 속에서 "나는 '~이었던 그 사람', '~일 그 사람', '~인 피곤한 그 사람'일 뿐이라는 인식은 바로크적 시간에 놓인 인간의 실존적 모습을 분명히 보여준다. 말하자면, 내가 자신의 정체성을 담보하지 못하고 시간의 흐름 속에서 계속해서 다른 나로 변해간다는 케베도의 이러한 외침은 보르헤스가 〈보르헤스와 나Borges y yo〉에서 자신과 무수한 해석 속에 맡겨진 또 다른 보르헤스를 상정하는 것과 관련된다.

> 몇 년 전, 나는 보르헤스에게서 벗어나려고 시도했다. 그래서 도시 변두리에서 떠도는 전설적인 얘기부터 시간과 무한에 대해 놀이까지 했으나 이제 그러한 놀이는 보르헤스의 것이 되어버려 나는 다른 것을 생각해야만 한다. 이처럼 나의 인생은 덧없이 사라지고, 나는 모든 것을 잃고 있다. 그 모두는 망각 속으로 사라지거나 혹은 다른 나의 것이다.[46]

그런데 자신의 정체성에 대한 케베도와 보르헤스의 이러한 의문은 또한 언어적 재현에 대한 회의로 이어진다. 그래서 케베도는 덧없이 변하는 사물의 파편적이고 순간적인 인상을 기지를 통해 드러내려고 하였고, 보르헤스는 케베도의 그런 언어적 표현 형식에 매료되었다. 바로크적 세계관에 기반을 둔 세계 재현에 대한 회의, 그러나 끝없이 변하는 사물을 섬광처럼 번쩍이는 언어로 재구성한 케베도의 문학에 보르헤스는 찬사를 보냈다.

---

45. Jorge Luis Borges(1996), *Obras Completas II*, Emecé, 38.
46. 같은 책, 186.

> 케베도에 대해서는 문장가 중의 문장가라고 해야 할 것이다. 케베도를 좋아하려면 (지금이든 앞으로든) 문인이 되어야 할 것인바, 반대로 생각해 보면 문학적 자질을 갖춘 사람 치고 케베도를 좋아하지 않을 사람은 없을 것이다.[47]

한편, 보르헤스는 공고라의 언어를 통해 케베도와는 다른 문학에 대한 새로운 전망을 엿본다. 케베도가 현실 재현에 대한 회의 속에서 순간의 번득이는 기지를 바탕으로 현실을 재구성하려고 하였다면, 공고라는 이러한 회의를 오히려 긍정하며, 실제 대상에서 벗어나 언어 자체로 구성된 세계를 창조했다는 것이다. 이는 문학이 세계를 모방한다는 것에서 벗어나 문학 스스로가 자율적인 체계로서 현실에서 독립된 새로운 현실을 만들어낸다는 것을 의미한다.

보르헤스의 대표적인 작품 중 하나의 이름이 '허구들Ficciones'인 것에서 보듯이 보르헤스는 기본적으로 문학은 현실과는 구분되는 허구라고 보았다. 그래서 그는 문학적 소재를 선택할 때도, 실제 있었던 것과 상상으로 만들어낸 것의 경계를 허물며 자신의 작품 속에 그 둘을 함께 혼합하여 새로운 문학적 현실을 만들어냈다.

---

47. 같은 책, 38.

4.

기예르모 데 토레

기예르모 데 토레는 스페인과 유럽의 아방가르드 운동의 이론을 정립했다. 그는 유럽의 여러 나라에서 발행된 아방가르드 관련 서적들을 모두 수집했고, 이 운동의 중심지였던 파리에 정기적으로 들러 그곳의 젊은 시인들과 교류하였다. 보르헤스를 높이 평가하여 교류를 이어갔으며, 자신의 책에 삽화를 그려주던 보르헤스의 여동생 노라와 가까워지고 결혼에까지 이른다. 기예르모 데 토레의 대표적인 성과는 1925년에 펴낸《유럽의 아방가르드 문학Literaturas europeas de Vanguardia》이다. 이 책은 당대 젊은 시인들의 필독서가 되었으며, 그는 시인으로서보다도 평론가나 문학사가로서의 자질이 더 뛰어나서 이 분야에 공헌을 남기게 되었다.[48]

그는 이 책에서 칸시노스 아센스와 고메스 데 라 세르나에서 시작된 스페인 아방가르드를 분석했고, '울트라이즘'이라 불리는 스페

48. 김홍근(2005), op. cit., 151-153.

인의 아방가르드와 프랑스 파리에서 불고 있었던 아방가르드 운동을 연결하였다. 이러한 작업에서 그는 바로크에 대한 새로운 평가를 시도하면서, 전위 예술 운동과 이전 전통과의 관련성을 모색하였다.

무엇보다 유럽 아방가르드 운동에 대한 심도 있는 탐색 중에서 눈에 띄는 부분은 아방가르드 시학과 공고라 시의 관련성을 보여준 점이다. 아방가르드 문학에서 가장 역점을 두었던 부분은 언어에 대한 성찰, 특히 언어의 재현 가능성에 대한 의심인데, 이러한 점과 관련하여 기예르모 데 토레는 공고라의 시에 대한 관심을 고조시켰다.

기예르모 데 토레는 1927년 〈가세타 리테라리아Gaceta Literaria〉에서 공고라에 대해 논하며, 문학 언어에서 은유의 중요성에 대한 관심을 환기했고 '바로크'라는 용어에 대해서도 재평가하기 시작하였다.

그는 바로크 시인에 대한 관심으로 아방가르드 운동을 단지 동시대적 움직임으로만 인식하는 데서 벗어나 공고라나 세르반테스 같은 스페인 고전 작가들과의 연관성을 본격적으로 상정하기 시작했다. 특히 창조주의 선구자로 평가한 훌리오 에레라 레이식의 시를 논하며, 은유를 천재적으로 사용하는 면이 공고라와 케베도의 방식을 따른다고 보았다.[49] 이러한 면에서 언어 자체의 은유적 성격과 표현기법으로써 은유에 대한 관심을 높였다.

은유의 중요성을 언급할 때 주목할 점은 기예르모 데 토레가 이 수사법의 선구자로 공고라와 말라르메를 떠올린 것이다. 무엇보다 그를 비롯한 스페인의 아방가르드인 울트라이즘을 개척한 이들이 사전 교감도 없이 《고독Soledades》의 저자 공고라를 그들의 은유적 언어를 설명하는 데 전범이 되는 작가로 보았던 것은 특기할 만한 일이다.

또한, 스페인 아방가르드 운동을 개척한 고메스 데 라 세르나의 문학을 고찰했는데, 특히 새로운 예술을 향한 그의 선언적인 말인 〈나의 일곱 단어〉와 바로크적 관련성을 다음과 같이 암시하고 있다.

> 우리는 다다이즘적인 태도와 관련해서 라몬 고메스 데 라 세르나가 문학을 대했던 최초의 태도를 떠올리는 데 관심이 있다. 1910년에 선언된 그레게리아 작가의 "아! 이 모든 것을 파괴할 수 있다면!"이라는 〈나의 일곱 단어〉는 암암리에 반복되면서 다다이즘의 원리와 완전히 연결된다. 대상을 파편적으로 이해하려는 이 젊은 이들의 열망은 기존의 논리를 극단적으로 전복하고 그로부터 파생되는 니힐리즘적인 유머를 끌어낸다. 그것은 또한 어떠한 기성 관념의 틀 없이 모든 의식의 흐름을 고스란히 드러내면서 트리스탄 차라와 프란시스 피카비아가 과시한 파편화되고 분절된 사고의 유쾌한 태도와 연결된다. 그런데 이것은 바로크 시대의 성격과 어떤 유사성이 있는 것은 아닌가?[50]

이렇듯 기예르모 데 토레는 기성 관념의 전복을 시도하는 고메스 데 라 세르나의 문학적 개혁과 다다이즘 운동 모두가 바로크적인 양식과 조응하는 모습을 보인다고 생각했다.

---

49. Guillermo de Torre(2001), *Literaturas europeas de vanguardia*, Renacimiento 142.
50. 같은 책, 241-242.

한편, "영원한 것의 개념에 반대하며Contra el concepto de lo eterno"[51] 라고 아방가르드의 원리를 설명할 때, 전술한 "덧없이 사라지는 것만이 남고 지속된다"라는 케베도의 말을 인용하며, 계속해서 흘러가는 시간의 속성을 드러내고 관념적으로 세워놓은 이전의 질서를 넘어서려고 하였다. 이를 통해 아방가르드가 궁극적이고 절대적인 아름다움을 찾는 이전의 예술을 벗어나 시간 속에서 상대적인 진실을 추구하고 있음을 밝히고 있다. 이는 결국 객관적 현실을 재현하려는 19세기 사실주의 예술로는 부단히 변화하는 현실을 포착할 수 없다는 인식에 기반을 둔 아방가르드 미학으로 표출된다.

이렇듯 기예르모 데 토레는 바로크적 원리, 그 작가들의 영향과 흔적을 떠올리며 이를 20세기 전반에 부상한 스페인을 포함한 유럽 아방가르드의 미학적 원리와 연결했다.

---

51. 같은 책, 43.

5.

바예 잉클란

바예 잉클란의 대표적인 미학인 에스페르펜토가 스페인 내부의 미학 전통에서 유래된 데서 보듯이, 그는 전통을 계승하든 아니면 그것을 뒤틀어서 보든 전통이 갖는 중요성을 인식하였다. 특히 바로크 예술과 에스페르펜토와 관련되는 그로테스크한 요소가 밀접히 연결되기 때문에 바예 잉클란의 문학에서 바로크적인 면을 어렵지 않게 떠올려볼 수 있다.

전통에 대한 관심은 과거를 되짚어보고 그것을 새롭게 인식할 수 있도록 그를 이끌었다. 그는 한 인터뷰에서 전통주의에 대해 다음과 같이 정의한다.

> 전통주의는 스페인의 영광스러운 전통을 복원하는 것을 의미한다. 이러한 의미에서 나는 열광적인 전통주의자이다. 왜냐하면, 내 조국의 위대함을 복원할 때 그러한 모습으로 마땅히 되어야만 했던 스페인의 면모가 돌아올 것이다.[52]

바예 잉클란은 기억이 없는 민족은 미래가 없다고 말하며, 스페인의 풍부한 정신적 유산에 시선을 돌리고 그것을 다시 배우고 해석하려고 하였다. 이러한 면에서 《아동 소극笑劇 용두龍頭Farsa infantil de la cabeza del dragón》, 《로살린다 후작 부인La Marquesa Rosalina》, 《왕을 사랑한 여자에 대한 소극Farsa de la enamorada del rey》 등의 작품에는 세르반테스의 영향이 보인다.[53] 특히 1916년에 나온 《경이로운 등불La lá mpara maravillosa》은 바예 잉클란 스스로가 가장 중요한 작품으로 생각했는데, 이는 연대기적 시간의 흐름을 극복하고 초월적 시간 개념을 갖는 데서 비롯된다. 말하자면, 그는 사물을 시간의 흐름에서 해방함으로써만 그것의 진정한 의미를 파악할 수 있다고 생각했다.[54]

이는 전통적인 요소가 어떠한 방식으로 현재화될 수 있는지를 암시해준다. 무엇보다 바예 잉클란이 만들어낸 일종의 풍자문학인 에스페르펜토가 당대에 새롭게 나타난 미학이 아니라 스페인의 전통 속에 그 직접적인 기원이 있음을 떠올려볼 수 있는데, 이는 그가 풍자문학의 대가로서 케베도를 언급한 데서 확인할 수 있다.

> 이러한 풍자문학 장르에는 위대한 전통이 있다. 예를 들어 프랑스의 작가 브랑톰Brantôme을 언급할 수 있고, 우리에게는 누구보다도 케베도가 있다. 풍자문학은 자신들의 의무를 다하지 못하는 권력자들에게 퍼부어지는 역사적인 노래 형식 중의 하나이다.[55]

이렇듯 바예 잉클란은 자신이 창조한 에스페르펜토 미학의 기원과 관련해서 그 기원이 되는 작가들의 전통을 기꺼이 드러내 보였다. 그는 특히 바로크의 유산에 관심을 보였는데, 그 역시 바로크 미학이 어떤 특정 시기에만 존재하는 것이 아니라 어느 시대든지 나타날 수 있다고 보았다.

> 모든 문학에는 바로크에서 표방했던 것을 따르는 정신적 경향이 있다. 상징주의와 세기말적 정신을 표현한 우리의 모든 시인은 이 전의 전통 속에서 무언가 교훈을 찾아낼 수 있을 것이다.[56]

이러한 면을 입증하기 위해서 바예 잉클란은 발타사르 그라시안이 보여주었던 산문 기법들을 언급하기도 했는데, 무엇보다 그에게 명성을 가져다준 에스페르펜토의 기원을 언급하면서 화가 고야와 더불어 세르반테스와 케베도를 예로 든다.

바예 잉클란이 고야, 세르반테스와 더불어 케베도를 에스페르펜토 미학의 원천으로 상정한 것은 그의 작품에서 등장인물을 그로테스크하게 뒤틀거나 변형시키는 방식이 바로 에스페르펜토 미학이

---

52. Ramón del Valle-Inclán(1994), *Entrevistas*, ed. J. del Valle-Inclán, Alianza, 35.
53. Bruce Swansey(2008), *Barroco y Vanguardia: De Quevedo a Valle-Inclán*, Universidad de Navarra, 21.
54. 김선욱(2006), 〈에스페르펜토로 투사한 일그러진 스페인 사회〉, 《보헤미아의 빛》, 문학과지성사, 351.
55. Ramón del Valle-Inclán(1994), *Entrevistas*, ed. J. del Valle-Inclán, Alianza, 252-253.
56. Ramón María del Valle-Inclán(2002), "Modernismo", *Obra completa II, Teatro, Poesía, Prosa*, Espasa, 1461.

추구했던 점과 유사했기 때문일 것이다. 이는 두 작가 간의 수사법상의 유사성의 문제로 연결된다.

> 바예 잉클란만큼 케베도도 제유, 과장, 은유를 통해 뒤틀려진 기하학적 공간을 수사학적 공간으로 바꿔서 관객과 독자에게 거리감을 느끼게 하고 그들 스스로 결정을 내릴 수 있도록 유도한다. 내게 비교를 가능하게 하는 것은 무엇보다 현대 미학의 새로운 입장을 일깨워주는 바로크의 능력이다. 그것은 수용자가 작품에 최대한 참여하는 것으로 나타난다.[57]

19세기 사실주의 문학과 비교해서 20세기 이후 현대 문학론이 갖는 가장 큰 특징 중의 하나는 문학 작품에 독자의 능동적인 참여를 유도하는 것이다. 러시아 형식주의는 독자에게 '낯섦'을 불러일으키는 곳에 문학성이 내재하고 있다고 보며 '낯설게 하기' 이론을 주장했으며, 브레히트는 '생소화 효과'를 내세워 전통적으로 이어져온 아리스토텔레스의 '카타르시스' 이론을 극복하고자 했다. 관객을 극의 내용에 몰입시키면서 수동적인 위치에 두는 것이 아니라 낯설게 하여 관객의 참여를 부단히 끌어내는 것이다. 오르테가 이 가세트 역시 자신의 소설론에서 도시 생활에 익숙한 사람을 '일시적으로 시골 사람' 만드는 것같이 독자를 낯설게 하는 것 속에 소설가의 가장 큰 비밀이 숨어 있다고 말한다.[58]

이렇게 독자의 참여를 이끄는 미학은 언어의 표현 형식과 밀접히 관련되는데, 바로크 시대 공고라와 케베도를 이러한 전망에서 바라볼 수 있다. 공고라가 은유에 기반을 둔 언어에 대한 성찰에서 20세기 전반의 작가들에게 영향을 주었다면, 기지, 변형, 과장, 풍자 등을 바탕으로 그로테스크한 기법을 사용했던 케베도는 인간과 사회를 새롭게 바라보는 방식에서 후대의 작가들에게 흔적을 남기게 되었다. 바예 잉클란은 케베도의 그러한 면을 에스페르펜토라는 현대적인 미학으로 발전시켰다.

---

57. Bruce Swansey(2008), *Barroco y Vanguardia: De Quevedo a Valle-Inclán*, Pamplona: Universidad de Navarra, 11-12.

58. Ortega y Gasset, José(1985), *Meditaciones del quijote, Ideas sobre la novela*, Espasa Calpe, 198.

6.

알폰소 레예스

20세기 전반 스페인 문단이 전반적으로 바로크에 대한 호기심을 드러내고 미학적 발견을 이루어내기 시작할 때, 이러한 면과 관련하여 또 한 명의 두드러진 인물은 알폰소 레예스이다. 멕시코의 시인이자 사상가인 레예스는 스페인에 망명하여 1914년부터 1924년까지 거주하였는데, 이 기간에 오르테가 이 가세트, 후안 라몬 히메네스, 디에스 카네도 등과 밀접하게 교류하며, 스페인의 황금세기 작가들을 재평가하는 데 기여하였다.

> 1914년에서 1924년 사이에 (…) 레예스의 작품에는 황금세기 문학에 대한 언급으로 가득하다. 그는 여러 가지 이유로 바로크 문학에 대한 호기심을 드러내며, 면밀한 독서로 케베도, 마테오 알레만, 세르반테스, 로페 데 베가, 공고라, 그라시안 등을 조명했다.[59]

알폰소 레예스는 공고라의 문학을 비롯한 바로크 문학 일반 그리고 스페인 황금세기 시에 관한 많은 글을 발표하였다. 다른 한편으로는《레비스타 데 옥시덴테》를 비롯한 여러 문학지를 간행하며 스페인 문학과 관련해서 많은 연구를 수행했다.

이렇듯 레예스는 스페인 황금세기 특히 바로크 작가들에 대해 비평 작업을 하면서 동시에 이들에 깊은 관심을 표명했던 당대의 작가들과 비평가들 예를 들어 후안 라몬 히메네스, 고메스 데 라 세르나, 기예르모 데 토레 등과 지속적으로 교류하였다. 이를 통해 그들의 공동 관심사인 공고라에 대한 이해를 넓혀갔으며, 바로크와 아방가르드 사이의 관련성을 확인하였다.

무엇보다 알폰소 레예스는 공고라의 과식주의 문체를 주목하고 이를 자신의 문학 세계에 적용해보면서, 제대로 이해되지 않는 은유와 기존의 언어 체계를 파괴하는 신조어 사용으로 공고라의 시 세계가 어둡고 난해할 뿐이라는 편견을 벗기고 그의 시학이 아방가르드 미학과 연결될 수 있도록 하는 데 기여하였다.

더불어 공고라와 말라르메를 탐구하고 두 시인 사이의 유사성을 도출하였다. 이 두 시인 사이의 미학적 관련성을 상정한 것은 중요하다. 왜냐하면, 멕시코 출신인 레예스가 스페인과 라틴 아메리카 사이의 문학적 교량 역할을 한 것뿐만이 아니라 스페인과 프랑스 사이의 문학적 관련성을 제시했기 때문이다. 그것은 프랑스에서 공고라에 대한 인식을 높였으며, 스페인에서는 말라르메의 상징주의를

59. Aurora Egido(2009), *El barroco de los modernos*, Universidad de Valladolid, 100.

공고라의 시학과 관련지어 사유하는 것으로 나타났다.[60]

이렇듯 20세기 전반 알폰소 레예스는 바로크 시대의 여러 작가 특히 공고라를 주목하고 그의 시학을 전파했는데, 이러한 점은 1927년 공고라의 죽음 300주년을 맞아 일련의 작가들이 그의 무덤을 참배하며, 그의 미학적 전통을 계승하여 27세대를 형성했던 것으로 이어진다.

---

60. 같은 책, 107.

7.

에우헤니오 도르스

일반적으로 스페인 현대 문학의 기원은 1898년에 시작된다고 한다. 미서전쟁 패배 후 스페인의 당면한 문제를 성찰하고 국가적 위기를 극복하고자 한 일군의 문학가들이 등장하는데 이들을 98세대라 부른다. 이들은 문학을 통해 스페인적인 요소를 강조하며 스페인의 역사, 언어, 자연환경 등에 관심을 기울였다. 하지만 심각했던 위기 상황에서 어느 정도 벗어나 시간적 거리를 갖게 되자 98세대와는 다른 생각을 하는 새로운 세대가 20세기 초에 도래하는데, 이 세대에 속한 지식인들은 조국의 현실을 좀 더 객관적으로 바라보았으며, 문학과 예술에서도 이전의 스페인 중심적인 사고에서 벗어나기 시작했다. 에우헤니오 도르스는 새롭게 등장한 당시의 지식인들을 지칭하기 위해 '1900년대' 세대라고 명명하였다. 그의 개혁적인 사고는 바로크의 개념을 재정립하는 데로 이어졌는데, 무엇보다 바로크의 범주를 시 · 공간적으로 확장하는 데 이바지하였다. 바로크를 17세기 스페인이라는 문맥에만 한정한 것이 아니라 어느 시대 어느 공간에서도 나타날 수 있는 것으로 본 것이다.

먼저 도르스는 1908년에 발표한 글인 〈추리게라Churriguera〉에서 스페인 바로크 시대의 건축가인 추리게라가 자신의 사유체계에 남긴 깊은 영향을 떠올리면서 이성에 기반을 둔 고전적인 질서에 상반되는 바로크의 가치가 당대에 새롭게 평가되고 있음을 역설하였다. 그는 미학적 관점에서 엘 그레코의 그림과 공고라의 문학을 추리게라의 건축과 동일 선상에 올려놓고 있다.

> 추리게라, 저주받은 건축가이며 매혹적인 인어여! … 스페인의 성당들에 있는 당신이 만든 제단들, 당신이 만든 마드리드의 출입문들, 당신이 만든 살라망카 시청은 어느 날 내게 심연처럼 현기증이 나고 거대한 대양 같은 비극적인 노래를 전했고, 전율을 느끼게 했다. 그것은 당신의 열정으로 건축물을 야단스럽고 흘러넘치게 만든 것에서, 고전 작품이 그리스의 파르테논을 생각나게 하듯이 위엄 있는 파사드에서 원시의 혼돈을 떠올리게 하는 '악취미'에서 기인한다. 나는 추리게라를 위해 앞으로 있을 정의로운 복수를 예견한다. 오늘날 우리는 엘 그레코의 그림에서 보이는 신비스러운 심오함을 찬양하지 않는가? 우리 친구인 몇몇 시인들은 공고라를 위해 제단에 불을 새롭게 밝히느라 바쁘지 아니한가? 이는 추리게라를 폄하했던 세속의 저주에 맞서 새롭게 구원을 얻어내는 푸닥거리인 것이다.[61]

바로크에 대한 그의 사유가 집중적으로 나타난 《바로크적인 것Lo barroco》보다 먼저 출간되고, 세상에 많이 알려진 저서 《프라도 미술관에서 3시간Tres horas en el Museo del Prado》에서 에우헤니오 도르스는 이성과 균형에 기반을 둔 고전적인 것과 본능과 비이성을 바탕으로 한 바로크적인 것을 구분하며, 미술사에 나오는 거장들의 회화를 조명하였다. 특히 그는 회화적 가치를 두 개의 형식으로 구분하는데, 하나는 '땅에 지탱되는 형식las formas que pesan'이고 다른 하나는 '날아오르는 형식las formas que vuelan'이다. 이는 각각 고전적인 것과 바로크적인 것으로 연결된다.

> 모든 형식 속에, 모든 작품 속에 공간적인 즉 건축학적인 요소와 표현적인 즉 기능적인 요소가 공존한다면 – 또한 '음악적인' 것이라고 부를 수 있을 것이다 – 각각의 비율과 분량이 상이할 수 있다. 각각의 경우에 자연스레 그렇게 된다. 이러한 작품, 이러한 예술가, 이러한 나라 또는 시대에서는 예술의 건축학적인 중력이 땅으로 드리울 것이다. 또 다른 경우에는 (…) 높은 곳으로 이끄는 충동을 통해 낙하된 숙명을 이겨내려는 감정이 느껴질 것이다. 전자의 작품은 균형을 통해 숙명을 이겨내려고 할 것이다. 나는 언젠가 그 각각의 것을 '날아오르는 형식의 세계와 바닥에 의해 지탱된 형식의 세계'라고 명명하였다.
>
> 우리가 이 개념을 좀 더 쉽고 빠르게 이해하기 위해서 바닥에 의해 지탱된 형식에 깊이 의존하는 경향을 '고전주의'로 불러야

61. Eugenio d'Ors(2002), *Lo barroco*, Tecnos, 28.

하고, 날아오르는 형식을 존중하는 경향을 '바로크주의'로 불러야 한다고 상정하자.[62]

도르스의 《바로크적인 것》은 스페인에서 나온 미학에 관한 텍스트 중 세계적으로 널리 알려진 저서이다. 그가 제시하는 바로크 개념에서 두드러진 점은 17세기에 나타난 바로크는 이 미학과 관련하여 역사적으로 계속되어온 수많은 바로크의 모습 중 하나일 뿐이라는 것이다. 이러한 면은 바로크 미학의 재평가와 관련되는데, 그가 책 속에서 제시한 '바로크적인 것'의 개념은 하인리히 뵐플린이 상정했던 바로크의 개념을 좀 더 심화하는 기능을 갖는다.

바로크에 대한 새로운 가치 부여와 관련된 문제작 뵐플린의 《미술사의 기초 개념》이 나온 지 20년 후에 나온 에우헤니오 도르스의 이 책은 바로크가 단지 특정한 시대에만 한정되지 않는다는 뵐플린의 사유를 좀 더 발전시켜 이를 특정 시기에 나타난 미학으로 고려하지 않고, 인간 정신에 계속해서 내재해온 요소로 여겼다. 그는 고전주의와 바로크가 역사를 통해 서로 교차하며 계속 이어지는 두 요소라고 보았다. 고전주의가 질서, 규율, 균형이라면 바로크는 이와는 반대인 생동감, 웅장함, 움직임을 지향하는 항존적인 요소라는 것이다.[63] 이를 위해 그는 에온eón이라는 용어를 제시했는데, 먼저 시공간을 통하여 보편성을 얻을 수 있는 '문화'와 관련하여 내세운 이 용어의 개념을 살펴보는 것이 필요하다. 이는 역사를 통해 항구적으로 이어지는 것을 의미한다.

> 구체적인 시공간의 제한을 받지 않고 역사의 흐름 속에 계속해서 이어지는 전형적인 범주들로, 항구적인 요소들이다. 역사 속에서의 그 흐름은 순환적인 성격을 갖는다. '에온'은 일련의 이중성으로 제시된다. '여성적인 것'과 '남성적인 것', '고전적인 것'과 '바로크적인 것', '로마(통일성)'와 '바벨(분산)', '동질적이고 중심이 되는 문화lo ecumeno'와 '이질적이고 주변부의 문화lo exotero 등으로 나뉜다.[64]

이러한 이중성을 기반으로 에우헤니오 도르스는 인류의 역사에서 보편적인 문화의 양상이 고전적인 것과 바로크적인 것의 이름 아래 역동적으로 대립해왔다고 본다.

> 고전주의는 이성, 지성, 통일성, 아폴로적인 요소, 아름다움에 대한 숭배 등이며, 바로크적인 것은 다양성, 불명료함, 열정의 지배, 지적인 것보다는 본능, 영원한 것보다는 순간적인 강렬함이다.[65]

이는 바로크가 17세기라는 한 시대적 문맥에만 한정되는 개념

---

62. Eugenio d'Ors(2004), *Tres horas en el Museo del Prado*, Madrid:Tecnos, 35-36.
63. 나송주(2012), 《스페인의 바로크 예술》, 월인, 45.
64. Felipe B. Pedraza, Milagros Rodríguez(2002), *Manual de literatura española X. Novecentismo y vanguardia: Introducción, prosistas y dramaturgos*, Cénlit, 684.
65. 같은 책, 685.

이 아니고, 인간 정신의 한 축을 영구적으로 담당한다는 것이다. 이때 도르스는 낭만주의 역시 이러한 바로크적인 에온Eón barroco의 한 부분이 된다고 본다.

결론적으로 볼 때 에우헤니오 도르스는 바로크의 역사성을 거부했는데, 그 이유는 에온의 메타역사적인 개념이 '하나의 정신적인 범주'로 변모되기 때문이다. 그것은 어떠한 예술적인 움직임에도 적용할 수 있는 개념으로 확장된다.[66]

바로크에 대한 이러한 새로운 전망과 미술과 문학과의 유사한 미학적 인식론에 기반을 둔 도르스는 당대 스페인의 시인들이 공고라나 케베도의 시, 그라시안의 산문 등에 영향을 받고 이를 동시대적인 맥락으로 해석하는 데 이론적 바탕을 제공하였다.

---

66. Aurora Egido(2009), *El barroco de los modernos*, Universidad de Valladolid, 158-159 재인용.

8.

문학 잡지에 반영된 바로크

스페인의 지식인들이 시대의 변화를 반영하고 문학의 새로운 흐름을 토론하기 위한 방편으로 문학잡지는 중요한 역할을 수행하였는데, 그 기원은 19세기로 거슬러 올라간다. 19세기 중반 이후 문학 잡지로 시대를 조명하는 움직임이 나타났다.

하지만 시대적 맥락이나 작가의 삶과 관련하여 문학 잡지의 역할이 본격적으로 주목받기 시작하고 활성화된 시기는 20세기 전반이었다. 이 시기 문학 잡지의 가치에 대한 기예르모 데 토레의 언급을 살펴보자.

> 나는 한 시대의 가장 명확한 측면, 한 인물의 가장 생생한 모습, 후에 우리를 놀라게 하는 어떤 작가의 잘 알려지지 않았던 행동이나 모습이 책 속에서가 아니라 잡지들의 페이지 속에 잠재된 채 들어 있다고 본다.[67]

67. Guillermo de Torre(1969), *Del 98 al Barroco*, Gredos, 13.

이러한 맥락에서 스페인 아방가르드 운동을 주도했던 이들은 자신들이 제시했던 새로운 미학의 원리를 전파하기 위해서 많은 문학 잡지들을 발간했다. 먼저 주목할 잡지는 하비에르 고메스 데 라 세르나에 의해서 1908년에 나온《프로메테우스Prometeo》이다. 이것은 후에 '그레게리아'라는 장르를 만든 그의 아들 라몬 고메스 데 라 세르나에 의해서 주도되었는데, 그는 기존의 관습적인 틀에 오염되지 않은 혁신적인 사고를 내세우면서 잡지 안에 새로운 것에 대한 열망을 담아냈다. 이는 당시 유럽에서 불고 있던 다다이즘이나 초현실주의 운동과 맥락을 같이하며 기성 관념에서 벗어나는 새로운 사고를 상징적으로 표현하였다.

라파엘 칸시노스 아센스는 문학 잡지를 통해 새로운 문학 운동을 전파하려고 하며,《세르반테스Cervantes》를 펴냈고,《그리스Grecia》와《울트라Ultra》의 발간에 간여하였다. 이 밖에《알파르Alfar》도 울트라이즘과 관련하여 나온 중요한 문학지이다. 1919년 문학지《그리스》에는 울트라이즘이 미래주의와 다다이즘과 맺는 관련성을 조명하면서 이 운동과 관련된 첫 번째 선언이 나왔다.

20세기 전반 바로크에 대한 관심 역시 여러 문학지에 나타났는데, 이러한 면을 반영한 당대의 대표적인 잡지들로는《롤라Lola》,《리토랄Litoral》,《헬리오스Helios》,《가세타 리테라리아Gaceta Literaria》,《레비스타 데 옥시덴테》,《프로메테우스》 등이 있다. 이 잡지들에서 라몬 고메스 데 라 세르나, 바예 잉클란, 우나무노, 에우헤니오 도르스, 오르테가 이 가세트 등이 두드러진 활동을 하였다. 여기서는 바로크에 대해서 좀 더 지속적인 관심을 보였던 문학 잡지들의 예를 살펴보자.

1) 《레비스타 데 옥시덴테Revista de Occidente》

스페인의 대표적인 사상가이자 문예 비평가인 오르테가 이 가세트를 중심으로 1923년에 창간된 《레비스타 데 옥시덴테》는 '서구지西歐誌'로 번역될 수 있는데, 오늘날 스페인에서 가장 역사가 깊고 권위가 있는 잡지 중의 하나이다. 잡지명에서 보이듯이 '유럽'을 지향하는 다양한 움직임을 담아냈으며, 그런 만큼 창간 당시 유럽에서 불고 있던 아방가르드 운동을 비롯한 새로운 예술, 사상, 문학 운동을 포착하는 데 관심을 기울였다. 한편 오르테가 이 가세트가 《예술의 비인간화》에서 표방한 대로 현실모방이 아닌 '예술을 위한 예술' 즉 순수문학을 옹호했던 점이 눈길을 끈다. 이는 파격적인 은유 사용으로 인해 많은 사람의 몰이해를 받았던 스페인 황금시대 시인 공고라를 재조명하는 것으로 이어진다.

훌리오 갈라레타Julio Galarreta는 1923년에서 1936년 사이에 《레비스타 데 옥시덴테》를 통해 로페 데 베가, 세르반테스, 공고라, 발타사르 그라시안 등의 황금세기 작가들이 어떻게 재평가되고 있는지를 논하였다.

그런데 바로크 문학 특히 공고라의 문학에 대해 활발하게 비평한 이로 누구보다도 헤라르도 디에고가 두드러진다. 그는 1924년 1월에 발표한 〈공고라에 대한 전망Un escorzo de Góngora〉에서 공고라 사후 2세기 동안 이 시인의 진정한 작품을 제대로 읽지도 않았고 또는 읽었다고 해도 별로 중요하지 않은 작품만을 분석하면서 그를 경시하고 그가 논쟁을 불러일으켰던 시인이라고 폄하했던 점을 지적하였다. 1925년에도 〈돈 루이스 데 공고라 이 아르고테Don Luis de Góngora y Argote〉라는 글을 발표했으며, 그 이듬해에는 〈고결한 신 오르페우스 El virtuoso divino Orfeo〉에서 바로크의 시 전반에 대한 그의 관심을 재차 드러냈다. 이러한 글들은 1927년 일군의 시인들이 27세대를 형성하며, 공고라를 추모하고 그의 시학을 따르려고 했던 바탕이 되었다.

2) 《가세타 리테라리아Gaceta Literaria》

《가세타 리테라리아》의 제작자로 활동했던 호세 프란시스코 파스토르는 이 잡지에서 스페인 고전 작품의 가치를 새롭게 조명하며, 고전 작가들에 대해 관심을 기울여야 한다고 역설했다.

> 객관적으로 이야기될 수 있는 역동적인 형식들이 우리의 문학사에 나타나야 한다. 그것이 오늘날 우리의 신화이다. 세르반테스, 케베도, 로페 데 베가, 프라이 루이스 데 레온, 산 후안 데 라 크루스는 현재 우리와 소통하며 우리에게 생생한 체험의 기회를 제공하지 않는가? 그들의 문학은 우리의 삶에 호감을 주는 형식이 아닌가? 숙명과 본성 앞에 있는 자유의 형식 같은 것이 아닌가? 상징적인 방식으로 스페인 작가들은 개성을 추구한다. 세르반테스, 케베도, 로페 데 베가는 객관적인 질서를 추구하는 삶과 문화 속에 있고, 프라이 루이스 데 레온과 산 후안 데 라 크루스는 서정적인 의식 속에서 주관적인 질서를 추구한다. 이렇게 그들은 두 부분으로 나누어진다. 그 속에서 그들과의 소통으로 세계의 형이상

학직인 면을 이해하고 우리를 둘러싼 세계를 파악하려는 욕망을 충족시킬 수 있을 것이다.[68]

이렇듯 스페인 고전 문학에 깊은 관심을 드러냈던 이 잡지 역시 특히 공고라에 대한 재평가를 통해 27세대의 형성과 발전에 많은 기여를 하였다. 그중에서 1927년에 알폰소 레예스가 공고라를 추모하기 위해 이 잡지에 편지를 기고했던 것을 기억할 만하다.

3) 《헬리오스Helios》

《헬리오스》는 문인들을 대상으로 공고라와 그의 문학 세계에 대해 설문 조사를 했으며, 칼데론 데 라 바르카와 로페 데 베가에 대해서 특별한 관심을 보이며 많은 지면을 할애하였다. 또한, 과식주의와 기지주의 사이의 논쟁을 현재적 관점에서 다루고 이를 당대의 문학적 움직임과 연결하였다.

이 잡지에는 또한 멕시코의 시인 알폰소 레예스와 스페인 작가들이 공고라에 대해 행한 평가가 실렸다. 특히 1902년에 출간된 잡지에서 레예스는 공고라에 대한 평가의 이중적인 면을 지적하였다. 하나는 그의 문학에 보이는 공허하고 난해한 내용에 대한 비판적 시각이며, 다른 하나는 그가 사용했던 시어의 탁월함에 대해 찬양하는

68. José Francisco Pastor, "Miguel de Unamuno", *Gaceta Literaria*, 1 de Julio de 1929.

것이다. 공고라의 문학에 대한 상반된 평가는 이후에도 이 잡지를 통해 계속 이어졌다.[69] 이러한 관심은 공고라에 대한 이해의 폭을 넓히면서, 이후 계속해서 그를 여러모로 조명하는 계기로 작용하였다. 또한, 레예스는 이후 공고라와 말라르메 시학의 상관성을 연구하기 시작했으며, 이 과식주의 시인이 당대의 시인들에게 새롭게 해석되고 영향을 미치게 하는 데 기여하였다.

---

69. Aurora Egido(2009), *El barroco de los modernos*, Universidad de Valladolid, 108-109.

제3장

아방가르드 작품에서 보이는 바로크적 성격

1.

아방가르드의 은유론과 공고라

1) 은유에 대한 개념의 변화

은유는 하나의 대상을 그 축어적 의미에서 벗어난 보조관념으로 나타내는 것을 말하는데, 오랜 역사적 전통을 가지며, 그 개념은 시대에 따라 차이를 드러낸다. 먼저, 전통적인 개념의 은유는 사물이 하나의 적절한 어휘나 구절로써 지시됐을 때 쉽게 그 매체적 이미지나 개념이 이해될 수 있어야 한다는 것을 전제로 한다.[1] 이는 지시된 관념들 사이의 유사성에 기초하는데, 말하자면 은유를 깨닫는 것은 곧 축어적 관념과 비유적 관념 사이에서 유사성을 찾아내는 일이라는 것이다.[2] 결국, 전통적인 은유의 개념과 그 문학적 적용은 고전주의 시대부터 내려온 데코럼decorum 즉 문학적 적합성의 원칙에 부합하여

1. 필립 윌라이트(1982), 《은유와 실재》(김태옥 옮김), 문학과지성사, 70.
2. 김욱동(1999), 《은유와 환유》, 민음사, 114.

야 한다는 전제를 담고 있다. 따라서 전통적으로 내려온 은유는 원래의 대상을 장식하고 지시하기 위한 보충적인 기능에 머무를 뿐, 그로부터 거리가 먼 일탈을 감행하지 않았다.

하지만 아방가르드 문학을 비롯한 현대적 개념의 은유는 두 개념 사이의 또 다른 관계 정립을 바탕으로 독자의 마음속에 사물과 세계에 대한 새로운 질서를 세운다. 이때 은유는 독자의 정신 속에 사물 간의 새로운 질서를 유발할 목적으로 두 가지 또는 그 이상의 다른 개념들을 순간적이고 임의적이며 시적인 동일시를 가져오게 하는 것으로서 정의할 수 있을 것이다.[3] 말하자면, 원관념과 보조관념 사이의 거리가 멀 때, 두 관념 사이의 연결은 임의적이고 순간적인 인상에 기초하게 되며, 독자는 사물을 새로운 눈으로 바라보게 된다.

2) '예술의 비인간화'와 은유

20세기 초에 이르러 언어를 통해 세계를 규명한다는 이상은 회의적인 시각을 낳았고 문학과 예술 전반에 걸쳐 도전을 받았다. 그것은 언어를 통해 파악한 세계는 현실 자체가 아니라 현실에 대한 개개인의 다른 관념일 뿐이라는 인식에서 비롯된다.

오르테가는 그 예로《예술의 비인간화》에서 죽음을 눈앞에 둔 한 유명 인사를 둘러싸고 있는 네 명의 사람들 즉 부인, 의사, 신문 기자, 화가가 바라보는 죽음에 대한 서로 다른 입장을 소개하고 있다. 먼저, 부인은 남편의 죽음을 절망과 고통으로 받아들인다. 반면 의사는 단지 직업상의 이유 또는 생물학적인 관심에서 죽음을 바라본다.

신문 기자에게 이 저명인사의 죽음은 신문 지면에 옮겨야 할 하나의 사건이며, 화가는 죽음을 둘러싼 고통과 인간적 감정에서 더욱 벗어나 그곳의 외형적인 모습이나 빛, 그림자, 색감에만 관심을 둘 뿐이다.[4]

이러한 예에서 우리는 우리가 인식하는 어떤 현실이 객관적 실재가 아니라 그 현실에 대한 각각의 전망에 따른 수많은 현실 가운데 하나라는 것을 깨닫게 된다.

> 이 말은 하나의 같은 현실도 서로 다른 관점에서 바라보면 아주 다양하게 나타난다는 사실이다. 그래서 이 많은 다양한 현실 중에서 정말로 어느 것이 진짜 모습인지 우리에게 묻지 않을 수 없다. 우리가 어떤 결정을 내리든 임의적일 수밖에 없다.[5]

결국, 인간이 지각 작용을 통해 파악한 현실은 외부 세계 자체가 아니라는 결론에 이르게 된다. 왜냐하면, 우리는 현실 그 자체를 고스란히 소유할 수 없으며 단지 현실에 대해 자신의 관점에서 비롯된 하나의 관념만을 갖게 된다.[6] 그렇다면, 이전까지 현실 세계를 재현한다는 목표 아래 행했던 모든 예술은 실상 인간이 가지고 있는 자연

---

3. Guillermo de Torre(2001), *Literaturas europeas de vanguardia*, Renacimiento, 337.
4. 오르테가 이 가세트(2004), 《예술의 비인간화》, 고려대학교출판부, 20-24.
5. 같은 책, 20-21.
6. 오르테가의 말처럼 우리가 소유한 현실에 대한 관념과 외부 세계 사이에는 항

적 성향, 즉 자신이 보거나 느낀 것이 현실 자체라고 착각하는 데서 비롯된 것이다.

현실에 대해 인간의 사유가 어떻게 작용하느냐는 논리적 귀결 속에서 오르테가는 마침내 작품의 소재로서 예술가는 사물을 대상으로 할 것이 아니라 사물에 대해 형성된 자신의 관념에 주목하라고 말한다.

> 우리의 정신과 사물 간의 관계는 사물을 생각하는 것, 즉 그 사물에 대한 관념이 형성되는 것에 근거한다. 엄격히 말해 우리는 현실로부터 우리가 형성하게 된 관념을 갖고 있는 것이지 현실을 갖고 있는 것이 아니다. 관념은 망루와 같아서 거기서 우리는 세상을 바라본다. 괴테가 말했듯이 새로운 개념은 우리에게서 새로 생겨나는 기관과도 같다. 그러므로 관념으로써 사물을 보며 정상적인 머리를 가진 우리는 그 관념에 대해서는 자각하지 못한다. 눈이 무엇인가를 바라볼 때 눈은 자기 자신을 보지 못하는 것과 같은 이치다. 달리 말하자면 생각한다는 것은 관념을 통하여 현실을 포착하려는 열망이다. 머리는 자연적으로 관념으로부터 세상을 향해 간다.[7]

그렇다면 예술가는 현실을 그리려고 헛되이 애쓰는 대신에 반대의 방향 즉 자신의 관념 자체를 구현하려고 한다면, 예술 속에서 그 관념은 현실 자체와는 구분되는 새로운 현실을 이루면서 살아갈 수 있을 것이다. 오르테가는 초상화를 그리는 화가의 예를 들어 이를 설명하고 있다.

> 초상화를 그리는 전통화가가 실제 인물을 그대로 잘 포착했다고 해서 보면 실은 고작해야 실제 인간이 가지고 있는 그 많은 것들 가운데 자기가 멋대로 선택한 모양을 캔버스에 옮겨 놓은 것에 불과하다. 만일 그 화가가 인간의 실제 얼굴을 그리지 않고 인간의 모형, 자기의 관념을 그렸다면 어떨까? 그렇다면 그림은 진짜 그림이 될 수 있으며 피할 수 없는 실패도 면하게 될 것이다. 그림이 현실과 팽팽히 맞서는 것을 피하면서 진정한 것, 즉 그림, 바로 비현실물로 화한 것이다.[8]

이러한 예에서 보듯이 오르테가는 현실이 아닌 관념 자체에 주목하는 예술이 바로 인간적인 현실로부터 탈피한 예술의 비인간화 방식이라고 본다. 말하자면 화가는 사물을 그리는 것에서 관념을 그리는 것으로 돌아서며, 외부 세계와는 절연된 채 마음속에 떠오른 주관적인 관념에 자신의 주의를 돌리는 것이다. 이러한 방식의 예술은

상 거리가 존재한다. 외부 세계는 우리가 파악한 관념과는 별도의 모습으로 늘 그곳에 있는 것이다. 오르테가는 이렇게 대상과 관념(언어) 사이의 거리가 분명히 있음에도 불구하고 계몽적 이성을 바탕으로 한 19세기의 사실주의는 관념으로 파악한 현실과 실제 현실 자체를 혼동함으로써 리얼리즘의 신화를 만들어냈다고 본다.

7. 같은 책, 52-53.
8. 같은 책, 54.

사물의 의미를 구하는 것에서 관념 자체가 현실과 분리되어 자신의 삶을 살아간다는 특징이 있다. 그리하여 각각의 새로운 관념은 이전에는 침묵해서 보이지 않던 세계의 한 부분을 우리에게 열리게 하며 삶을 증대시키고 우리 주위에 있는 현실을 확장한다.[9]

여기서 우리는 예술가의 정신 작용 속에서 우러나온 이 주관적 관념이 오르테가가 의미하는 은유의 구조와 긴밀한 연관을 맺는다고 본다. 인간의 관념이 현실 자체가 아니듯이 은유 역시 축어적 언어를 보충하는 것이 아니라 거기에서 벗어난 무언가 다른 것이 된다. 말하자면, 은유가 단지 사물을 보충 또는 장식하면서 그것을 다른 방식으로 드러내는 수단이 아니라 예술을 인간의 실제 삶과 분리하게 하는 근본적인 도구 역할을 한다. 이러한 맥락에서 오르테가는 은유의 기저에 현실을 회피하고 벗어나려는 욕망이 자리 잡고 있다고 보았다. 사물을 직접 언급하는 것을 회피하려는 욕망이 내재하여 있는 것이다.

3) 금기와 은유

오르테가가 은유의 속성 중에서 무엇보다 주목한 것은 그것이 가진 현실 도피적 성격이다.

> 인간이 갖고 있는 다른 모든 능력들은 이미 만들어진 현실 세계로부터 벗어날 수가 없다. 우리가 할 수 있는 일이란 이것에다 저것을 더하거나 저것에서 이것을 감하는 일뿐이다. 은유만이 우리의

도피를 용이하게 하고 실존하는 것 사이로 상상의 암초들과, 가벼운 섬들을 피어나게 한다.[10]

이를 위해 오르테가는 원시시대의 예를 들고 있다. 원시인들은 식량으로 삼았던 동물을 신성시했다. 그리하여 신성화된 동물은 손으로 만져서는 안 된다는 생각을 하게 되었다. 그렇다면 당시 원시인들은 이 짐승을 먹기 위해서 어떻게 했을까? 그들은 웅크리고 앉아서 엉덩이 밑으로 두 손을 교차시켜 그것을 먹을 수 있었다. 엉덩이 밑에 있는 손은 은유적으로 발이 되기 때문이다.[11]

이렇듯 은유는 그 기원에서부터 대상과의 유사성에 의해 규정되기보다는 대상을 언급하지 않고 회피하려는 열망에서 기인하는데 이러한 점이 무엇보다 은유의 존재 이유를 규명하는 데 중요한 요소이다.

은유는 사물을 다른 것인 양하면서 요술을 부려 감춰버린다. 그래서 만일 은유가 인간에게 현실을 회피하게 하려는 본능이 있다는 것을 알지 못한다면 그의 존재는 아무런 의미가 없을 것이다.[12]

---

9. José Ortega y Gasset(1985), *Meditaciones del Qujote, Ideas sobre la novela*, Espasa-Calpe, 88.
10. 오르테가 이 가세트(2004), 《예술의 비인간화》, 고려대학교출판부, 46.
11. 같은 책, 47.
12. 같은 책, 46-47.

이러한 면에서 볼 때, 은유는 전통적인 사유에서 보듯이 유추에 기초해서 만들어지는 것이 아니라 축어적 언어와 은유 간의 일체의 논리적 연관성이 배제된 채 생성된다. 포지올리 역시 오르테가 은유의 이러한 개념을 받아들여 현대적 은유의 양태를 설명한다.

> 현대적 은유가 기반을 두는 유추는 말라르메가 말하는 유추의 정령과 같이 기괴하고 변덕스러우며 부조리한 어느 꼬마 악마가 깨워놓은 난해하고 신비로운 유사성이다. 그 속에서는 차원과 범주를 혼동하는 경향이 있는 환상적 과정에 의해 일체의 내적 연관이 제거된다.[13]

대상을 언급하는 것이 아니라 대상과의 내적 연관이 제거된 채 그 자신만의 순수한 삶을 영위하는 은유의 작용을 설명하기 위해 오르테가는 창문과 창밖의 비유 즉 유리와 유리를 통해 투영되는 대상의 관계를 예로 든다. 우리가 창밖의 경치에 주목하는 것은 창문을 단지 창밖을 바라보게 하는 수단으로 고려할 때 가능한 것인데, 반대로 우리의 초점을 옮겨 창문에 맞추게 되면 바깥 경치는 뒤범벅이 된 색채 덩어리로 남게 된다. 결국, 창문 밖을 보는 것과 창문 자체에 주목하는 것은 서로서로 배척하는 양립할 수 없는 행위이다. 여기서 창문 자체를 바라보는 것에 해당하는 은유는 현실에 대해 각자가 갖는 주관적 관념처럼 대상과 떨어져서 자신만의 삶을 이어갈 수 있는 것이다. 이로부터 우리는 오르테가가 주장한 은유적 구조에 의하여 현실로부터 절연된 예술작품의 '불침투성hermetismo'의 원리를 떠올릴 수 있다. 오르테가는 소설의 예를 들면서 이러한 불침투성의 원리를 설명한다.

> 순전히 미적인 필요성이 소설에 불침투성을 부가한다. 그것은 모든 실재하는 것에 대해 밀봉된 경내를 이루는 힘을 지니고 있어야만 한다. (…) 마치 잠자는 사람의 팔이 깨어 있는 세계로 뻗어 어떤 실물을 움켜잡고 그것을 우리가 꿈꾸고 있는 마술적 영역 속으로 끌어들일 수 있는 것처럼 그렇게 그것의 내부가 어떤 외부로 연결되어 자신의 세계를 전파할 방법이란 거의 없다. 잠자는 우리들의 팔은 하나의 환영이라 꽃잎 하나를 들어 올리기에도 너무 흐늘거린다. 이 두 세계는 그렇게 너무나도 양립할 수 없기에 서로 간 약간의 접촉만으로도 둘 중의 하나를 사라지게 한다.[14]

말하자면 소설은 꿈이 현실 세계와 완전히 다른 공간에 있는 것처럼 외부 세계에서 독립된 자율적인 공간이라는 것이다. 이러한 개념은 당시 나타난 아방가르드 문학에 일반적으로 적용해볼 수 있다.

여기에서 우리는 20세기 초 뒤샹 등이 극단적으로 표방한 아방가르드 등 새로운 예술의 원리 즉 한 대상이 대상 본래의 의미를 잃어버리고 독자적이고 이질적인 새로운 의미를 탄생시켜 가는 비밀

---

13. 레나토 포지올리(1996), 《아방가르드 예술론》(박상진 옮김), 문예출판사, 280.
14. José Ortega y Gasset(1985), *Meditaciones del Qujote, Ideas sobre la novela*, Espasa-Calpe, 203.

을 발견할 수 있다. 오르테가는 이를 미적 대상과 은유적 대상은 같은 것 같다는 말로 요약하는데, 말하자면 현실과 절연된 은유는 그 자체로 새로운 현실을 그려내며 미를 담아내는 주머니가 되는 것이다.[15]

4) 아방가르드의 은유 개념과 공고라

전술한 논의에서 볼 때, 현대적 개념의 은유는 단지 현실에 관한 지식을 전달하는 매체나 장식이 아니라 그 스스로가 대상에 대한 개인의 구체적인 경험을 나타내는 순수한 관념이 된다. 은유에 대한 이러한 생각은 결국 언어가 실재를 재현하지 못한다는 인식과 언어체계 자체가 은유적으로 구조화되었다는 신념에서 출발한다. 이때 은유의 기능은 대상의 의미를 제시하는 데서 벗어나 새로운 현실을 생성하고 확장하는 데 있게 된다. 은유에 대한 이러한 생각은 바로크 시대의 작가 공고라 등에서 구체적으로 형성되었고, 그러한 전통은 오르테가 이 가세트의 비평과 고메스 데 라 세르나의 작품 등 스페인 아방가르드 운동 속에 영향을 미치게 된다.

결국, 아방가르드 문학에서 나타나는 은유의 개념은 두 관념 또는 이미지에서 비롯되는 내용이 논리적으로 연결되는 것을 포기한다. 말하자면, 은유는 두 관념 사이를 자의적이며, 파편적으로 연결해 놓음으로써 전통적인 유사성에서 멀어지며 매개된 두 개념 사이의 거리를 확대한다. 포지올리는 이러한 면을 가리켜 현대적 은유가 기반을 두는 유추는 말라르메가 말하는 유추의 정령과 같이 기괴하고 변덕스러우며 부조리한 어느 꼬마 악마가 깨워놓은 난해하고 신비로운 유사성이라고 말한다.[16] 이러한 면은 은유가 바로크의 특징인 동적인 성격을 띤다는 것을 의미한다. 오르테가는 대상에 대한 정신적인 지각 작용은 부단한 움직임을 동반할 때 더욱 활성화된다고 보며 이러한 은유의 성격을 다음과 같이 비유적으로 설명한다.

> 음식을 흔들면서 줄 때 개는 음식 냄새를 더 잘 감지한다. 움직일 때 대기 중에 음식 냄새가 잘 전달되기 때문이다. 마찬가지로 지각 작용과 사고는 고정될 때보다 움직일 때 더 활성화된다. 커다란 폭포 옆에 사는 사람들은 그 폭포 소리를 종종 듣지 못할 수 있다. 하지만 만일 폭포가 멈춘다면, 사람들은 평소 생각지도 못했던 고요함을 감지할 수 있을 것이다.[17]

사물에 대해 익숙하거나 고정된 개념은 우리의 지각을 무디게 하여 오히려 그 대상을 감지할 수 없게 한다. 결국, 은유의 효과는 원래의 개념과의 차이를 통해 그 차이를 메우려는 지각 작용이 부단히 활성화될 때 나타날 것이다.

은유에 대한 이러한 면을 반영한 아방가르드 문학으로 우리는

---

15. 오르테가 이 가세트,《예술의 비인간화》, 고려대학교출판부, 226.
16. 레나토 포지올리(1996),《아방가르드 예술론》(박상진 옮김), 문예출판사. 280.
17. José Ortega y Gasset(1983), "Las dos grandes metáforas", *Obras Completas 2*, Alianza, 390.

인간의 일상이나 사물을 정태적으로 보지 않고 역동적으로 파악할 수 있는 언어상의 개혁을 엿볼 수 있다. 그런데, 아방가르드 문학에서 은유가 하나의 핵심적인 표현 기법이라면, 은유를 바탕으로 자신의 시학을 개척한 공고라와의 관련성은 그만큼 커진다. 먼저 에히도는 20세기 초반 공고라를 부활시킨 중심에는 은유가 있다는 것을 기억하자고 말한다.[18] 기에르모 데 토레 역시 은유의 관점에서 아방가르드와 연결되는 선구자로 공고라를 언급하며, 진정으로 창조적인 공고라의 조물주적인 영감 아래, 우주는 매우 새로운 큐비즘과 울트라이즘의 서정시처럼 변형된다고 은유로 가득한 공고라의 시에 대해 말한다.[19] 공고라에게 있어서 은유는 기성 관념을 벗어난 언어들이 새로운 조합을 형성하고 있다. 따라서 그에게 새는 '낭랑한 깃털의 달콤한 방울들esquilas dulces de sonora pluma'이고 바다는 '물거품의 별장el pabellón de espuma'이며, 기름은 '액체로 된 황금líquido oro'이고 하얀 식탁보는 '실로 짠 눈nieve hilada'이다.

보다 구체적으로 공고라의 대표적인 시집 《고독Soledades》의 첫 부분에 나오는 표현을 보자.

그해의 꽃이 활짝 핀 계절이었지.
그때 에우로페를 속여 훔친 자가
—이마의 무기인 반달과
털로 된 모든 광선인 태양—
하늘의 빛나는 명예,
사파이어로 된 들판에서 별을 뜯는 계절이었습니다.[20]

Era del año la estación florida
en que el mentido robador de Europa,
media luna las armas de su frente,
y el Sol todos los rayos de su pelo,
luciente honor del cielo,
en campos de zafiro pace estrellas,

이 구절은 꽃이 활짝 핀 계절인 4월을 표현하고 있는데, 공고라는 이를 나타내기 위해 황소로 변신한 그리스 신화 속의 인물 제우스를 언급하고 있다. 제우스가 변장한 황소의 별자리 타우로스는 4월에 해당하기 때문이다. 따라서 이 시에서 제우스가 페니키아의 공주 에우로페를 납치하는 장면은 신화 그 자체의 중요성을 잃고 단지 꽃 피는 계절인 4월을 암시하는 도구로 쓰였다. 더불어 우리는 이 시에서 여러 가지 은유가 복합적으로 작용하고 있는 것을 볼 수 있는데, 반달은 황소의 뿔이며, 황소의 털은 태양광선, 창공의 별은 들판의 풀을 의미한다. 이렇듯 공고라는 단순히 꽃이 만발한 계절을 나타내기 위하여 그것과 그다지 내적 연관이 깊지 않은 신화나 사물의 이미지를 가져온 것이다.

이렇게 서로 간에 쉽게 유추되지 않는 신화, 자연, 사물의 모습

18. Aurora Egido(2009), *El barroco de los modernos*. Universidad de Valladolid, 179.
19. Guillermo de Torre(2001), *Literaturas europeas de vanguardia*, Renacimiento, 344.
20. Luis de Góngora(1982), *Soledades*, Alianza, 39.

을 인위적으로 결합하여 나타낸 공고라 시는 그와 동시대를 살았던 사람들을 당황하게 했고 이해하는 데 많은 어려움을 불러일으켰다. 그것은 공고라의 은유가 대상에 대해 예기치 않은 시선을 투영하여 우리의 사고를 일상 삶의 논리에서 벗어나게 했기 때문이다.

5) 그레게리아와 은유

공고라의 이러한 은유에 대한 개념은 스페인 아방가르드의 문학을 대표하는 그레게리아와 연결된다. 그레게리아에 대해 고메스 데 라 세르나는 그 생성 원리가 '유머 + 은유'로 이루어진다고 말한다. 유머나 은유 모두 기존의 축어적 개념에서의 일탈에서 비롯되기에 그레게리아를 연구하는 이들은 이 장르가 은유, 사물의 모양, 소리상의 유사성, 언어의 유희 등으로 사물을 새롭게 인식하는 방식이라는 데 의견을 모은다. 이 점에 관해 세나브레는 언어 기법은 그레게리아에서 수단이자 목적이 될 것이며, 변형, 언어의 유희, 중의적 표현, 유사성의 원리 등은 이 장르의 언어적 양상을 형상화하기 위한 것들이라고 말한다.[21]

이렇듯, 그레게리아를 분석하는 대부분의 비평은 이 장르가 너무 익숙해져서 쉽게 간과할 수 있는 인간의 일상이나 사물의 단면을 다양한 언어 형식상의 기법으로 표현하여 새로운 미학적 경험을 가능하게 했다는 데 의견을 모은다. 그레게리아가 이미 굳어버린 대상의 의미를 언어를 통해 다시 일깨우는 데 기여했다는 것이다. 이러한 분석은 언어의 개혁을 통해 나타난 그레게리아의 미학을 이해하는 네 도움을 준다.

이런 점에서 공고라의 은유는 고메스 데 라 세르나의 그레게리아를 생성하는 원리인 은유와 연결된다. 예를 들어 공고라가 소의 뿔을 나타내기 위해 반달을 사용한 것처럼, 달을 의미하는 다음과 같은 그레게리아들이 있다.

> 달은 밤에 항해하는 배에 보이는 황소의 눈. (*Greguerías*, 71)[22]
>
> La luna es el ojo de buey del barco de la noche.

> 달은 묘비명 없는 비석이다. (*Greguerías*, 155)
>
> La luna es la lápida sin epitafio.

> 즐거운 밤에 달은 탬버린이다. (*Greguerías*, 172)
>
> En la noche alegre la luna es una pandereta.

> 달은 오랜 세월 이어온 경험의 거울이다. (*Greguerías*, 185)

---

21. Ricardo Senabre(1984), "Técnica de la greguería." en Francisco Rico(ed.), *Historia y crítica de la literatura española* 7, Crítica, 222.
22. 라몬 고메스 데 라 세르나의 《그레게리아》 분석은 기본적으로 다음 두 권의 텍스트를 바탕으로 하였다. Ramón Gómez de la Serna(2006), *Greguerías*, Madrid: Cátedra. Ramón Gómez de la Serna(1991), *Greguerías: Selección 1910-1960*, Madrid: Espasa Calpe. 인용된 문장과 함께 괄호 안에 각각 *Greguerías* 또는 *Greguerías: Selección*으로 작품명을 표기하고 이어 인용된 곳의 쪽 번호를 표시한다.

La luna es el espejo de la experiencia de los siglos.

달은 심연의 바다에 있는 그 둥글고 창백한 물고기 중의 하나다.

(*Greguerías*, 279)

La luna es uno de esos peces redondos y pálidos que hay en el fondo del mar.

이렇게 달에 관해 다양한 시각을 담은 표현들과 함께 고메스 데 라 세르나는 "달은 이미 파산한 은유들의 은행이다."(*Greguerías*, 70)라는 또 하나의 달에 관한 그레게리아을 남겼다. 일차적으로 이 그레게리아는 '달'을 소재로 한 은유들이 너무 많아서 달은 은유적 표현으로서 그 효용성을 상실했다는 것을 나타낸다. 하지만 우리는 이와 같은 달에 관한 또 하나의 독특한 표현을 통해 이미 진부해진 소재를 활성화하는 은유의 힘을 엿볼 수 있다. 말하자면, 같은 사물이라도 상황이나 관점에 따라 달리 보일 수 있으며, 상투적인 소재라도 은유를 통해 새로운 활력을 불어넣을 수 있음을 의미한다. 이러한 면을 바탕으로 고메스 데 라 세르나는 은유에 대해 다음과 같이 말한다.

무엇보다 은유는 상대성의 표현이다. 현대인은 어느 시대 사람들보다 더 갈등적인 상황에 놓여 있고 그런 만큼 은유적이다. 하나의 사물을 다른 사물의 빛 아래 놓아야만 한다.[23]

이렇듯 우리는 단순한 유추가 아닌 예기치 않은 시선을 유발하는 은유로 바로크적 표현 기법과 그레게리아 사이의 유사성을 밝혀내고 그것이 내포하는 인식론적 의미를 추출해볼 수 있다. 그것은 무엇보다 바라보는 대상을 순간적으로 낯설게 하고, 독자가 그 낯섦을 메우려는 부단한 노력을 기울이게 만들어 지각 작용을 활성화하는 것이다. 문학의 즐거움이 즉각적으로 반응하는 일상 삶의 논리를 벗어나 서로 상응할 것 같지 않은 낱말들 사이의 틈을 메우려는 부단한 노력 속에서 비롯된다고 할 때, 독자의 능동적인 참여를 요구하는 은유의 개념 속에 바로 문학적 즐거움, 나아가 일상 삶의 논리와는 다른 문학적 가치가 들어 있다고 볼 수 있다.

23. Ramón Gómez de la Serna(1991), "Prologo", *Greguerías: Selección 1910-1960*, Espasa Calpe, 51.

2.

고메스 데 라 세르나의 바로크적 글쓰기

라몬 고메스 데 라 세르나는 스페인 아방가르드 운동을 가장 대표하는 작가로 그가 1908년 잡지《프로메테우스》에 실은〈새로운 문학의 개념El concepto de la nueva literatura〉은 스페인 아방가르드 문학의 첫 번째 선언으로 회자한다. 선언적 성격의 고메스 데 라 세르나의 글이 발표되고 한 달 뒤에 프랑스 파리에서 마리네티의 '미래주의 선언'이 나왔으며, 그들 사이에 교류가 시작되었다. 이렇듯 고메스 데 라 세르나는 스페인의 아방가르드 운동이 융성할 수 있는 기반을 마련했을 뿐만 아니라 이를 유럽의 보편적 흐름 속에 위치되도록 하였다.

더불어 그가 창조한 장르인 '그레게리아'는 아방가르드 정신을 상징하는 산물로 인식되어왔다. 기예르모 데 토레는 고메스 데 라 세르나의 삶에 대한 태도, 어떤 경치와 사건을 접하여 기존의 시각에 오염 받지 않은 새로운 감수성 즉 태초에 사물을 처음 접하는 느낌으로 바라보는 태도, 지각작용의 예리함, 은유에 대한 사랑 등은 새롭게 나타난 아방가르드와 접점을 형성한다고 언급한다.[24]

그런데 이를 단지 20세기 초반에 새롭게 부상한 문학 운동의 관점으로만 해석할 때, 우리는 자칫 그것이 갖는 문학적 깊이와 전통을 간과할 수 있다. 이러한 면에서 그레게리아가 한 시대의 문맥에만 한정되는 것이 아니라 스페인의 문학적 전통과 관련을 맺으며 좀 더 폭넓은 해석의 가능성을 열 수 있다고 생각한다.

이러한 관점은 실상 고메스 데 라 세르나 자신에 의해서 이미 예고되었다. 그는 그레게리아를 모아 만든 책의 서문에서 자신의 글쓰기와 연결되는 루키아노스, 에우리피데스, 호라티우스, 셰익스피어, 파스칼 등 이전의 세계문학 속에 그레게리아의 표현과 유사한 예를 들며, 그 연장선상에서 케베도와 공고라 등 스페인 바로크 문학의 예를 언급하였다.[25]

이러한 점을 참고로 그레게리아에 대한 이제까지의 연구가 동시대적 맥락에서 주로 논의되었고, 스페인의 문학 전통과 어떠한 관련성을 가질 수 있을 것인가에 대해서는 피상적인 수준에 그쳤다면, 여기서는 스페인의 문학 전통, 특히 바로크적 전통과의 관련 속에서 그레게리아의 의미와 가치를 살펴보고자 한다.

고메스 데 라 세르나에게 바로크라는 용어가 갖는 함의는 언어에 대한 개혁과 세상을 바라보는 선망과 관계된다. 이러한 시각은 구체적으로 개념 간의 복합적인 결합을 통해 예리한 사고를 생성해내

---

24. Guillermo de Torre(2001), *Literaturas europeas de vanguardia*, Renacimiento, 72.
25. Ramón Gómez de la Serna(1991), "Prologo", *Greguerías: Selección 1910-1960*, Espasa Calpe, 62.

는 기지, 언어의 이중적 의미를 기초로 한 유희, 과장, 신조어의 사용 등으로 표출된다. 말하자면 문학 활동과 작품을 통해 스페인 아방가르드의 문을 본격적으로 연 고메스 데 라 세르나에게 바로크적 표현 기법은 언어 개혁을 통해 '그레게리아' 등의 역동적인 작품을 산출하는 데 발판으로 작용한다.

1) 새로운 관념으로서 기지와 그레게리아

바로크의 핵심 개념 중의 하나로서 '부조화의 조화' 개념을 떠올려볼 수 있는데, 이는 외견상 서로 어울리지 않을 것 같은 이미지들이 결합하여 유추를 통해 새로운 의미를 창출해내는 것을 말한다. 이러한 '부조화 속의 조화' 개념은 발타사르 그라시안의 기지에 관한 이론적 탐색에서 심도 있게 논의되었다. 기지의 의미는 '예지agudeza'와 상호 중첩될 수 있으며, 수사법적으로 명확하게 그 의미가 규정되지 않는다. 그렇지만, 그라시안은 《예지와 기지의 기술Agudeza y arte de ingenio》에서 기지에 관한 여러 생각을 펼쳐 보였는데, 그는 무엇보다 기지를 문학 작품을 구성하는 핵심적인 요소로서 이해와 관계된다고 보았다. 눈이 아름다움을, 귀가 화음을 찾는다면 기지는 이해와 관련된다.[26] 여기서 기지는 단순한 외적인 아름다움이나 음악적 조화와는 다른 긴장과 갈등을 불러일으키는 인간의 정신 활동에 관계된다. 서로 다른 개념들이 부딪히며 발생하는 충돌 속에서 사물이나 세상을 바라보는 것이다. 이때, 그 충돌을 완화하려는 정신 작용이 활성화되는데, 다른 개념들을 바라보는 긴장 속에서 어느 순간 개념 간의 예기치 않은 접촉이 이루어지며 이를 통해 새로운 조화와 이해가 구해지게 된다. 결국, 기지는 두 극단에 있는 개념들 사이에서 어떤 조화와 유쾌한 상응 관계를 끌어내는 것이다.[27]

이렇듯 그라시안이 말하는 바로크에서의 기지는 이미 정해진 관념이나 사물의 질서를 벗어나 지각작용을 통해 새로운 관념을 끌어내는 미학적 원리로 볼 수 있다. 이런 맥락에서 코레아 칼데론은 기지를 다음과 같이 정리한다.

> 그라시안에게 기지는 여러 이질적인 개념들 속에서 공통으로 연상되는 요소를 끌어낼 목적으로 사유의 극단까지 경험하는 긴장 속에 놓인 지적인 산물로서 순수한 지성의 유희이다.[28]

그라시안이 이론화한 기지에 관한 이러한 사유는 누구보다도 케베도의 글쓰기에 두드러지게 나타나는데, 《모든 이의 시간과 논리적인 운명의 여신La Hora de todos y la Fortuna con seso》에서 한 여인을 묘사하기 위한 다음과 같은 표현을 볼 수 있다.

> 피라미드 모양의 사기꾼 여자가 큰 둘레를 가진 치마를 빠져나가

---

26. Baltasar Gracián(1998), *Arte de ingenio, Tratado de la Agudeza*, Ed. Emilio Blanco, Cátedra, 138.
27. 같은 책, 147.
28. Evaristo Correa Calderón(1970), *Baltasar Gracián: Su vida y su obra*, Gredos, 160.

게 하려고 현관에게 굵은 땀방울을 흘리게 하면서 자신의 집을 나서고 있었다.[29]

Salía de su casa una buscona piramidal, habiendo hecho sudar la gota tan gorda a su portada, dando paso a un inmenso contorno de faldas,

이 글은 일차적으로 허리통 펴개를 한 폭이 넓은 치마를 입은 한 사기꾼 여자가 문밖을 나서는 모습을 그려내고 있다. 따라서 통이 넓은 치마를 입은 여자의 모습이 피라미드에 비유되는 것이다. 하지만 케베도의 기지는 이러한 외견상의 모습에만 한정되지 않고, 또 다른 점을 암시하고 있다. 피라미드 모양의 옷은 페티코트처럼 허리통 펴개를 댄 옷으로 보통 귀부인들의 정장으로 사용되는 옷이기에 범죄를 저지르는 사기꾼 여자의 행장과는 어울리지 않는다. 따라서 케베도는 옷과 사람의 어색한 조합 속에서 거추장스럽고 불편한 옷에 대한 풍자적 의미를 끌어내고 있다. 더불어 치마를 문에서 빠져나오게 하려고 안간힘을 쓰며 땀을 흘리는 주체가 사람이 아니라 문이라고 표현한 점도 주목할 만하다.[30] 이러한 관점의 전환은 관습화된 일상 속에서 전혀 주목받지 못했던 사물에 의미를 부여하며 어떤 상황에 대한 새로운 이해를 구하게 한다.

케베도의 이러한 기지는 그의 여러 시에서도 보인다. 다음은 사랑을 소재로 한 노래 중에서 잘 알려진 〈리시의 머리카락 물결에서 출렁이는 그의 마음의 동요Afectos varios de su corazón, fluctuando en las ondas de los cabellos de Lisi〉이다. 먼저 우리는 시의 제목에서 머리카락의 모양과 물결이 연결되고 있음을 알 수 있는데, 이는 마음의 평정을 찾지 못하고 고뇌하는 화자의 마음을 나타낸다. 제목에서 상정한 이러한 의미는 첫 번째 연에서 분명한 근거를 마련한다.

> 만일 그대가 머리카락을 쉬이 푸신다면
> 아름다움에 목말랐던 나의 가슴은
> 넘실대는 황금의 폭풍우 속에서
> 불타는 순수한 빛의 바다를 헤엄치겠소.[31]
> En crespa tempestad del oro undoso
> Nada golfos de luz ardiente y pura
> Mi corazón, sediento de hermosura,
> Si el cabello deslazas generoso.

위 시에서 머리카락을 풀어헤친다는 말은 문자 그대로의 의미를 벗어나 문맥 속에서 만灣, 즉 바다를 의미한다. 그러기에 황금의 폭풍우는 여인의 머리카락 색과 모양을 가리키는데, 그것은 금발에 곱슬곱슬한 머리이다. 또한, 이는 심층적인 의미로 화자가 직면하는 불안정한 상황 또는 마음을 나타낸다. 머리를 풀어헤친 모습과 바다,

---

29. Francisco de Quevedo(1987), *La Hora de todos y la Fortuna con seso*, Cátedra, 176-177.
30. Alexander A. Parker(1978), "La «agudeza» en algunos sonetos de Quevedo", *Francisco de Quevedo*, Ed. Gonzalo Sobejano, Taurus, 99.
31. Francisco de Quevedo(2008), *Poesía varía*, Ed. James O. Crosby, Cátedra, 242.

머리 모양과 파도 또는 폭풍우는 그 자체로서는 서로 이질적인 요소이다. 그런데, 이러한 이질적인 요소들을 연결하는 것은 의미 사이의 긴장 속에 상응 관계를 유추해내는 기지의 힘이다.

이렇듯 서로 다른 사물들 사이의 상응 관계를 끌어내는 기지의 의미를 우리는 발타사르 그라시안의 정의와 더불어 케베도의 작품에 나타나는 예로 살펴보았는데, 다음은 그레게리아에서 찾아볼 수 있는 기지의 예다.

단추를 꿰매려는 듯이 꽃봉오리 속으로 들어가는 곤충들이 있다.

(*Greguerías: Selección*, 115)

Hay insectos que se meten en las corolas de las flores como para coserlas un botón.

가장 잡기 힘든 물고기는 욕탕 안에 있는 비누다.

(*Greguerías: Selección* 217)

El pez más difícil de pescar es el jabón dentro del baño.

백조는 침대 밑에 행여 도둑이 있는지 보기 위해서 물속에 머리를 박는다. (*Greguerías: Selección*, 300)

El cisne mete la cabeza debajo del agua para ver si hay ladrones de bajo de la cama.

언급한 그레게리아의 예들은 겉으로 보기에 각각의 장면 또는 사물들이 서로 쉽게 연결되지 않는다. 먼저 꽃봉오리 속으로 들어가는 곤충과 단추를 꿰매는 동작은 그 자체로는 각각 별개의 의미가 있는데, 갑자기 하나의 의미 속에 결합해 있다. 물고기와 비누 역시 전혀 성질을 달리하는 것들이다. 호수 밑을 바라보는 백조를 도둑이 있는지 침대 밑을 바라보는 사람의 모습과 연결하는 것에 이르면 이러한 부적합한 결합의 정도는 더욱 심해진다. 그런데, 이러한 다른 사물 또는 개념들은 어느 순간 연결고리를 발견하고 새로운 조화를 이루게 된다. 전혀 다른 행위였던 단추를 끼우는 것과 꽃봉오리로 들어가는 곤충은 이미지상의 상응 관계를 맺어오고, 물고기와 비누 역시 미끄러움에 관계된 의미상의 조화를, 그리고 물 밑으로 고개를 들이미는 백조의 모습 또한 돌연 누군가가 침대 밑을 살피는 이미지와 결합한다. 물속으로 머리를 박는 백조의 행동은 무언가를 찾기 위해 침대 밑에 머리를 들이미는 사람의 모습을 불현듯 떠올리게 할 수 있기 때문이다. 이렇게 서로 다른 두 장면을 연결할 수 있는 것은 바로크에서 유래한 '부조화의 조화'를 찾은 고메스 데 라 세르나의 기지에 기인한다. 서로 다른 사물 또는 이미지를 연결하는 기지로 그는 이제까지 너무나 익숙해서 잘 인식되지 않았던 세계를 긴장 속에 몰아넣으며 사물을 새롭게 인식하게 하는 역동적인 힘을 발견한다.

다음은 또 다른 바로크의 전통인 언어의 이중적 의미에 대해서 살펴보도록 하자.

2) 언어의 이중적 의미

하나의 낱말이 두 가지 의미가 있는 현상 역시 언어의 유희에 관계되며, 바로크 시대의 수사법으로 널리 쓰였다. 예를 들어 〈사랑하는 사람에게서 보는 역설Contrarios en el amante〉이라는 케베도의 시를 보자.

> 근심과 고통을 참고 견디는 데는 나는 돌인가 보다
> 다시 부드러워져서 사랑하는 걸 보면 나는 양초인가 보다,
> 그렇게 행복하게 태어난 고통을 사랑하는 데에 나는 도사가 다 되
> [었고
> 상처를 받으면서도 그만두지 못하는 걸 보면 나는 미련한 바보,
> (…)
> 그런데 이 내 눈동자 속의 어린아이들이
> 그대의 두 눈이 없어지자, 두 강물 속에
> 울며 사는 요정들이 되고 말았구나.[32]
> Piedra soy en sufrir pena y cuidado
> y cera en el querer enternecido
> sabio en amar dolor tan bien nacido
> necio en ser en mi daño porfiado;
> (…)
> y las niñas de aquestos ojos míos
> se han vuelto, con la ausencia de tus ojos,
> ninfas que habitan dentro de dos ríos.

화자는 누군가를 사랑할 때 느끼는 여러 감정에 따라 자신을 '돌', '양초', '도사', '바보'로 표현하다가 마지막 연에 이르러 사랑하는 임이 사라졌을 때의 장면을 표현하고 있다. 이때, 마지막 연의 첫 번째 행인 "그런데 이 내 눈동자 속의 어린아이들이"는 "y las niñas de aquestos ojos míos"의 번역이다. 스페인어에서 'niña'는 '여자 어린아이' 또는 '눈동자'로 번역될 수 있다. 나의 눈과의 상응 관계로 볼 때는 눈동자로 생각하는 것이 자연스럽지만, 마지막 행에 나오는 요정과의 상관성을 고려하면 어린아이를 의미할 수 있다. 이렇듯, 어떤 해석을 하느냐에 따라 하나의 낱말이 이중의 의미를 띠고 있다.

언어의 이러한 이중적 의미는 공고라의 여러 시어에도 나타난다. 다음 시에는 화폐 이름을 의미하는 낱말들이 또 다른 의미를 내포하고 있다.

크루사도는 십자군을 만들고,
에스쿠도는 문장紋章을 그리게 하며,
(…)
두카도는 공작의 영지를 갖게 한다.
Cruzados hacen cruzados,
escudos pintan escudos,
(...)

32. Francisco de Quevedo(1966), "Contrarios en el amante", *Primavera y flor de la literatura hispánica II*, Selecciones del Reader's Digest, 69.

ducados dejan Ducados,[33]

여기서 크루사도cruzado, 에스쿠도escudo, 두카도ducado는 앞부분에서는 모두 화폐 이름[34]을 의미하고 뒷부분에서는 각각 십자군, 문장, 공작의 영지를 뜻하기에 위의 시는 결국 "돈은 십자군을 만들고, 문장을 그리게 하며, 공작의 영지를 갖게 한다"라는 의미로 해석될 수 있다. 'cruzado', 'escudo', 'ducado'가 이중적 의미로 사용된 것이다. 한편, 이 시의 중간에는 "con dados ganan Condados"라는 표현이 있는데, 이는 같게 발음되는 것을 이용하여 '주사위로con dados' 즉 행운으로 '백작의 영지Condados'를 얻는다는 이중의 의미를 내포하고 있다.

케베도나 공고라가 보여준 언어의 이러한 이중적 의미는 그레게리아를 구성하는 또 하나의 방식이 된다. 다음은 그 예이다.

– 누군가가 왔어요?

– 예, 포도주가 왔어요. (*Greguerías*, 162)

– ¿Vino alguien?

– Sí.Vino el vino.

이 문장은 "누군가가 왔어요?"라는 질문에 "예, 포도주가 왔어요."라는 간단한 메시지를 전달하는데, 이 그레게리아가 의미가 있는 것은 'vino'라는 낱말이 '오다venir'라는 동사의 3인칭 단수 과거형을 의미하고 명사로는 포도주를 나타내기 때문이다. 고메스 데 라 세르나는 이렇게 직접 드러나는 낱말의 이중 의미를 좀 더 확대하여, 한 낱말을 또 다른 낱말들과 조합하거나 변형시켜 언어의 유희를 확장하고 있다.

독백은 원숭이가 홀로 말하는 것을 의미한다. (*Greguerías*, 168)

Monólogo quiere decir el mono que habla solo.

편집광: 열광하는 원숭이 (*Greguerías*, 197)

monomaníaco: mono con manías.

수도자는 저녁 먹는 것을 피하는 사람. (*Greguerías*, 215)

Cenobita: uno que cenar evita.

먼저 원숭이mono와 말을 의미하는 'logo'를 발음상의 동일성을 바탕으로 조합하여 독백monólogo이라는 말과 연결했고, 편집광monomaníaco과 수도자Cenobita 역시 발음상의 유사성을 이용해 결합했다.

이렇듯 하나의 어휘가 동시에 이중의 의미를 가리키거나 같거

---

33. http://www.poesi.as/index13.htm
34. 크루사도cruzado는 포르투갈에서 발행됐던 십자형 화폐이고, 에스쿠도escudo는 포르투갈, 칠레, 페루, 스페인 등지에서 쓰였던 화폐이며, 두카도ducado는 옛날 스페인과 오스트리아의 화폐를 이르는 말이었다.

나 유사한 발음을 조합하여 또 다른 의미를 생성하는 것은 바로크 문학의 독특한 기법의 하나로 그레게리아에 나타난 언어의 유희를 구성하는 방식과 연결된다.

3) 과장과 슈퍼현실주의

과장과 관련하여 잘 알려진 바로크 문학은 〈코 큰 사람에게A un hombre de gran nariz〉라는 시다. 여기서 케베도는 코가 너무 커서 사람이 코에 붙어 있다는 말로 시작해서 큰 코를 과장하여 여러 가지 사물로 묘사하고 있다. 다음 소네트 처음 두 연을 살펴보자.

> 코에 붙어 있던 사람이었죠.
> 최고로 큰 코였습니다.
> 반쯤 살아있는 증류기였습니다.
> 수염이 잘못 난 청새치였습니다.
>
> 생김새가 흉한 해시계였고
> 입을 위로 쳐든 코끼리였으며,
> 사형집행인과 율법 학사의 코였으며
> 코가 잘못 난 오비디오 나손이었습니다.[35]
>
> Érase un hombre a una nariz pegado,
> Érase una nariz superlativa,
> Érase una alquitara medio viva,

Érase un peje espada mal barbado;

Era un reloj de sol mal encarado,
Érase un elefante boca arriba,
Érase una nariz sayón y escriba,
Un Ovidio Nasón mal narigada.

위 시에서 보이는 것처럼, 과장 역시 바로크 시대의 두드러진 기법인데, 과장은 풍자적인 의미와 더불어 정형화된 기준이나 조화를 깨고 사물에 새로운 질서를 가져다준다. 따라서 이는 오르테가가 아방가르드 미학을 설명하며 언급한 사물의 한 단면을 확대해서 보는 슈퍼현실주의와 연결된다. 그것은 이미 정해진 사물의 질서를 전복하려는 것인데, 삶에 있어 가장 사소한 일들이 기념비적인 풍채로 당당하게 제 일선에 떠오르게 하는 예술을 의미한다.[36] 같은 맥락에서 고메스 데 라 세르나도 일상에서 별로 관심을 받지 못하는 사소한 것에 대한 관심이 그레게리아를 형성하는 또 다른 성격이라고 언급한다.

작은 사물들 역시 큰 사물들과 같은 가치를 가지며 작가의 주목을

---

35. Francisco de Quevedo(2008), *Poesía varía*, Cátedra, 345.
36. 오르테가 이 가세트(2004),《예술의 비인간화》(안영옥 옮김), 고려대학교출판부, 49.

받을만하다. 잠정적이고 추상적인 것에 관심을 쏟기 위해 아주 작지만, 구체적인 것을 소홀히 내버려 둘 수는 없다.[37]

따라서 그는 일상에서 사소하게 지나칠 수 있는 일이나 이미지에 큰 의미를 부여한다. 다음은 그러한 성격을 지닌 그레게리아의 예이다.

바닷가재는 모든 바다 냄새를 품고 있다. (*Greguerías: Selección*, 97)

El langostino huele a todo el mar.

야자수는 안에 오아시스의 물을 갖고 있다. (*Greguerías: Selección*, 148)

Los cocos tienen dentro agua de oasis.

장롱이 열려 있을 때, 집 전체가 하품한다. (*Greguerías: Selección*, 154)

Cuando el armario está abierto, toda la casa bosteza.

꽃이 첫 번째 꽃잎을 상실했을 때 이미 전체를 상실한 것이다! (*Greguerías*, 82)

Cuando la flor pierde el primer pétalo, ¡ya esta perdida por entero!

글자 위에 앉은 파리는 글자를 읽고, 읽은 내용을 무시하며 떠나가 버린다. 가장 집요한 문학평론가! (*Greguerías: Selección*, 122)

La mosca se posa sobre lo escrito, lo lee y se va como despreciando lo que ha leído. ¡Es el más exigente crítico literario!

이러한 면은 인간이 설정해 놓은 세상에 대한 일반적인 기준을 벗어나, 사물 자체에서 유래하는 가치를 회복한다는 점에서 의미가 있다. 이는 미셸 푸코가 이미 코드화된 시선과 반성적 인식에 질서의 존재 자체가 드러나는 중간 영역이 있다고 언급한 것처럼,[38] 과장을 통해 사물을 인식하는 것은 기존의 틀에 박힌 시선 너머에서 새롭게 드러나는 사물의 모습을 떠올리는 것이다.

한편, 우리는 그레게리아에 나타난 신조어 속에서도 세계에 대한 또 다른 전망을 제시하는 바로크적 전통을 엿볼 수 있다.

4) 신조어를 통한 새로움 탐색

전술한 은유, 기지, 이중 의미, 과장 등 언어적 실험은 일상적으로 굳어진 의미로부터의 일탈을 전제로 하는데, 바로크 기법과 관련하여 그레게리아에서 주목해볼 수 있는 또 하나의 요소는 신조어의 사용이다. 신조어는 비유법의 차원에서 더 나아가 기존의 언어체계로 표현해낼 수 없는 새로운 영역을 개척하는 데 쓰인다. 바로크 시대에 나타난 신조어에 주목한 벤야민은 오늘날에나 당시에나 그러한 신

---

37. Ramón Gómez de la Serna(1991), "Prólogo", *Greguerías: Selección 1910-1960*, Espasa Calpe, 67.
38. 미셸 푸코(2012), 《말과 사물》(이규현 옮김), 민음사, 15-16.

조어들 가운데 많은 것들에서 새로운 파토스를 표현하려는 갈망이 드러나고 있다고 언급한다.[39] 이는 신조어가 기존의 세계를 확장하며, 그만큼 세계에 대한 새로운 감성을 담아낸다고 볼 수 있다.

바로크 문학에서 신조어의 사용과 관련하여 두드러진 작가는 공고라이다. 그는 《고독》과 《폴리페모와 갈라테아 이야기Fábula de Polifemo y Galatea》 등에서 'esplendor', 'venerar', 'cóncavo', 'prodigioso', 'inquieto' 등 당시 일반인들에게는 낯선 라틴어에서 비롯된 많은 새로운 어휘들을 사용하였다.[40] 한편, 낱말을 조합하여 새로운 어휘를 만드는 경우도 볼 수 있는데, 케베도의 시에 그러한 예가 나타난다.

나의 불운은 내가 다른 이들처럼
너의 구애자가 될
여지가 없는 걸 알고서,
그보다 못한 사람으로 되게 했다.[41]
Y viendo que mi desgracia
No dio lugar a que fuera,
como otros, tu pretendiente,
Vine a ser tu pretenmuela.

이 시의 마지막 행에 나오는 'pretenmuela'는 케베도가 만들어낸 신조어로 구애자를 뜻하는 'pretendiente'를 패러디한 것으로 볼 수 있다. 'pretendiente'의 'diente'는 이를 뜻하는데, 이 중에서 '어금니muela'는 제일 먼저 빠지기에 케베도는 미숙하고 수준이 떨어지는 구

애자를 의미하기 위해 이러한 낱말을 만들었다고 보인다.[42]

이렇듯, 낱말을 조합하여 새로운 낱말을 만들어내는 케베도의 예는 그레게리아에서도 나타난다. 다음의 예들을 보자.[43]

> 크리솔로고라 불리고 점성학자였다면, 그것은 지나치게 올로고ólogo가 많은 사람이다.
>
> Se llama Crisólogo y era astrologo. ¡Eso es demasiologo!

> 누군가 에스페란토로 된 영화를 생각해 보았는가? 그것은 가공할 만할 일일 것이다!
>
> ¿Ha pensado alguien en una película en esperanto? ¡Sería esperantosa!

첫 번째 예는 크리솔로고Crisólogo라 불리는 사람의 직업이 점성학자astrólogo였다면, '지나치게demasiado' '올로고ólogo'가 많은 것이

---

39. 발터 벤야민(2009), 《독일 비애극의 원천》(최성만·김유동 옮김), 한길사, 77.
40. 이러한 낱말들은 공고라 이전에도 시 등 문학어로 사용되었고 이후 스페인어 어휘로 편입되었다. 하지만 공고라가 당시 이러한 어휘들을 본격적으로 시어로 도입하자, 이해의 어려움으로 인해 당대 문단에서 논란이 되었다.
41. Francisco de Quevedo(2008), *Poesía varía*, Ed. James O. Crosby, Cátedra, 407.
42. 같은 책, 같은 페이지.
43. 아래 두 개의 그레게리아는 다음 글에서 인용한 것임. Richard L. Jackson (1965), "Toward a Classification of the 'Greguería'", *Hispania*, 48, 4, 828.

라는 뜻으로 '지나치게 올로고가 많은demasiólogo'라는 새로운 의미가 있는 낱말을 만들어냈다. 두 번째 예는 인공언어인 '에스페란토esperanto'에 형용사형 어미를 붙임으로써 새로운 어휘를 만들어냈는데, 여기서 우리는 가공할 만하다는 의미 'espantosa'를 연상함과 동시에 에스페란토어의 정신처럼 세계인들이 공유할 수 있는 언어를 바란다는 의미로 '희망esperanza'을 연상할 수 있다.

이러한 예와 함께 우리는 특히 그레게리아라는 용어 자체가 신조어라는 사실에 주목해볼 수 있다. 곤살레스 오예González Ollé는 그레게리아의 기원을 그리스어를 뜻하는 스페인어 'griego'에서 찾는데, 이 말은 적어도 16세기부터 그리스어를 지칭하는 것 말고도 '언어적으로 혼란스러운', '이해할 수 없는' 이라는 부차적인 의미가 있다고 한다.[44] 한편, 고메스 데 라 세르나는 이 말의 기원이 무엇보다 '아우성algarabía', '외침gritería'을 의미하며, 이를 '소리친다' '아우성친다'를 의미하는 스페인어 'gritar'와 연관시킨다.[45] 이러한 맥락에서 그는 이 용어의 의미를 존재들이 그 무의식으로부터 혼란스럽게 소리치는 것, 사물들이 소리치는 것이라고 제시한다.[46]

신조어를 둘러싼 이러한 함의를 통해 생각할 수 있는 것은 신조어는 기존의 언어를 통해 당면한 현실을 담아낼 수 없을 때 나타난다는 사실이다. 이때, 신조어의 기능은 새롭게 등장한 현실을 반영함과 동시에 익숙해진 기존의 현실에 균열을 내는 효과를 준다. 그러기에 이것은 또한 안토니오 마라발이 언급한 "새로움에 대한 열망"[47]과 관련된다.

더불어 프란시스코 인두라인Francisco Ynduráin이 고메스 데 라 세르나의 문학을 사물에 대한 세밀한 또는 확장된 관찰이 아니라 사물에 대한 전혀 예기치 않은 시선이라고 정의한 것과 연결된다.[48]

여기서 말하는 예기치 않은 시선은 새로움에 대한 열망과 연결되어 사물을 다른 관점에서 보게 하는 언어적 긴장을 끌어내면서 정체된 채 위기에 직면한 사회에 역동적인 힘을 불어넣는다.

---

44. Fernando González Olle(2000), "*Nomen, omen.* Sobre el origen de *greguería* y de la greguería", Príncipe de Viana. Anejo, 18, 166.
45. Ramón Gómez de la Serna(1991), "Prólogo", *Greguerías: Selección 1910-1960*, Espasa Calpe, 48.
46. 같은 쪽, 같은 페이지.
47. José Antonio Maravall(2000), *La cultura del Barroco*, Ariel, 453.
48. Francisco Ynduráin(1984), "Sobre el arte de Ramón", *Historia y crítica de la literatura española VII*, Crítica, 219.

3.

바로크의 전통과 27세대의 시인들

무엇보다 시 장르와 관련하여 주목해볼 수 있는 27세대는 새로운 이미지, 창조적인 은유의 개발, 순수시를 향한 노력으로 볼 때 그 당시 유럽 시가 가고자 했던 전위주의 문학의 흐름과도 일치한다.[49] 더불어 이 세대의 형성 배경에는 은유에 기반을 두며 혁신적인 시어를 창조한 공고라의 시가 자리 잡고 있다. 1927년은 은유를 바탕으로 시어의 혁신을 도모했던 공고라가 죽은 지 300년이 되는 해였다. 그를 기념하여 세비야의 아테네오에서 모인 일군의 시인들로 형성되었던 27세대는 아방가르드 문학의 연장선상에 있으며, 스페인의 고전 문학 전통 특히 바로크 전통과 관련이 있다.

보통 유럽 아방가르드 미학은 이전의 가치를 부정하는 커다란 흐름 속에서 생각될 수 있지만, 스페인의 경우에는 이러한 일반적인 맥락과 비교할 때 약간 다른 면이 발견된다. 스페인에서는 어느 시대에서든지 새로운 사조가 도래해도 기존의 전통 역시 그 유효성이 계속해서 이어졌기 때문이다. 이는 새로운 것이 들어와도 이전의 것이 완전히 폐기되지 않고, 오히려 그 속에서 현재를 진단할 수 있는 요소을 다시 찾아내는 스페인적인 전통과 관련된다.

> 전통적으로 스페인 문학가들은 외부로부터 들어온 것에는 언제나 민감한 반응을 보여 왔다. 수용할 수밖에 없어 보이는 외세의 흐름 앞에서도 스페인인들은 늘 고유의 것, 전통적인 것을 고수하는 경향이 있다. 그래서 스페인 시인들은 이 시대 유럽에서 일던 전위주의의 파고에도 완전히 휩쓸리지 않았다. 따라서 스페인에서 일어난 전위주의 움직임은 유럽의 것만큼 그리 과격하지 않았고 늘 스페인 전통과 함께하고 있다.[50]

이렇듯 유럽의 아방가르드와 비교해서 스페인 아방가르드의 가장 특징적인 현상 중의 하나는 문학 전통, 구체적으로는 바로크를 포함하는 황금세기 문학 전통의 영향이 짙게 드리워졌다는 점이다. 이러한 맥락에서 20세기 전반에 두드러진 장르였던 시의 융성에 있어서 언어에 대한 새로운 전망을 내포하는 케베도와 공고라 시의 영향을 자연스럽게 떠올릴 수 있다.

1926년 4월에 한 카페에서 열띤 토론을 하던 일군의 젊은 시인들과 작가들은 공고라의 죽음 300주년을 기념하는 행사를 하려고 계획하였다. 이러한 생각은 이듬해 결실을 보았는데, 일군의 시인들이

---

49. 고려대학교 스페인·라틴아메리카연구소, 《작품으로 읽는 스페인 문학사》, 고려대학교출판부, 559.
50. 같은 책, 560.

기발한 은유와 이미지를 창조한 공고라를 기억하며 그의 무덤을 참배한 것을 계기로 27세대가 형성되었다. 이를 계기로 그의 시 정신을 계승하기 위한 일련의 움직임이 나타났는데 레비스타 데 옥시덴테 출판사가 공고라의 작품 6권과 그를 기념하는 비평서를 출판하려는 계획으로 구체화한다. 이러한 계획에 따라 공고라의 시에 대한 문체 분석 등 많은 연구를 한 다마소 알론소Dámaso Alonso가 서문을 쓴 《고독Soledades》이 빛을 보았다. 이렇듯 공고라 문학의 현대적 재해석에 가장 크게 이바지한 사람으로 다마소 알로소를 언급할 수 있을 것이다. 또한, 호세 마리아 데 코시오José María de Cossío에 의해 《로만세Romances》가 나왔으며, 헤라르도 디에고가 선별한 《공고라를 기념하는 시선집Antología poética en honor de Góngora》이 발간되었다.

이 밖에 27세대에 속하는 여러 시인이 이 바로크 시인에 관심을 드러냈는데, 페드로 살리나스, 호르헤 기옌, 헤라르도 디에고, 비센테 알레이산드레, 페데리코 가르시아 로르카, 루이스 세르누다 등이 공고라의 시어와 이미지, 그의 시학에 대해 논하였다. 이들 모두는 공고라에게서 그들이 당시 추구하던 미학적 가치와 연결될 수 있는 면을 보았다.

그런데 스페인 아방가르드와 그 연장 선상인 27세대의 문학에서 이전 문학 전통의 영향을 논할 때, 공고라는 27세대의 탄생과 관련해서 논의된 것처럼 빈번히 언급되었다. 하지만 케베도의 경우는 그의 문학적 소재가 사랑, 죽음 등 인간적인 관심사에 초점을 많이 두었기에, 이러한 요소를 배제하려 했던 아방가르드 문학에서 그다지 조명받지 못하였다.

하지만 시어의 혁신을 가져왔던 공고라의 문학이 현대성을 지니듯이, 케베도 문학의 표현과 내용 역시 겉으로 드러난 현실의 이면을 조명하려 했다는 점에서 초현실주의 등 20세기 전반의 새로운 문학과 예술의 흐름과 접합점을 갖는다.

따라서 여기서는 공고라와 케베도를 중심으로 이들의 시학이 27세대의 시인들에게 어떠한 영향을 미쳤는지를 살펴보도록 하겠다.

1) 공고라와 27세대 시인들

공고라에 대한 재평가와 27세대의 탄생

다마소 알론소는 시어가 난해하고 이상하다고 역사적으로 비판받아왔던 공고라에 대한 복권이 프랑스에서 시작되었고, 그 중심에는 상징주의 시인 폴 베를렌이 있다고 말한다.[51] 프랑스의 명망 있는 시인들의 재평가가 스페인에서 이 바로크 시인에 눈을 돌리는 데 기여했다.

이러한 영향과 함께 20세기 진빈 들어서 공고라의 시에 대한 평가를 둘러싼 논란은 바로크를 새로운 전망에서 바라보았던 뵐플린의 논의에서 비롯된 면이 있다. 뵐플린이 《미술사의 기초 개념》에서 고전 예술과 바로크 예술을 비교하는 마지막 기준으로 제시한 '명료

51. Dámaso Alonso(1981), *Poesía española*, Gredos, 310.

성과 불명료성'의 개념은 그동안 이해하기 어려웠던 공고라의 시를 다시 되돌아보게 하고, 그의 시학이 새롭게 평가될 수 있는 계기를 만들었다.

뵐플린은 예술적인 아름다움이 고전주의와 바로크에서 상반되게 나타난다고 보았다. 고전주의에서는 이것이 절대적 명료성으로 표출됐다면, 바로크에서는 그 반대되는 요소인 모호성으로 나타났다.

> 바로크 양식은 추측이 가능한 한 모든 것을 드러내지 않는다. 또 바로크 양식의 기준에서 볼 때 아름다움이란 결코 완벽하게 파악되는 형태가 아니라 모호한 기운을 품고 있는, 그래서 감상자에게는 새로운 여운을 남기는 그와 같은 형태에서 발견된다. 규정된 형태에의 열광은 이제 그 한계가 뚜렷지 않은, 움직이는 듯한 가상에의 열광에 의해 압도당하게 되었다.[52]

이처럼 모호함과 불명료함 속에서 예술적인 아름다움을 찾았던 바로크 시대처럼, 20세기 전반은 예술의 가치가 이성과 논리에 기반을 둔 명확성에 있는 것이 아니라 모호하고 명확하지 않아서 폄하되어오던 예술 속에서 발견될 수 있다는 분위기가 형성되기 시작하였다.

뵐플린의 영향과 함께 미에 대한 관점의 변화로 19세기까지 이어져 내려오던 실증적인 분위기의 예술이 그 효력을 잃으며 이후 모더니즘, 아방가르드, 27세대로 이어지는 예술적인 움직임이 나타났다. 이러한 배경 아래 공고라 시의 모호함과 불명료성이 그 가치를 새롭게 인정받고 그의 시학을 따르는 시인들이 등장하였는데, 이를 대표하는 이들로 라파엘 알베르티Rafael Alberti나 헤라르도 디에고Gerardo Diego를 언급할 수 있다. 이들에 미친 바로크 시인의 영향은 '네오공고리즘neogongorismo'이라는 용어를 낳기에 이르렀다.[53] 따라서 어떤 면에서 보면 27세대의 문학적 성과는 바로크 미학을 현대적으로 계승한 데서 비롯됐다고 볼 수 있다.

그런데 그 계승이 구체적으로 어떻게 나타났는지 실제 작품 속에서 규명하기에는 어려움이 따른다. 이는 당대의 시인들이 19세기 프랑스 상징주의, 20세기 초반 아방가르드 등 다양한 경로에서 영향을 받았기에 어디까지가 공고라의 흔적인지는 불분명할 수 있다. 공고라에 대한 추모는 은유에 기반을 둔 시어 자체의 내재적인 힘을 새롭게 평가하자는 인식론적인 전환을 가져왔지만, 실제 창작은 다양한 방식으로 이루어졌기에 어디까지가 공고라의 영향인지는 명확하지 않다. 따라서 여기서는 공고라의 영향이 어느 정도 가시적으로 드러나는 헤라르도 디에고의 《에키스와 세다의 이야기Fábula de Equis y Zeda》와 라파엘 알베르티의 시집 《석회와 돌Cal y Canto》을 중심으로 살펴볼 것이다.

---

52. 하인리히 뵐플린(1998), 《미술사의 기초개념—근세미술에 있어서의 양식발전의 문제》, 시공사, 278.
53. Luis Martín-Estudillo(2004), *La mirada elíptica: El trasfondo barroco de la poesía española contemporánea*, Visor, 26.

헤라르도 디에고

1896년 산탄데르에서 태어난 헤라르도 디에고는 27세대의 시인 중 모더니즘과 아방가르드를 거치면서 다양하고 다채로운 시 경향을 드러냈다. 그는 창조주의 문을 연 칠레 시인 비센테 우이도브로, 입체파 화가인 후안 그리스Juan Gris, 학창 시절 친구였던 시인 후안 라레아 등과 아방가르드 예술 관련 모임에서 교류하였고, 1928년 스페인 시에 관한 문학지《카르멘과 롤라Carmen y Lola》를 창간했다. 이러한 활동으로 여러 예술 사조를 경험하였는데, 무엇보다 그의 문학에는 큐비즘에서 유래하는 새로운 예술에 대한 열망이 들어 있으며 이를 창조주의 문학의 형식으로 표출한 점이 두드러진다.

헤라르도 디에고가 당대의 예술 경향에 즉각적으로 반응하며 이를 창작 활동에 실천적으로 반영했지만, 동시에 그는 스페인의 문학 전통에도 깊은 관심을 표명하며 공고라를 비롯한 스페인 고전 작가들의 작품을 접하였다. 아우로라 에히도는 디에고가 자신의 시학을 정립하는데, 황금세기 문학 작가들의 영향을 많이 받았음을 다음과 같이 언급한다.

> 헤라르도 디에고 등 27세대 작가들이 자신들의 시를 추동하는 힘으로 가정하며 행했던 공고라에 대한 독서만큼 보스칸, 프라이 루이스 데 레온, 산 후안 데 라 크루스, 에레라, 에스피넬, 루페르시오, 레오나르도, 메디니야, 하우레기, 비야메디아나, 소토 데 로하스, 로페, 케베도, 칼데론 또는 소르 후아나에 대한 독서에도 그 의

미를 두어야 한다.[54]

이렇듯 황금세기 문학 전통 전반이 헤라르도 디에고에게 영향을 주었는데, 그러한 전통 중에서 가장 주목받는 것은 그가 아방가르드의 여러 사조, 예를 들어 창조주의와 초현실주의 단계에 있을 때 그에게 더욱 구체적인 영향을 미쳤던 공고라의 영향이다. 디에고는 1924년 《레비스타 데 옥시덴테》에 발표한 에세이 〈공고라에 대한 전망Un escorzo de Góngora〉에서 공고라의 시를 현대적인 맥락으로 재해석할 가능성을 보았다. 그는 공고라의 시로 대표되는 바로크 시학이 갖는 의미는 언어의 기능을 외부 세계를 반영하는 데 두는 것이 아니라 언어 자체가 목적이 되는 세계를 구축하는 데에 있다고 여겼다. 이러한 생각은 말라르메를 거쳐서 현대시를 이루는 중요한 요소가 되었는데, 공고라의 다음 시는 그러한 시학을 형성하는 실마리가 된다.

꽃들 사이에서 노래하는 새들이
모두 꾀꼬리는 아니다.
여명이 밝아올 때
치는 은종이며,
새벽잠을 깨우는
황금의 트럼펫이다.

54. Aurora Egido(2009), *El barroco de los modernos*, Universidad de Valladolid, 190.

내가 찬양하는 모든 태양을 위하여

(…)

찬양받는 인위적인 것과
위로하는 달콤한 것은
날아다니는 새 같은 저 바이올린이 아니며,
불안하게 울리는 칠현금도 아니다.
우리의 감각을 최대한 일깨우고
감동을 끌어내는 또 다른 악기다.
모두가 다 꾀꼬리는 아니다.[55]

No son todos ruiseñores
los que cantan entre las flores,
sino campanitas de plata,
que tocan a la alba,
sino trompeticas de oro,
que hacen la salva
a los soles que adoro.

(…)

Lo artificioso que admira,
y lo dulce que consuela,

no es de aquel violín que vuela
ni de esotra inquieta lira;
otro instrumento es quien tira
de los sentidos mejores;
no son todos ruiseñores,

은종이나 트럼펫이 꾀꼬리를 대신하여 내가 찬양하는 대상을 노래할 수 있다는 것은 자연을 모방한 언어가 아닌 언어 스스로가 구축한 세계의 인위적인 아름다움에 대한 예찬이다. 그것은 자연 속의 사물을 대신해서 아름답게 정제된 것에 대한 찬양이다.

이렇듯 외부 현실에서 독립된 언어적 구조물을 만들려는 공고라의 생각은 그의 일련의 작품에서 나타났다. 《폴리페모와 갈라테아 이야기La Fábula de Polifemo y Galatea》(1612), 《고독》(1613), 《피라모스와 티스베 이야기Fábula de Píramo y Tisbe》(1618) 등이 그 예인데, 주로 신화적인 이야기를 빌려 작품을 구성하였다. 그런데 여기에서 중요한 것은 이미 알려진 신화적인 내용이 아니라 그것을 어떠한 방식으로 표현해낼 것인가라는 언어적 형상화의 문세였다. 이때 시를 이루는 초점은 내용이 아니라 언어 자체가 만들어내는 효과에 있게 된다.

헤라르도 디에고 역시 공고라와 마찬가지로 고전 작가들의 작품을 차용하여 당대의 문맥 속에 재구성하였는데, 《에키스와 세다의

---

55. Luis de Góngora(1991), *Letrillas*, Ed. Robert Jammes, Castalia. 43-44.

이야기》가 대표적인 예이다. 이 작품은 전술한 공고라의 작품을 바탕으로 하는 데서 보듯이 이 바로크 시인을 기념하는 것으로 볼 수 있다.

《에키스와 세다의 이야기》는 오비디우스의《변신 이야기》에 나오는 피라모스와 티스베의 비극적인 사랑 이야기 또는 폴리페모와 갈라테아 이야기를 기본적인 모티프로 하고 있으며, 공고라의《폴리페모와 갈라테아 이야기》에서 연인으로 등장하는 아시스와 갈라테아를 상기시킨다. 따라서 이 시는 기본적으로 신화적인 내용과 고전 작품을 새로운 문학 형식과 감수성에 담아내면서 현대적으로 변용한 패러디로 읽힐 수 있다.

그런데 이 작품은 신화 차용 이상의 다른 요소가 있다. 왜냐하면, 등장인물 에키스와 세다는 단순히 스페인어 알파벳 x와 z를 나타내는 것으로도 볼 수 있기 때문이다. 이러한 말과 사물 사이의 혼란은 언어의 재현성에 의문을 표시하는 20세기 전반의 언어관을 반영하며, 헤라르도 디에고가 계승한 창조주의를 떠올리게 한다. 제목에서부터 드러난 이러한 모호성은 시의 전개 과정에서 논리적 연관성이 없는 이미지들이 병치되어 나타나는 것으로 이어진다.

6행이 한 연을 이루며 총 41연 246행으로 이루어진 이 장시는 앞부분에 '헌사Brindis'가 있고 크게 '설명Exposición', '사랑Amor', '결말Desenlace'의 세 부분으로 구분된다.[56] 첫째 부분에서는 우아하고 아름다운 장면과 경치가 묘사되는데 이는 외부 세계와 어떤 관련을 맺는 묘사가 아니라 시인이 사용하는 언어를 통해 구축된 세계를 의미한다. 이때 "반대로 된 열쇠una llave inversa"는 상징적 의미가 있다. 그것은 시적 화자가 밖으로 나갈 수 있는 도구인 열쇠를 지니지만, 그것이 거꾸로 되어 있기에 문을 열지 못한 채 자신이 만들어놓은 경내에 갇히게 됨을 뜻한다. 말하자면 이는 언어로 만들어낸 그의 내적인 세계를 암시한다. 이어 시인의 이미지를 패러디한 건축가가 등장한다. 둘째 부분인 '사랑'에서는 일 년 중 언제 경이로운 사건이 일어나는지를 알리고 두 연인이 등장한다. 결말에서는 서로 간에 논리적 연관성이 없는 낱말들이 제시되고 이야기의 흐름 역시 분절된 채 단절되기에 이른다.

'사랑'의 시작 부분은 공고라의 영향을 가시적으로 드러낸다. 그를 추모하듯이 '공고라 1927'을 표기하며 이 바로크 시인의 《고독》에 나오는 구절을 연상시키는 시구로 시작한다.

그의 이론을 적용했던 달이었다.
주위에 사랑이 태어날 때마다
열량을 소모하며, 힘들이지 않고 몸무게를 줄인다.
사랑을 위해서건, 장식을 위해서건
항상 번개와 꽃을 훔친

---

56. 호세 루이스 베르날(José Luis Bernal)은 이러한 구성이 알파벳 X, Y, Z의 순서를 따른다고 말한다. 그것은 중간에 있는 사랑(Amor)이 연결 접속사 y를 연상시키면서, 두 등장인물 에키스(X)와 세다(Z)를 연결한다는 것이다. 이때 알파벳의 마지막 글자인 Z는 자연스럽게 결말과 연결된다("Creacionismo y neogongorismo en la poesía 'adrede' de Gerardo Diego", Ed. José Luis Bernal, Universidad de Extremadura, 61).

그 연인들을 위하여[57]

Era el mes que aplicaba sus teorías
cada vez que un amor nacía en torno
cediendo dócil peso y calorías
cuando por caridad ya para adorno
en beneficio de esos amadores
que hurtan siempre relámpagos y flores

이 시의 시작 부분은 두 연인이 만나는 시기를 나타낸다. 그런데 "그의 이론을 적용했던 달이었다."라고 시작되는 첫 행은 공고라의 《고독》 첫 부분에 나오는 "그해의 꽃이 피는 계절이었다.Era del año la estación florida"를 연상시킨다. 공고라가 꽃이 피는 4월을 단지 표현하기 위해 이달에 해당하는 별자리 타우로스를 떠올리고 제우스가 황소로 변한 신화를 시 속에 담아낸 것처럼, 헤라르도 디에고 역시 4월을 나타내기 위해 현대적인 감성에 기반을 둔 다양한 표현 수단을 동원하고 있다.

무엇보다 4월은 아름다운 사랑의 이야기와 관련을 맺는 계절임을 언급한다. '이론'은 역사적으로 사랑을 소재로 한 많은 작품이 이 계절을 바탕으로 하고 있음을 나타낸다. 그런데 다음 행에서 열량을 소모하고 몸무게를 줄였다는 말은 그 사랑이 숭고하거나 정신적인 차원의 사랑이 아니라 육체적인 사랑임을 암시한다. 궁정 사랑을 비롯한 고전적인 사랑의 형식을 패러디하며 아이러니한 의도를 드러낸 것이다. 또한, 이 계절에 연인들이 번개와 꽃을 훔쳤다는 표현에 주목해볼 수 있다. 이는 이 계절에 사랑하는 사람들로 인해 스페인의 4월 날씨와 풍경을 실제로 특징짓는 '번개'와 '꽃'이 제대로 드러나지 못한다는 사실이다. 이러한 점은 여기서 제시되는 여러 묘사가 사물과 관련을 맺는 언어적 재현의 기능에 초점이 있는 것이 아니라 단지 어떤 시간을 암시하기 위한 은유로서만 기능함을 암시한다. 말하자면, 어떤 일화에 기반을 둔 내용을 전달하는 것이 아니라 언어 자체로 이루어진 시적 공간을 창조한다. 헤라르도 디에고는 공고라의 시에서 언어의 이러한 기능을 보았다.

한편 공고라 시의 문체를 깊이 있게 연구한 다마소 알론소는 심하게 얽혀있고 무성한 나뭇가지를 묘사하기 위해 공고라가 '헝클어진 머리'를 의미하는 통속적인 말인 'greña'를 사용한 예를 들며, 공고라의 시어는 고전 라틴어에서 비롯된 교양어와 일상어가 혼합되어 있다고 하였다.[58] 이러한 예는 다양한 방식으로 적용할 수 있는데, 공고라가 문학적인 것과 일상적인 것 등 서로 다른 현실에 있는 요소들을 혼합하는 시어를 사용한 것처럼, 헤라르도 디에고는 아름다운 것과 추한 것, 숭고한 것과 평범한 것, 고전적인 것과 현대적인 것을 뒤섞어 사용한다. 이러한 방식은 고메스 데 라 세르나가 예술적인 자유를 고양하는 문체로 평가한 것으로 바로크와 아방가르드의 예술 경향과 상통한다.

---

57. Gerardo Diego(1974),"Fábula de Equis y Zeda", *Poesía de creación*, Seix Barral, 177.

58. Dámaso Alonso(1981), *Poesía española*, Gredos, 325.

예술적인 방식으로서 모든 양식을 혼합하고, 모든 형식을 뒤섞는다. 성서에 따른 내용에 이교도적인 요소, 게르만적인 추상적 개념에 구체적이고 전문적인 표현, 뒷골목 말에 시어, 신조어에 고풍스러운 표현을 덧붙인다. 임의적인 것으로 평가절하될 수 있는 주관적인 자유는 작은 것에서 큰 것을 보거나 그 반대로 바라보고, 숭고한 것을 우스꽝스러운 것으로 또는 그 반대로 변모시키면서 무한정으로 유머의 양상을 다양하게 한다.[59]

이러한 관점을 고려할 때, 디에고가 공고라에게서 받은 영향은 단순히 문장의 차용 범위를 넘어선다. 공고라가 많은 시에서 과다한 장식이 붙은 언어와 일상에서 평범하게 사용되는 언어를 결합하여 사용한 것처럼, 디에고는《에키스와 세다의 이야기》결말 부분에서 보는 것처럼 서로 이질적이고 성격이 다른 요소들을 혼합하여 풍부한 시적 이미지를 만들어내고 있다.

아스팔트의 동정, 천으로 가려 해가 질 무렵이 된 듯하고
권총도 없이 고독한 오열
어떤 사람이 우리 도시에서
바이올렛 사이에서 잊힌 자석을 초월한다.
류트 악기로 가득하여 달콤하게 부패한 모든 경치는
그것을 마구 흔들어대는 곳에 있다.

협곡의 평평한 곳에서 의도된

하운드 개들의 최후 심판이다.

기복이 있는 우아한 평면으로

움직이지 않는 자전거가 돌고 노래한다.

오, 하늘은 너를 위해서 그 바퀴를 굴린다.

엑스는 1번을 노래하고 다른 것은 제트가 노래하도록 양보한다.[60]

Piedad de asfalto atardecer de lona

sollozo sin pistola abandonado

En mi ciudad trasciende una persona

a imán entre violetas olvidado

Todo el paisaje está si lo sacudes

dulcemente podrido de laúdes

Es el juicio final de los lebreles

deliberado al ras de la garganta

Por el plano elegante en desniveles

la bicicleta inmóvil gira y canta

Oh cielo es para ti su rueda y rueda

Equis canta la una la otra zeda

---

59. Ramón Gómez de la Serna(1975), *Ismos*, Guadarrama, 212.

60. Gerardo Diego(1974), "Fábula de Equis y Zeda", *Poesía de creación*, Seix Barral, 181.

사실 이 부분은 한국어로 번역하면, 원문에서 표현하려는 것을 많이 잃는다. 위 번역은 다양하게 해석될 수 있는 것 중 하나일 뿐이다. 말하자면, 이 시는 다른 언어로 번역하기 어렵다. 왜냐하면, 이 구절은 스페인어의 소리상징과 각 낱말이 스페인 문화 속에서 갖는 이미지를 활용하여 독자에게 낯섦, 놀라움, 즐거운 감정을 불러일으키려는 의도를 내포하고 있다. 여기서는 그러한 면을 제대로 표현할 수 없지만, 어떠한 요소가 바로크적인 성격과 연결되는지를 살펴보기 위해 여러 가지 번역 가능성 중의 하나를 택해서 옮겼다.

도입부-전개-결말이 있는 공고라의《고독》같은 구조로 된 이 시에서 결말에 해당하는 이 부분은 바로크의 시적 전통과 현대적 감수성이 혼합되어 있다.

먼저 이 시는 서로 대조되는 의미가 있는 낱말들이 연결되어 있다. 1행의 거친 '아스팔트asfalto'와 부드러운 '동정piedad', 6행의 '달콤하게dulcemente'와 '부패한podrido', 그리고 '마구 흔들다sacudes', 9행의 '평면plano'과 '기복이 있는desniveles', 10행의 '움직이지 않는inmóvil'과 '돌고gira'가 그러한 예들이다. 또한, 4행의 imán은 자석을 의미하거나 이와는 전혀 다르게 이슬람 사회의 지도자를 뜻할 수 있다. 이 밖에 시간적인 대조를 이루는 낱말이 있는데, 중세 시대에 주로 사용되던 악기인 '류트laúd'는 고전적이고 귀족적인 전통을 나타내는 데 반해, '자전거bicicleta'는 현대 문명에서의 평범한 일상을 암시하고 있다. 또한, 천상의 것과 지상의 것이라는 두 개의 초점을 상정한 바로크의 세계관처럼, 하늘로 대표되는 높은 곳과 자전거로 상징되는 낮은 곳의 대비 역시 나타난다. 감각의 대조 역시 보인다. "류트 악기로 가득하여 달콤하게 부패한 모든 경치는 그것을 마구 흔들어대는 곳에 있다.Todo el paisaje está si lo sacudes/dulcemente podrido de laúdes"는 한 문장 안에 시각(경치), 청각(류트 악기), 후각(부패)을 대조적으로 표현하였다.

루이스 마르틴 에스투디요는《에키스와 세다의 이야기》에서 이러한 대조되는 요소를 스페인의 시적 전통에서 유래한 '류트laúdes'와 '하운드lebreles'와 같은 시어들과 원칙적으로 시어의 성격과는 거리가 먼 일상의 낱말들, 예를 들어 "이론teorías", "열량calorías", "권총pistola", "자전거bicicleta" 등을 동시에 사용하는 것도 언급한다.[61]

한편, 중의적으로 해석될 수 있는 모호한 표현이 나오는데, 예를 들어 11행에서 "es para ti su rueda y rueda"의 경우 'rueda'가 반복되면서 이를 명사 '바퀴'로 해석하거나 동사 '굴리다'의 변화형으로 해석할 수 있다. 말하자면, 'Es para ti su rueda.그 바퀴는 너를 위한 것이다.'와 '~(주어) rueda y rueda.~는 굴리고 굴린다'라는 이중적 의미로 해석될 수 있다. 마지막 행에 나오는 'Equis canta la una la otra zeda.' 역시 종결을 의미하는 것이 아니라 여러 의미로 해석될 가능성을 남겨놓는다. 앨런 영의 언급처럼, 마지막 낱말 zeda는 두 가지로 해석될 수 있다. 하나는 등장인물의 대문자를 소문자로 잘못 표기했지만, 등장인물 세다를 가리키는 것이고, 다른 하나는 스페인어 동사 ceder양보하다의 접속법 3인칭 단수 형태인 '세다ceda'이다. 접속법 동사로 해석할 경우

61. Luis Martín-Estudillo (2007), *La mirada elíptica: El trasfondo barroco de la poesía española contemporánea*, Visor, 27.

마지막 문장은 '에키스는 하나를 노래하고 다른 이도 그에게 그의 시간을 양보한다'와 '에키스가 하나를 노래하고, 다른 이도 자신의 노래를 에키스에게 양보한다'라는 두 가지 해석이 가능하다.[62]

이렇게 대조되는 이미지들, 다양한 해석이 나올 수 있는 낱말들에서 우리는 바로크에서 절정을 이룬 '호로르 바쿠이Horror vacui' 즉 '빈 곳에 대한 두려움'을 떠올린다. 공고라처럼 헤라르도 디에고는 문자 본래의 의미를 상실한 수많은 장식적인 언어를 부가하면서 더는 인과관계에 기반을 둔 전통적인 해석을 따르지 않고, 마치 큐비즘에서의 콜라주 기법처럼 의미를 계속해서 중첩하고 파편적으로 흩어지게 한다.

이렇듯 이 시는 내용 면에서 신화에 대한 재해석인 동시에 별 연관성이 없어 보이는 서로 이질적인 시어를 바탕으로 은유와 이미지의 기능을 극대화했다는 점에서 공고라와 바로크 시학의 영향을 떠올리게 한다.

그런데 디에고는 공고라의 시학을 계승하는 데에 그치지 않고 이를 당대의 창조주의 문맥 속에 새롭게 녹여내고 있다.

수염을 기른 건축가는 어디로 가는가
해변에서 하프가 멀어져 갔다면
계획 중인 대천사는 어디로 날아갔는가
그녀는 —마름모 또는 카네이션— 몇 시에 닻을 올리나
우리의 우연한 손은 그 실마리를 잃고
피아노 위의 초록을 망각한다.[63]

Dónde va con su barba el arquitecto
si de la playa se alejaba el arpa
Dónde voló el arcángel del proyecto
y ella –rombo o clavel– a qué hora zarpa
Nuestra mano de azar sus hilos pierde
y sobre el piano olvida el color verde

건축가, 하프, 대천사, 피아노 등 별 관련 없는 낱말들을 연결할 수 있게 하는 것은 건축가다. 건축가는 구상하고 설계하여 새로운 것을 만들어내는 창조자로 나오는데, 먼저 디에고 자신이 피아노 연주자였으며, 이 시의 헌사에서 시가 마치 3개의 악장으로 된 소나타 음악과 같은 구성임을 암시하기에 여기서 건축가는 자연스럽게 음악가와 연결된다. 또한, 건축가는 언어를 통해 정형화된 틀을 깨고 대상에 대한 윤곽을 새롭게 만들어가는 창조주의 시인을 의미할 수 있다.

이러한 다중 의미를 지닌 건축가 에키스는 위 구절에서 세다로 불리는 천사를 만들려고 설계 중이다. 그런데 세다가 가시적으로 드러나지 않는 천사로 지칭된 데서 보듯이 그녀는 오비디우스나 공고

62. Allen Young(2015), "Solving for X in Gerardo Diego's *Fábula de Equis y Zeda*", *Hispanófila*, 175, 225.

63. Gerardo Diego(1974), "Fábula de Equis y Zeda", *Poesía de creación*, Seix Barral, 180.

라의 작품에 나오는 갈라테아처럼 구체적인 인물이 아니다. 세다는 시인에 의해 생명을 부여받으려는 일종의 피그말리온 같은 존재로 볼 수 있다.[64] 그러나 언어의 불완전성으로 인해 구체적인 모습으로 쉽게 형상화되지 않는다. 에키스(시인)가 아무리 큰 노력을 기울여도 세다는 그 구체적인 형상을 드러내지 않는 것이다. 그러므로 마지막 두 행은 시인으로서 에키스 또는 인간이 자신이 창조하려는 산물에 대한 통제력을 상실한 모습을 그린다. "피아노 위의 초록을 망각"한다는 것은 '초록'이 희망을 상징한다고 할 때, 더는 희망이 없고 아무것도 재현할 수 없음을 의미한다.

이는 결국 세계는 반영 가능한 것이 아니라는 창조주의 시인의 자의식 표현이다. 언어의 모호성과 불완전성을 드러내고 서로 이질적이고 논리적 연관성이 없는 낱말들을 혼합하는 것은 언어를 통해 세상을 체계적으로 반영하고 이해하려는 것을 포기하고 외부 세계와는 다른 언어 자체로 구성된 세계를 창조하려는 노력의 일환이다. 이는 말라르메가 꿈꾸었던 세계로, 보르헤스는 이 프랑스 상징주의 시인과 블로이의 말을 인용하며 세계는 언어로 구성된 절대적인 공간이라고 말한다.

> 말라르메에 의하면, 세계는 한 권의 책이 되기 위해 존재하며, 블로이에 의하면, 우리는 어느 마술적인 책에 들어 있는 시구이거나 낱말 또는 글자이다. 그리고 끝없이 계속되는 이 책이 세상에 있는 유일한 것, 말하자면 세계인 것이다.[65]

보르헤스가 끝없이 두 갈래로 갈라지는 길들이 있는 정원을 언급했듯이 공고라, 말라르메, 헤라르도 디에고에게 문학 텍스트는 궁극적인 의미가 주어지는 곳이 아니라 낱말들이 서로 부딪히고 충돌하면서 끝없이 새로운 의미를 생성하는 역동적인 공간이다. 이러한 생성의 개념은 롤랑 바르트가 언급한 '텍스트의 즐거움'과 연결되는데, 그는 이미 완결된 의미를 찾는 데서가 아니라 텍스트들이 서로 엮이면서 의미를 새롭게 생성하는 데에 문학의 존재 의미를 두고 있다.

> '텍스트'란 '신경조직'을 뜻한다. 그러나 지금까지 우리는 이 신경조직을 하나의 생산품, 하나의 이미 만들어진 베일로서, 그것 뒤에 의미(진리)가 다소 숨겨져 있는 것으로서 항상 생각했는데, 우리는 이세, 이 신경조직에서, 텍스트가 만들어지고, 영원히 상호 엮어져 가며 만들어 낸 생성의 개념을 강조하고 있다.[66]

결국, 헤라르도 디에고에게 미친 공고라의 영향은 단지 17세기 바로크 문학이 재평가된 것에 머물지 않고, 20세기 전반 문학의 존재론을 새롭게 정립하는 데 중요한 디딤돌이 되었다.

---

64. Allen Young(2015), "Solving for X in Gerardo Diego's *Fábula de Equis y Zeda*", Hispanófila, 175, 218.
65. Jorge Luis Borges(1981), *Otras inquisiciones*, Alianza, 115.
66. 롤랑 바르트(1990), 《텍스트의 즐거움》(김명복 옮김), 연세대학교 출판부, 69.

라파엘 알베르티

일반적으로 시인 등 문학가는 어떤 특정 사조나 세대와 관련된다. 라파엘 알베르티의 경우 보통 27세대의 일원으로 간주하지만, 그는 20세기를 거의 온전히 살았던 오랜 생애(1902~1999)만큼 시대에 따라 다양한 시적 경향을 보여주었다. 일찍이 리카르도 구욘Ricardo Gullón은 1963년에 발간된 문학지 《인술라Ínsula》에서 알베르티의 작품을 다섯 가지 경향으로 분류했다. 그중 전반부에 해당하는 것으로 첫째, 스페인의 전통 가요집과 고전 시인들의 작품에 매료된 시기에 나온 《지상의 마도로스Marinero en la tierra》(1924), 둘째, 1927년 이후 언어유희 등에 기반한 공고라의 영향을 받은 시기에 레비스타 데 옥시덴테 출판사에서 나온 《석회와 돌Cal y Canto》(1928), 셋째, 실존적 위기 후에 초현실주의 방식으로 쓴 《천사에 관하여Sobre los ángeles》(1929) 등이 있다.[67]

이 중에서 알베르티의 작품 속에 스페인의 전통 중에서도 공고라의 흔적이 짙게 남아있는 시기를 살펴볼 것이다.

알베르티는 《석회와 돌》로 27세대 시인 누구보다도 이 바로크 시인의 전통을 잘 드러냈다. 그것은 이 시집의 4장을 〈돈 루이스 데 공고라 이 아르고테를 기념하며(1627-1927)〉라고 이름하고 〈세 번째 고독Soledad tercera〉으로 명명한 데서도 알 수 있다. 공고라의 《고독Soledades》이 〈첫 번째 고독Soledad primera〉과 〈두 번째 고독Soledad segunda〉으로 구성되고 작품이 완결되지 않은 채 끝난 것을 고려하면, 〈세 번째 고독〉이라는 명명은 그의 시학을 이어가겠다는 알베르티의 의지 표현으로 보인다. 더불어 〈세 번째 고독〉은 공고라의 시 형식을 따르고 있다.

이러한 면에서 솔리타 살리나스 데 마리찰Solita Salinas de Marichal은 다마소 알론소가 주목했던 공고라 시어의 음악성과 시적 재현 사이의 밀접한 관련성이 알베르티의 시에서 나타나는데, 더불어 이들 사이에 색채 표현에서도 유사성이 드러난다고 말한다.[68]

은유의 사용에서도 공고라의 영향이 보인다. 대표적인 예로 공고라가 《고독》의 첫 부분에서 꽃이 피는 4월에 해당하는 별자리 타우로스를 떠올리고 황소로 변장한 제우스 신화를 가져와서 황소와 하늘을 연결한 것처럼, 알베르티 역시 〈이봐, 투우야!¡Eh, los toros!〉에서 하늘을 가리키기 위해 황소를 사용하고 있다.

그런데, 알베르티의 은유는 황소를 단지 창공으로만 연결하는 것을 넘어 모든 공간을 동물화하면서 하늘, 땅, 바다 모두를 동시에 황소와 관련을 맺게 한다.[69] 이는 알베르티가 공고라의 전통을 단지 수용하는 데만 머물지 않고 이를 새로운 문맥 속에 담아내려고 했음을 떠올리게 한다.

이런 면에서 알베르티가 시집의 제목을 '석회와 돌'로 정한 것은 여러 의미를 내포한다. 먼저 이 두 가지는 건축 재료를 나타낸다. 석

---

67. Carlos Marcial de Onís(1974), *El surrealismo y cuatro poetas de la generación del 27*, José Porrua Turanzas, 152-153 재인용.

68. Solita Salinas de Marichal(1975), *El mundo poético de Alberti*, Gredos, 161-162.

69. 같은 책, 155.

회는 이 시인이 태어난 스페인 남부 안달루시아에서 담벼락 등을 만들 때 사용하는 저렴한 재료이며, 'canto'로 표기되는 조금 큰 돌 역시 자연 속에서 손쉽게 구할 수 있는 재료이다. 그런데 'canto'는 돌이란 뜻 이외에 노래라는 의미가 있다. 이렇게 해석될 때 이 제목이 갖는 의미는 또 다른 차원으로 넘어간다. 'canto'가 소네트나 리라 같은 정형적인 운율의 고전 시 형식을 지니는 아름다운 시나 노래를 의미한다면, 'cal'은 불규칙한 형태로 새롭게 나타난 20세기 전반의 다양한 사조들ísmos을 의미한다. 또한, 고전적인 조화나 시적 이상에 전혀 걸맞지 않은 채 세속적인 요소들을 대표하는 현대 문명의 이기와 관련된다. 예를 들어 〈전차 표 연가Madrigal al billete del tranvía〉에는 고전적이고 시적인 어휘와 현대 물질문명의 산물로 전혀 시적이지 않은 어휘가 혼합되어 있다. impávido굳건한, pétalo꽃잎, finado고인과 같은 고전 전통에서 나온 시어들과 billete표, 지폐, tranvía전차 같은 전통적인 시어에서 거리가 먼 어휘들이 함께 혼재된 것이다. 이 밖에 이 시집에는 전차, 수상 비행기, 자동차, 기차, 비행장, 자전거, 케이블카, 주유소, 전신, 축음기, 전화, 사진 등 현대 문명에서 비롯된 어휘들이 고전적인 시어들과 함께 들어 있다.

이러한 면에서 볼 때, 페드로 살리나스는 이 작품이 단순히 공고라의 모방이나 영향의 산물이 아니라 공고라에서 비롯된 전통의 산물이라고 말한다.[70] 말하자면, 알베르티의 이 작품이 공고라를 추모하는 당대의 분위기에 편승하여 나타난 것으로, 그의 초기 시 단계에서 다음 단계로 넘어가는 과도기적인 작품이 아니라 그 자체의 미학을 내포하고 있다는 것이다. 이는 시대의 변화에 알맞은 시적인 개혁을 계속해서 시도했던 그의 시정신에도 부합한다.

제목 'Cal y canto'가 갖는 또 다른 의미는 여기에 전치사 a를 덧붙여 'a cal y canto'가 되면 아무도 들어가거나 나갈 수 없이 밀폐된 곳을 의미한다. 이는 오르테가 이 가세트가 1925년에 발간한《소설에 대한 개념Ideas sobre la novela》에서 언급한 '불침투성'을 떠올리게 한다. 문학 작품이 외부 현실과 관련을 맺는 것이 아니라 이와는 독립된 채 그 자체로 완결된 체계를 이룬다는 것이다.

이렇듯 알베르티는 제목부터 다양한 의미를 상정하며, 새로운 물질문명이 도래한 20세기 전반에 이전의 전통을 어떻게 받아들일 것인가를 고민했다.

신화적인 요소를 사용하는 데서도 공고라의 흔적을 볼 수 있는데, 이러한 면을 현대적인 문맥 속에 녹여내고 있다. 〈엘리베이터의 비너스Venus en ascensor〉가 대표적인 예이다. 총 8연으로 구성된 이 시는 7개의 하늘 또는 건물로 보면 7개의 층에 따라 고전 신화에 나오는 신들이 거주한다.[71] 시는 전체적으로 보면 시적 화자가 어느 건물에 도착해서 그곳의 각 층에 있는 신화 속의 인물들인 비너스, 에로스, 아폴로, 오르페우스, 케레스, 바쿠스, 가니메데스, 이카로스, 나르시스를 차례로 보고 그들을 묘사하는 내용을 담고 있다.

시적 화자가 먼저 현관에 도착하고 그 후 층별로 올라가는데 그

---

70. Pedro Salinas(1983), *Literatura española siglo XX*, Alianza, 188.

71. 서양에서 7은 성경의 요한계시록에 중요한 숫자로 등장하는 것처럼, 완전한 수로 여겨지며 전통적으로 하늘이 7개로 구성되어 있다고 보았다.

중 몇 곳을 묘사하면 다음과 같다.

목재와 철사로 만들어진
아이 비너스 마네킹. 엘리베이터
— 좋은 아침이에요. 경비님. (꽃으로 된 빗자루를 든 여자 경비)

1층[72]

애정 사건을 다루는 변호사와 공증인
예복, 외눈 안경, 사각모의 에로스,
자신의 재판관들을 바라본다.
5천 개의 점화플러그가 필요한 엘리베이터로

2층

서류를 만드는 회사. 시를 쓰는 사무실
넥타이를 안 맨 채 바지 차림으로 있는 아폴로
따분한 채 "말씀하세요."
캔으로 엮어서 만든 그의 왕관
정신이 나간 채 무언가 윤을 내며, "다시 말씀하세요"

(…)

7층

소동이 있는 파란 바 – 성부 하느님, 동정녀 마리아.

목재와 철사로 만들어진

아이 비너스 마네킹. 엘리베이터

— 좋은 밤이에요. 경비님. (꽃으로 된 빗자루가 없는 여자 경비)[73]

MANIQUÍ.Venus niña, de madera

y de alambre.Ascensores.

– Buenos días, portera. (La portera,

con su escoba de flores.)

PRIMERO:

Abogado y notario de los males de amores.

Eros, toga, monóculo y birrete,

---

72. 여기서 1층은 한국에서는 2층에 해당하지만, 1층으로 번역한 것은 전술한 바와 같이 건물이 7층으로 되어 있다는 7이라는 숫자의 상징성을 나타내기 위해서이다.

73. Rafael Alberti(1978), *Cal y canto*, Seix Barral, 67-69.

clava a sus señorías
en el arco voltaico de un billete
de cinco mil bujías.

SEGUNDO:

Agencia de tinteros. Despacho de poesías.

Apolo, en pantalones, sin corbata
–"Diga usted"–, aburrido,
su corona de pámpanos de lata
–"Repita"– lustra, ido.

(...)

SÉPTIMO:

Bar azul del escándalo: Dios Padre y la Paloma.

Maniquí, Venus niña, de madera
y de alambre. Ascensores.
-Buenas noches, portera. (La portera,
sin su escoba de flores.)

이 시에서 알베르티는 고전 신화가 갖는 신성함을 해체하며 이를 현대적인 문맥 속에 새로이 자리 잡게 한다. 현관에서 본 비너스는 고전 전통에서는 대리석으로 된 존재지만, 여기서는 일상에서 볼 수 있는 목재와 철사로 만들어진 마네킹의 형태로 되어 있다. 한편, 바다 거품에서 태어난 비너스가 지나가는 길에 꽃이 피어났다고 하는데, 여기서는 여자 경비가 들고 있는 꽃으로 된 빗자루가 만들어졌다고 볼 수 있다. 1층에서 만난 사랑의 신 에로스는 남녀 간의 복잡한 애정 사건을 다루는 변호사 또는 공증인의 모습으로 재판관 앞에 있다. 이성과 질서를 상징하는 아폴로는 2층에서 각종 서류를 만드는 사람으로 제시되어 있는데, 자기 일이 따분한 듯 다른 데 정신을 팔며 고객의 말을 건성으로 듣고 있다. 마지막 7층에는 여러 가지 소동이 일어나고 있는 카바레 같은 비가 있다. 하느님과 성모 마리아를 경배하는 기독교의 신성한 전통을 1920년대의 문맥에서 시끄럽고 소란스러운 바에서 열광하는 사람들의 모습으로 바꾸어놓고 있다.

이렇듯 알베르티는 공고라의 전통을 이어받은 한편으로 이를 해체하고 시대의 변화에 상응하는 또 다른 의미를 창출하였다. 그런데 이는 어떤 의미에서는 공고라가 추구했던 미학과 맞닿아 있다. 그가 시어의 시청각적인 이미지를 극대화하고 고전 신화나 라틴어를 새로운 문맥으로 활용하며 신조어를 만드는 등 시어의 개혁을 통해서 새로움을 끝없이 추구한 것처럼, 알베르티 역시 자신의 시대에 맞는 이미지를 발굴해내려고 하였다. 이러한 면에서 당대에 새롭게 출현한 영화를 시적인 소재로 활용한 것을 주목해볼 수 있다.

영화는 순간적인 이미지를 바탕으로 하며, 시간의 흐름 속에서 계속해서 다른 이미지로 대체되면서 역동성을 드러낸다. 수많은 이미지로 이루어진 영화에 대해 알베르티는 열정을 느꼈는데, 영화와 함께 새로운 시선이 태어났다는 것을 느끼면서 현대적인 삶의 어떤 발명품보다도 이 장르가 그를 사로잡았다고 한다.[74]

> 나는 영화와 함께 태어났어요. 존중해주세요.
> 케이블과 비행기의 연결망 아래에서.
> 왕의 마차는 사라졌고,
> 교황조차도 자동차를 타는 때이다.[75]
> Yo nací -¡respetadme!- con el cine.
> Bajo una red de cables y de aviones.
> Cuando abolidas fueron las carrozas
> de los reyes y al auto subió el Papa.

알베르티는 이렇게 1920년대 영상 이미지로 대변되는 변화된 시대를 이야기한다. 이 시대에는 기존 체제를 수호하는 데 구심적 역할을 하는 교황조차도 새로운 문명의 이기인 자동차를 탄다고 한다.

이렇듯 알베르티는 한편으로는 공고라의 영향을 받아 전통적인 요소를 자신의 작품 속에 반영하였지만, 다른 한편으로는 아방가르드의 근본적인 성격으로서 새로움에 대한 탐색을 계속했다. 영화에 대한 관심은 이러한 면을 나타낸다고 볼 수 있다. 그런데, 이는 궁극적으로 시어의 혁신에 부단한 관심을 기울였던 공고라로부터 이어받은 전통과 연결될 것이다.

2) 케베도와 27세대 시인들

20세기 전반 케베도에 대한 관심과 초현실주의

스페인 바로크 시대에서 기발한 은유와 이미지를 바탕으로 과식주의를 표방한 공고라와는 다르게 케베도는 인간과 사물에 대한 예리한 사유에 기반을 둔 기지주의를 내세웠다. 시어의 혁신을 모색했던 공고라가 자신을 둘러싼 현실과 유리된 채 문학의 내재적 가치를 중요시했다면, 케베도는 시대의 현실에 대한 신랄한 인식을 문학 속에 투영하였다. 이는 16세기 후반부터 본격화된 스페인 제국의 쇠퇴를 지켜보며, 이를 시간, 죽음 등의 소재를 사용해 문학적으로 형상화한 데서 나타난다. 다음 소네트 〈모든 것이 죽음을 예고하는 모습이구나Enseña cómo todas las cosas avisan de la muerte〉는 해가 지지 않는 제국의 영광을 뒤로하고 쇠약해진 조국의 모습과 이제 늙어서 기력이 없어진 시인 자신의 모습을 병치하여 나타내고 있다.

내 조국의 성벽들을 둘러보았다.
한때는 튼튼했던 성벽들이, 세월의
흐름 속에, 이제는 지치고 허물어져 내려,

---

74. Rafael Alberti(1981), *La arboleda perdida*, Seix barral, 234.
75. Rafael Alberti(1978), *Cal y canto*, Seix Barral, 92.

그 좋던 기력조차 쇠하여 버렸구나.

들판으로 나왔다. 들에는 태양이
얼음에서 갓 풀려난 시냇물을 마시는데,
짐승들은 산그늘이 대낮의 빛을
온통 앗아가 버렸다고 툴툴대고 있었다.

집으로 들어왔다. 집이라고 해야 낡고 낡아
늙은 방의 앙상한 껍질뿐,
나의 지팡이는 더욱 휘고, 힘이 없었다.

나의 칼도 세월을 이기지 못함을 느꼈다.
둘러보며 눈이 닿는 곳마다
죽음에 대한 기억이 가득하구나.[76]

Miré los muros de la patria mía,
si un tiempo fuertes, ya desmoronados,
de la carrera de la edad cansados,
por quien caduca ya su valentía.
Salíme al campo: vi que el sol bebía
los arroyos del hielo desatados,
y del monte quejosos los ganados
que con sombras hurtó su luz al día.
Entré en mi casa: vi que, amancillada,

de anciana habitación era despojos;
mi báculo, más corvo y menos fuerte.
Vencida de la edad sentí mi espada,
y no hallé cosa en que poner los ojos
que no fuese recuerdo de la muerte.

두 번째 연에서 산과 짐승은 각각 스페인 제국과 민중을 의미한다. 따라서 산그늘이 빛을 앗아가서 민중들이 불평한다는 것은 한때는 해가 지지 않는다던 거대한 제국의 쇠퇴와 그로 인해 힘든 삶을 영위하는 민중들의 모습을 형상화한다.

따라서 거스를 수 없는 시간의 흐름 끝에 죽음이 기다리고 있다는 마지막 연은 고야의 그림 〈자식을 잡아먹는 사투르누스〉를 떠올리게 한다. 사투르누스는 자신의 권좌를 빼앗기지 않기 위해 태어나는 자식들을 잡아먹었다. 그런데 그리스 신화에서 크로노스로 불리는 이 신은 시간의 신이다. 결국은 시간이 모든 것을 집어삼킨다는 은유로 읽힐 수 있다.

이렇듯 케베도는 시대적 문맥을 바탕으로 시간과 죽음의 문제를 깊이 있게 성찰한 시인이다. 스페인적인 문맥과 인간의 문제를 문학적으로 신랄하게 형상화는 데 성공한 케베도가 특별한 굴곡 없이 문학사에서 부단한 영향력을 행사해왔던 반면 현실과 유리된 내용

76. Francisco de Quevedo(2008), *Poesía varia*, Cátedra, 116.

과 난해한 언어의 사용으로 공고라는 문학사에서 상당 기간 부정적인 평가를 받아왔다.

그런데 20세기 전반기에 이르러 문학과 예술에서 인간적인 감정을 드러내는 것을 벗어나려고 했던 아방가르드의 영향을 받은 문학가들은 케베도보다는 공고라에게 관심을 돌렸다. 27세대 시인들이 그동안 별 주목을 받지 못했던 공고라를 재평가하며 특별히 조명한 데 반하여, 케베도에 대해서는 이렇다 할 기념행사나 추모하는 움직임을 보여주지 않았다.

하지만 겉으로 확연히 드러나지는 않았지만 케베도의 영향은 지속해서 이어졌다. 1910년에서 1930년 사이에 케베도의 시 작품이 새롭게 발간되기 시작했는데, 1910년에서 1913년 사이에 아우렐리아노 페르난데스 게라가 메넨데스 펠라요Menéndez Pelayo의 서문이 들어 있는 케베도 전집을 발간했고, 아스트라나 마린Astrana Marín은 1921년에 케베도의 대표적인 작품들을 선별하여 발간하였다. 이어 팔라우는 1932년 케베도 전집을 다시 출간하게 된다.[77]

케베도에 대해 나타난 이러한 관심은 넓게 보면 세르반테스, 프라이 루이스 데 레온, 산 후안 데 라 크루스 등 고전 작가들이 새로이 읽히는 당대의 분위기와도 연결된다고 볼 수 있다. 하지만 케베도에 대한 관심에는 또 다른 맥락이 작용한다. 그것은 18, 19세기 스페인을 대표했던 화가 고야의 죽음 100주년과 관련이 있다.

고야에 대한 추모는 공고라 문학의 성격과 다른 스페인 문학 및 예술 전통에도 관심을 환기하는 것으로 나타났는데, 27세대 형성에 영향을 미친 문학지 《가세타 리테라리아》는 공고라의 죽음 300주년

기념호에 고야의 죽음 100주년을 기념하는 특별호 계획이 있음을 알렸다. 이는 당시 시인들 사이에 관심의 초점이던 공고라의 미학과는 다른 성격의 예술을 떠올리게 했다.

> 상반되는 미학적 경향, 서로 다른 직업, 2세기나 차이 나는 두 예술가, 공고라와 고야를 연속적으로 기념하는 일은 놀라움을 던져주는데, 이를 통해 그들에 대해 알아보고, 상호 관련성을 찾아보며 심지어는 미학적으로 서로를 대체할 가능성이 있는지 탐색해보게 한다. 어느 지점까지 고야는 스페인의 예술적인 발전 행렬에서 공고라와 훌륭하게 연결되는 고리인가? 현재까지 모든 비평가는 공고라에 대해서 한 시대를 닫게 하는 존재로 보려고 했다. 하나의 정상. 한 문화의 멋진 마무리. 고야에 대해서는 그 반대다. 한 시대를 여는 사람. 여명의 열쇠. 완전히 새로운 지평을 개척한 이다.[78]

공고라의 문학이 오르테가 이 가세트가 주창한 현실 반영을 회의하는 '예술의 비인간화' 등 새로운 예술 운동과 직접적인 관련을 맺으며 1920년대 문학계에 널리 회자하였다면, 고야의 회화는 이와는 다른 현상 즉 인간의 실존과 내면을 초현실주의의 전망 아래 탐색

---

77. 호세 루이스 칼보 카리야(José Luis Calvo Carilla, 1992)는 1927년을 기점으로 공고라에 대한 관심이 점차 케베도로 이행된다고 말한다(*Quevedo y la generación del 27 [1927-1936]*, PRE-TEXTOS, 9).
78. 같은 책, 33-34 재인용.

했던 것으로 새롭게 조명을 받았다. 이 화가에 대한 추모는 자연스럽게 그의 미학과 관련이 깊었던 케베도에 대한 관심으로 이어졌다. 바예 잉클란이 자신이 창조한 에스페르펜토 미학의 선구자들로 세르반테스, 케베도, 고야를 언급한 것은 그 한 예이다.

케베도의 문학은 이러한 고야 회화의 연장 선상에서 생각될 수 있다. 또한, 그의 문학은 인간의 실존적 감정에 기반을 둔 19세기 낭만주의 분위기와도 관련이 있다. 이는 당시에 '비인간화' 예술과는 또 다른 예술적인 흐름으로 '후기 낭만주의'가 떠오른 것과 관련을 맺는다. 칼 보슬러Karl Vossler는 이와 관련하여 그라시안과 함께 케베도는 낭만주의와 후기 낭만주의 그리고 현대 니힐리즘에서 보이는 급진적 염세주의의 선구자라고 말한다.[79]

이렇게 케베도는 아방가르드 이전의 인문주의적 전통과 관련해서 의미를 더 부여받았다. 당시 로르카, 알베르티를 비롯한 27세대의 젊은 시인들은 고야의 그림에서 받은 느낌처럼 케베도의 시에서 인간의 비극적 감정과 실존의 문제 특히 죽음에서 비롯된 감정과 비극적 사랑의 느낌이 심도 있게 자리 잡은 것을 보았다. 따라서 이미 정전화된 스페인 바로크 문학 중에서 케베도의 문학이 당시 시인들에게 동시대적인 감수성으로 읽히기 시작하였다.

먼저 케베도의 문학에 내재해 있는 죽음과 사랑의 문제에 대해 살펴보자. 케베도는 여러 작품에서 죽음의 문제에 대해 철학적 성찰을 하였다. 그는 인간이 죽음에 대해 두려움을 갖는 것은 죽음 자체에서 비롯되었다기보다는 그에 대한 해석, 즉 죽음에 대한 관념에서 비롯된다고 본다. 《요람과 무덤》 등에 이르기까지 케베도의 저작에 나오는 죽음에 관한 생각 역시 이러한 맥락에서 이루어졌다. 하지만 그 이후의 글에는 죽음이 삶에 내재해 있기에 자연스럽게 받아들여야 한다는 스토아적인 사고에서 벗어나 죽음에 대한 두려움을 긍정적으로 찬양받을 수 있는 두려움과 어리석고 비난받아야 하는 두려움으로 구분한다. 영혼의 문제와 결부하여 죽음에 대한 느낌과 평가가 달라지는 것이다.

> 인간이 죽음을 영혼의 병이기에 두려워한다면, 죽음에 대한 공포는 유익하고 긍정적으로 찬양받을 만할 것이다. 그러나 육체의 고통 때문에 죽음을 두려워한다면 그것은 우둔한 범죄일 것이다.[80]

죽음을 육체의 죽음과 영혼의 죽음으로 구분하고, 영혼의 병과 죽음을 두려워했던 것은 바로 케베도가 기독교 교리의 중심으로 회귀했다고 볼 수 있다. 말하자면, 기독교적으로 죽음을 해석하며 기존에 갖고 있던 스토아주의와 거리를 두고 있다. 그는 또한 병과 죽음에 대한 두려움을 다룬 여러 서신에서 죽음에 대해 평가하며, 이전에는 다루지 않은 나쁜 죽음에 대해 경계하였다.[81] 이러한 면은 노년에 이르러 죽음의 그림자가 드리웠을 때, 죽음에 대한 스토아적인 냉정보다는 영혼의 구원에 대한 기독교적 교리에 좀 더 다가선 것으로 해

---

79. 같은 책, 64 재인용.
80. Karl Alfred Blüher(1983), *Séneca en España*, Gredos, 474 재인용.
81. 같은 책, 472-474.

석해볼 수 있다. 한편, 블뤼허는 분노 역시 인간에게 필요한 감정이라는 케베도의 말을 인용하며, 케베도의 후기 사상이 평정심을 바탕으로 인간의 감정을 배제하려 했던 스토아 사상에서 멀어지고 있다고 분석했다.[82]

실제로 우리는 케베도가 본질적으로 일생을 통해서 서로 모순되는 사유에서 자유롭지 않았음을 생각해볼 수 있다. 스토아 사상이 외부 세계에 현혹되지 않고 평정심을 유지하여 인식의 불확실성을 극복하려고 했다면, 케베도의 문학 속에는 조화와 평안을 가져다주지 못하는 '현재'의 삶에 대한 통렬한 인식이 나타난다. 한 곳에 정주하지 못하고 계속해서 흘러가는 시간 속에서 케베도는 자신 역시 온전한 정체성을 확보하지 못하고 계속해서 타인으로 남을 뿐임을 표현했다. 한 소네트에서 그는 "오늘은 한순간도 머물지 않고 가고" 있다고 말하며, 나 역시 시간처럼 계속해서 다른 사람으로 살아간다고 고백한다. 이는 내가 자기동일성을 확보하지 못하고 계속해서 다른 이로 남을 수밖에 없음을 토로한 것이다. 스토아주의가 불확실한 시공간에 주의를 빼앗기지 않고 무감동을 통해 온전한 자기 인식과 마음의 평정을 최고의 가치로 추구하였다면, 케베도는 시간의 흐름 속에서 자신이 무수한 또 다른 존재들로 분화할 수밖에 없음을 고뇌하였다. 이것은 그가 추구하였던 스토아의 원리에 앞서 그의 실존적인 삶 속에서 쉽게 해결될 수 없었던 "통제할 수 없는 흐름 속에 삽입된 존재의 불연속성"[83]에 대한 고민이었다. 삶에 대한 격정에서 초연하고자 했던 케베도의 스토아적 성찰 너머에 물리칠 수 없는 삶에 대한 열망이 자리 잡고 있었다. 그의 사유가 스토아적인 금욕과 평정을 주장하는 단선적인 사고로만 한정되지 않았다. 다음 〈죽음 저 너머의 영원한 사랑Amor constante más allá de la muerte〉이라는 시에는 이성과 감정 사이의 끝없는 갈등과 그로 말미암아 완전한 조화와 평안함이 주어지지 않은 케베도의 모순된 시선이 보인다.

> 하얀 날이 나를 데려갈 죽음의 마지막 그림자가
> 나의 눈을 꼭 감길 수는 있겠지.
> 영혼의 안타까운 간청에 귀 기울여
> 시간이 이 나의 영혼을 풀어 놓을 수는 있겠지.
>
> 그러나 못할 거야. 이 세상 강가에 그 불타오르던
> 기억까지 남겨두고 떠나진 못할 거야.
> 나의 불길은 아무리 차가운 물이라도 헤엄쳐 갈 줄 아나니,
> 아무리 준엄한 법칙이라도 깨뜨릴 줄 아나니
>
> 사랑에 갇혀 사는 것이 하늘 같은 기쁨임을 알았던 이 영혼,
> 그 많은 불길을 오히려 북돋아 주기만 하던 이 핏줄들,
> 물불 모르고 그토록 영광스럽게 불타오르던 나의 골수들.

---

82. 같은 책, 477.
83. Charles Marcilly(1978), "La angustia del tiempo y de la muerte en Quevedo", *Francisco de Quevedo*, Ed. Gonzalo Sobejano, Taurus, 79.

그 육체는 놓고 가겠지. 그러나 그 열정은 그렇게 못할 거야.

재로 되겠지. 하지만 느낌은 들 것이며,

먼지로 되겠지, 하지만 사랑에 불타는 먼지가.[84]

Cerrar podrá mis ojos la postrera
Sombra que me llevare el blanco día,
Y podrá desatar esta alma mía
Hora, a su afán ansioso lisonjera;

Mas no de esotra parte en la ribera
Dejará la memoria, en donde ardía:
Nadar sabe mi llama el agua fría,
Y perder el respeto a ley severa.

Alma, a quien todo un Dios prisión ha sido,
Venas, que humor a tanto fuego han dado,
Médulas, que han gloriosamente ardido,

Su cuerpo dejará, no su cuidado;
Serán ceniza, mas tendrá sentido;
Polvo serán, mas polvo enamorado.

이 시에 드러나듯 인간은 죽은 후 이 세상의 모든 기억을 레테의 강을 건너면서 내려놓아야 한다. 케베도는 이 준엄한 자연의 법칙을 거슬러서 죽음이 우리 삶의 모든 것을 앗아가더라도 사랑의 열정만은 죽음 이후에도 계속해서 가져가겠다는 열망을 고뇌 속에 표출하였다.

많이 회자하는 이 시를 통해 알 수 있는 것은 신스토아주의를 바탕으로 케베도가 정치·사회적 질서를 세우는 담론과 마땅히 따라야 할 도덕 규범을 제시했지만, 그의 내면에는 삶에 대한 실존적 고뇌가 계속해서 이어졌다는 사실이다.

결국, 스페인 제국의 쇠퇴가 본격화된 시기를 살았던 케베도는 시대의 위기를 개인적 고뇌와 연결하면서 이를 자신의 시 속에 응축하여 담아냈다. 케베도의 이러한 면은 인간 실존의 모순적인 면을 드러내며, 27세대의 시인들과 연결된다. 그들 각자가 느끼는 삶의 다양한 감정이 케베도의 시에 내재하였기 때문이다.

그런데, 케베도의 이러한 실존적 전통 이외에 그의 작품에 내재한 초현실주의적인 요소 역시 당대 아방가르드 예술의 전개와 더불어 조명받기 시작했다. 특히 이러한 요소는 프랑스의 시인 앙드레 브르통이 주창한 초현실주의와는 다른 스페인 내부의 문학 전통에서 유래한 '초현실주의적인' 요소라는 데 의미가 있다. 그것은 또한 인간 존재의 내면을 들여다본다는 점에서 고야로부터 이어진 예술 전통과 관련이 있다.

그러기에 라파엘 알베르티는 눈에 보이는 현실 너머의 것을 상

---

84. Francisco de Quevedo(2008), *Poesía varia*, Ed. James O. Crosby, 255-256.

정하는 스페인의 초현실주의는 외부에서 유입된 것 이외에 스페인의 문학 전통 속에 이미 그러한 요소가 내재하여 있음을 다음과 같이 표현한다.

> 스페인에서 일군의 시인들이 앙드레 브르통André Breton과 루이 아라공Louis Aragon에 의해서 주도된 프랑스의 아방가르드 운동인 초현실주의 운동의 영향을 받게 되었다. 여기에는 혼란이 뒤따랐다. 이 운동을 따르는 시인들은 프랑스 비평가들이 선언문을 통해 이 운동을 정의하고 자신의 의견을 표명하기 훨씬 이전부터 스페인에 이미 초현실주의가 존재했었다는 것을 알고 있었다. (우리가 초현실주의를 비논리적인 것, 무의식적인 것, 기괴한 것, 꿈, 부조리 등에 대한 찬양으로 이해한다면 말이다) 스페인의 초현실주의는 바로 대중적인 요소, 일련의 경이로운 일들, 민요, 기이한 시 속에 있다. 나는 그 속에서 아직 알려지지 않은 요소들을 도출해내려고 시도했다.[85]

이렇듯 초현실주의가 20세기 초반에 출현한 사조로만 이해되는 것이 아니고 스페인의 문학 전통에 이미 내재하여 있다는 점을 생각해볼 수 있다. 이러한 면을 고려할 때 케베도의 문학에는 가장 견고하고 풍부한 초현실주의 전통이 내재하여 있다. 그의 문학에 나타난 부조리하고 풍자적인 세계는 눈에 보이는 현실 세계를 넘어 인간 존재의 내면을 들여다보게 하는데, 이러한 전통은 고야, 라몬 고메스 데 라 세르나, 바예 잉클란의 '에스페르펜토'를 거쳐 27시대 시인들의 문학과 달리의 회화로 이어져왔다고 볼 수 있다.

여기서는 케베도와 로르카의 관계를 중심으로 이러한 전통이 어떻게 이어져왔는지를 살펴보려고 한다. 이 두 시인 간의 관련성은 기지주의 관점에서 로르카의 시를 분석한 안영옥의 논의처럼 표현 기법적인 면 등 여러 관점에서 생각할 수 있지만, 이곳에서는 케베도 문학의 초현실주의적 문맥이 로르카의 시 세계에 미친 영향을 중심으로 논의할 것이다.

페데리코 가르시아 로르카

가르시아 로르카는 1936년 스페인 내전 발발 이후 프랑코파에 의해 그라나다에서 38세라는 젊은 나이에 비극적 죽음을 맞이하였다. 죽음의 원인을 둘러싼 의문과 그가 남긴 독특한 시 세계로 오늘날 세계적으로 가장 잘 알려진 스페인 시인으로 자리매김했다.

그는 1920년대 후반 살바도르 달리, 루이스 부뉴엘과 함께 초현실주의 운동을 이끌면서 이질적인 이미지들을 자신의 시적 영감으로 결합해내 또 다른 차원의 시적 현실을 창조하였다. 1928년 발간한 《집시 로만세 가요집Romancero gitano》으로 큰 명성을 얻었으며, 유고 시집으로 나온 《뉴욕의 시인Poeta en Nueva York》은 비논리적 이미지

85. José Luis Calvo Carilla(1992), *Quevedo y la generación del 27 (1927-1936)*, PRE-TEXTOS, 66 재인용.

들이 결합된 초현실주의와 관련해서 주목할 만한 작품이다.[86]

그런데, 독특한 영역을 개척한 로르카의 시 세계와 관련하여 주목할 점은 내용과 형식 면에서 스페인의 문학 전통을 현대적으로 발전시켰다는 것이다. 형식적인 면에서 스페인의 전래 민요 형태를 재해석했고, 소재와 내용 면에서 안달루시아에서 이어져 내려온 정서를 담아냈다. 《칸테 혼도의 노래Poema del cante jondo》에 나오는 〈경악Sorpresa〉은 이와 관련하여 많이 언급된다.

길거리에 죽어 있었어요.
가슴에 칼을 맞고
그를 아는 사람이 아무도 없었어요.
가로등만 무섭게 떨고 있었어요.
어머니.
길거리 가로등만 떨고 있었어요.
새벽이었죠.
굳어진 새벽 대기에 부릅떠 죽은
그의 눈을 아무도 쳐다볼 수 없었어요.
심장에 비수를 맞고 거리에 죽어 있었어요.
그를 아는 사람이 아무도 없었어요.[87]

Muerto se quedó en la calle
con un puñal en el pecho.
No lo conocía nadie.
¡Cómo temblaba el farol!

Madre.

¡Cómo temblaba el farolito

de la calle!

Era madrugada. Nadie

pudo asomarse a sus ojos

abiertos al duro aire.

Que muerto se quedó en la calle

que con un puñal en el pecho

y que no lo conocía nadie.

이 시는 길거리에 아무도 없는 새벽녘 죽임을 당한 사람의 절대적인 고독이 파편적인 전망 아래 그려지고 있는데, 16세기 스페인에

86. 이 두 시집은 로르카의 시 세계에서 서로 대비되는 전망을 보여준다. 시인으로서 로르카를 세상에 알렸던《집시 로만세 가요집》이 집시나 달 등의 안달루시아적인 소재를 사용하며 스페인의 전통에 천착되어 있다면,《뉴욕의 시인》은 지역적 전통에서 벗어나 뉴욕이라는 보편적 도시를 배경으로 한 초현실적인 이미지를 담아냈다. 이러한 변화에 대해 남영우는 당시 오르테가의 '예술의 비인간화' 경향을 따르던 달리 등 전위 예술가들에게《집시 로만세 가요집》의 소재는 구시대적인 퇴행적이라는 비판을 받았기에, 로르카는《집시 로만세 가요집》 출판 이후 고착되어가는 '집시 시인'의 이미지를 탈피하고 지역적 색채를 벗어나고자 한 것이《뉴욕의 시인》으로 나타났다고 본다(남영우(2012), 〈《뉴욕의 시인》에 나타나는 가르시아 로르카의 사회의식(conciencia social)〉,《스페인어문학》, 65, 88-92).

87. Federico García Lorca(1978), *Poema del Cante Jondo, Romancero gitano*, Cátedra, 159.

서 전해져 오는 다음과 같은 노래와 유사한 분위기를 갖고 있다.

눈동자 까만 아가씨가
올리브나무 밑에서 울고 있었어요,
잎 가지가 파르르 떨려요.

예쁜 몸매의 아가씨가
까만 눈에 예쁜 몸매의 아가씨가
죽은 임을 못 잊어 울고 있었어요,
올리브나무 밑에서.
잎 가지가 파르르 떨려요.[88]
Gritos daba la morenica
so el olivar,
que las ramas hace temblar.

La niña, cuerpo garrido,
morenica, cuerpo garrido,
lloraba su muerto amigo
so el olivar:
que las ramas hace temblar.

무엇보다 두 시에 공통으로 나타나는 문체상의 특징은 도치와 반복이다. 전통 시에서 외침, 절규를 나타내는 'Gritos'가 도치되어 문장 앞에 있다면, 로르카의 시는 죽음을 의미하는 'Muerto'로 시작한다. 도치와 함께 또한 주요 문장이 반복되어 나타난다. 이러한 표현으로 고독한 죽음과 그로 인한 비극성이 배가된다. 한편, 처연한 죽음 앞에서 느끼는 슬픔과 두려운 감정을 사물에 감정 이입하여 나타내고 있다. 전통 시에서 올리브 나무 아래에 있는 아가씨의 구슬픈 울음이 나뭇가지를 떨리게 했다면, 로르카의 시에서는 아무도 보는 이 없는 데서 죽임을 당한 사람을 지켜보는 가로등에게 두려운 느낌을 대입시키고 있다. 두 시에서 모두 이러한 감정이입이 반복적으로 나타나면서 절대 고독과 비극성을 강조하고 있다. 이렇게 울음소리가 너무 슬퍼 나뭇잎 가지까지 떨리게 하는 시정의 여운 미가 전술한 시와 같이 가르시아 로르카와 같은 현대 시인들에게 크게 영향을 미치고 있다.[89] 한편, 〈경악〉의 마지막 연에서 반복되는 'que'는 누군가에게 들은 이야기를 전하는 문장 성분으로 이전 전통의 서사적 방식과 연결된다.[90]

이렇게 로르카는 일반적으로 스페인의 문학 전통에서 많은 영향을 받았다고 하는데, 그중에서도 케베도의 영향을 많이 받은 작가이다. 그에게서 케베도의 흔적을 발견한 사람은 파블로 네루다이

---

88. Dámaso Alonso y Eulalia Galvarriato de Alonso (Ed.)(1966), "Canciones", *Primavera y flor de la literatura hispánica I*, Selecciones del Reader's Digest, 202.
89. 민용태(2008), 《스페인 중세·황금세기 문학》, 고려대학교출판부, 156.
90. Daniel Devoto y Leo Spitzer(1984), "Tradiciones y técnicas en la poesía de Lorca", *Historia y Crítica de la literatura española VII*, Crítica, 391.

다.[91] 이 칠레 시인은 스페인 제2공화국 시절 마드리드에서 외교관으로 근무했는데, 이후 스페인 내전을 겪으면서 그의 시 세계는 새로운 변화를 맞이했다. 스페인에서 여러 시인들과의 교류도 이러한 변화에 영향을 미쳤는데 그는 라파엘 알베르티에게 정치의식을, 비센테 알레이산드레에게는 고전 작가들을 보는 안목을 배울 수 있었다고 한다.

이 무렵에 네루다는 로르카를 만나고 그의 시 세계를 접하면서 그에게서 케베도의 흔적을 감지했다. 이후 네루다는 로르카가 죽기 얼마 전에 케베도에 대해서 했던 이야기를 떠올린다. 로르카가 순회 연극단 '라 바라카La Barraca'[92]를 이끌고 연극 공연을 위해 스페인의 어느 마을을 방문했을 때, 그곳에 있는 성당 안에서 케베도의 무덤을 발견하고 느꼈던 상념을 토로했다고 한다.

> 로르카는 어느 성당으로 다가갔고, 어떤 이름을 간신히 읽기 시작했다. 비석에는 다음과 같이 적혀 있었다. '여기 산티아고 교단의 기사인 돈 프란시스코 -로르카는 감정이 북받쳤다기보다는 약간의 공포감을 느끼며 계속해서 읽었다.- 데 케베도 이 비예가스가 잠들어 있다.'(…)
>
> 시인 중에서 가장 위대한 시인이라는 데에는 의심의 여지가 없다. 모든 열정과 지성, 삶과 죽음에 대한 비극적인 개념을 지닌 굉장한 이름 케베도는 이제 사람들이 별로 찾지 않는 마을의 한적한 성당에서 영원히 잠들어 있었다. (…) 그가 그의 시대를 경멸했던 만큼, 그는 보잘것없는 비석 아래 묻힌 것으로 그 시대로부터 부

당한 대우를 당했다. 내게 그 이야기를 했던 로르카는 당혹했고, 정신이 나간 듯했으며, 혼란스러워했고, 슬픈 감정을 내비쳤다.[93]

케베도의 삶과 문학에서 로르카는 자신이 삶과 죽음에 대해 느꼈던 감정을 보았다. 생동하는 삶에 대해 무한한 애정을 느낀 이면에 죽음에 대한 공포에 시달렸다. 이 두 역설적인 감정 사이에 로르카의 삶에 대한 실존적 느낌이 있다. 달, 밤, 죽음 등을 소재로 안달루시아에서 오랜 기간 소외된 채 살아왔던 집시들의 한 서린 문화를 다룬 《집시 로만세 가요집》(1928)에 특히 이러한 삶의 비극적 감정이 잘 나타나 있다. 스페인 사회에서 외면받고 경찰들과 갈등하고 쫓기는 집시들의 애달픈 삶은 단지 이들만의 문제로 한정되지 않고 인간의 삶 속에 있는 보편적 정서로 승화한다.

---

91. 스페인어권 작가 중에서 케베도를 가장 찬양한 이는 네루다라고 한다. 그는 케베도를 기념하는 글에서 케베도의 언어적 재능을 높이 평가하면서 그를 '스페인어의 아버지'라고 생각하기에 이르렀다. José Ángel Baños Saldaña(2017), "*Fue, Será y es*. La consideración de Quevedo como clásico en la literatura contemporanea", *Revista de Estudios Filológicos*, 33, 4.
92. '라 바라카'는 에두아르도 우가르테(Eduardo Ugarte)와 가르시아 로르카가 지도한 대학극단으로 스페인의 여러 지방을 순회하며 연극을 통해 문화를 전파하고 대중을 교육하려는 목적을 가졌다. 이 같은 프로그램은 제2공화국 수립 후에 세워진 문화정책과 경제적 지원으로 가능했으며, 주로 스페인의 고전 작품으로 공연하였다.
93. José Luis Calvo Carilla(1992), *Quevedo y la generación del 27 [1927-1936]*, PRE-TEXTOS, 98-99 재인용.

그렇기에 김은중은 전통을 되살린 로르카의 문학은 '전통의 현대화'가 아니라 '전통의 인간화'라고 역설한다.

> 로르카는 전통이란 단순히 향수에 가득 찬 마음의 고향이 아니라 인간학적 보편성의 인식에 도달할 수 있는 교감의 장場이라고 생각했다. 그렇기 때문에 전통은 일시적인 유행으로서 그 역사적 기능을 다하고 사라져버리는 것도 아니고, 화석화된 채 영원한 생명을 고집하는 것도 아니다. 다시 말해, 로르카에게 전통이란 인간의 삶이 이루어가는 문화적 상대성의 틀 속에서 끊임없이 보편성을 향해 열려 있는 개방적 마당이다.[94]

1935년에 출간된 《이그나시오 산체스 메히아스의 죽음을 애도하며Llanto por Ignacio Sánchez Mejías》를 구성하는 〈황소의 뿔과 죽음La cogida y la muerte〉 부분에서 이러한 면이 잘 드러난다. "오후 5시"가 반복되는 이 시의 뒷부분을 살펴보자.

> 그의 귀에 들리는 뼈다귀와 플루트 소리
> 오후 5시에.
> 투우는 벌써 그의 이마에서 울고 있었다.
> 오후 5시에
> 방은 죽음의 마지막 신음으로 물들었다.
> 오후 5시에
> 멀리서 벌써 세포가 죽어가는 소리

오후 5시에
파란 오금을 타고 울리는 백합 빛 호른소리
오후 5시에
상처는 태양처럼 불탔다.
오후 5시에.
그리고 사람들은 모두 창문을 부쉈다.
오후 5시에.
오후 5시에.
아, 무서운 오후 다섯 시!
모든 시계의 시간은 다섯 시였다!
모든 오후의 어둠은 다섯 시였다![95]

Huesos y flautas suenan en su oído
a las cinco de la tarde.
El toro ya mugía por su frente
a las cinco de la tarde.
El cuarto se irisaba de agonía
a las cinco de la tarde.
A lo lejos ya viene la gangrena

94. 김은중(1999), 〈두엔데: 생명력이 깃든 그늘 - 페데리꼬 가르시아 로르까의 시학 연구 -〉, 《서어서문연구》, 14, 282-283.

95. Federico García Lorca(1966), "La cogida y la muerte", *Primavera y flor de la literatura hispánica III*, Selecciones del Reader's Digest, 451.

a las cinco de la tarde.
Trompa de lirio por las verdes ingles
a las cinco de la tarde.
Las heridas quemaban como soles
a las cinco de la tarde,
y el gentío rompía las ventanas
a las cinco de la tarde.
A las cinco de la tarde.
¡Ay, qué terribles cinco de la tarde!
¡Eran las cinco en todos los relojes!
¡Eran las cinco en sombra de la tarde!

이 시는 여러 가지 다른 이미지들이 콜라주처럼 나열되어 있을 뿐, 각 이미지 간에 논리적인 연관성을 찾을 수 없다. 단지 계속해서 반복되는 "오후 5시에"라는 전혀 시적이거나 감동적이지 않은 구절이 서로 다른 파편적인 이미지들을 끌어당길 뿐이다. 이때 '오후 5시'는 물리적인 시간을 넘어 무언가 새로운 의미를 내포하게 된다. 그것은 투우가 시작되는 시간 또는 오랜 시간과 전통 속에 이어져온 삶과 죽음이 교차하는 시간 나아가 모든 적대적인 힘이 맞부딪히는 그러한 시간으로 점차 변모한다. 이렇듯 이 시는 겉으로 드러난 개별적인 의미 너머의 초현실적인 층위를 상정하게 된다.

투우장에서 벌어진 일을 통해 죽음에 대한 초현실적 이미지를 떠올린 로르카는 더욱 구체적으로 스페인의 전통 속에서 죽음에 대한 이미지를 떠올린다. 〈흩뿌려진 피La sangre derramada〉에는 "오!, 스페인의 하얀 담벼락이여!¡Oh blanco muro de España!/오! 고통스러운 검은 황소!¡Oh negro toro de pena!"라는 표현이 나온다. 여기서 '하얀 담벼락'은 스페인의 도시나 마을 밖에 있는 묘지를 둘러싼 하얀 벽을 떠올리게 하는 죽음의 이미지이다. 이는 케베도가 쇠퇴한 조국의 모습을 돌아보고 노래했던 소네트인 "내 조국의 성벽을 둘러보았다.Miré los muros de la patria mía."를 연상시킨다.

마르티네스 나달Martínez Nadal은 가시적인 현실 너머의 세계를 지향하는 로르카의 이러한 미학이 당대의 초현실주의가 아니라 문학과 예술의 전통 속에 구체적으로 내재했음을 확인한다.

> 로르카의 작품에 보이는 초현실주의는 파리에서 바르셀로나로 들어온 것이 아니다. 그의 문학에 나타나는 모든 것은 몽환적이고 초현실적인 전통을 지닌 세계와 스페인의 오랜 문학과 예술 전통에서 유래된다. 보스코, 《꿈Sueños》의 케베도, 〈이성의 잠은 괴물을 낳는다Los sueños de la razón producen monstruos〉의 고야 등을 향해 있다. 겉으로 드러난 초현실주의의 모습 뒤에 오래된 문화 전통이 항상 감추어져 있다.[96]

---

96. Rafael Martínez Nadal(1974), *El público: Amor y muerte en la obra de Federico García Lorca*. Joaquín Mortiz, 82.

이처럼 로르카는 바로크 문학과 같은 고전을 현대적으로 잘 활용하였다. 여기에는 케베도의 문학 전통에 대한 이해가 자리 잡고 있으며, 이를 통해 로르카는 스페인의 전통에서 비롯된 초현실적인 요소를 작품 속에 담을 수 있었다.

시인으로서뿐만 아니라 이론가로서 로르카는 이성, 질서, 빛을 나타냈던 '뮤즈'나 '천사'에 반해 감정, 혼돈, 어두움, 순간 등과 관련되는 가시적 현실 너머의 초현실적 존재인 '두엔데'를 상정했다. 그는 〈두엔데의 유희와 이론Juego y teoría del duende〉에서 플라멩코 가수 마누엘 토레Manuel Torre의 잘 알려진 말인 "검은 소리가 있는 모든 것은 두엔데를 갖는다"와 니콜로 파가니니Niccolò Paganini 음악에 대해 괴테가 "모든 사람이 느끼는 신비한 힘"이라고 언급한 것을 인용하며, 두엔데는 결국 대지의 정신이며 노래하든 춤을 추든, 연주하든 스페인 남부의 위대한 예술가는 두엔데가 깃드는 것 없이 어떠한 감정도 표현할 수 없다는 것을 안다고 말한다.

로르카는 이러한 두엔데를 기반으로 스페인과 그 밖의 다른 나라가 삶과 죽음을 대하는 방식이 다르다고 보며, 케베도의 문학에 그러한 면이 나타난다고 언급한다.

> 모든 나라에서 죽음은 끝을 의미한다. 죽음이 오고 휘장이 닫힌다. 스페인에서는 그렇지 않다. 스페인에서는 휘장이 열린다. 많은 사람이 죽는 날까지 담벼락 사이에서 산다. 그것을 햇볕으로 끄집어낸다. 스페인에서 죽은 사람은 세계 어느 곳보다 더 살아있다. 이발사의 예리한 칼날처럼 그에게 상처를 입힌다. 죽음 또는

침묵하는 묵상에 대한 농담은 스페인인들에게는 친숙한 것이다. 케베도의 《두개골의 꿈》에서 발데스 레알의 《부패된 주교》까지[97]

이렇듯 로르카는 케베도에게서 죽음에 대한 성찰 등 이성적으로 설명할 수 없는 인간의 비가시적 세계에 대한 시적 탐색을 보았다. 이는 인간의 실존적 경험에서 우러나오는 여러 요소, 예를 들어 불확실한 세계에 대한 고뇌, 쉼 없이 흘러가는 시간에 대한 신랄한 인식, 지상에서 사랑의 유한성, 순간과 영원성의 끊임없는 갈등 등과 연관된다.

로르카의 《사랑의 소네트Sonetos del amor》에 나오는 시 〈시인이 진실을 말한다El poeta dice la verdad〉에는 파괴와 혼돈을 통해서 인간의 사랑과 삶의 물질성을 긍정하는 모습이 나타난다.

나의 고통을 울고 싶다. 네게 이 말을
하는 것은 네가 나를 사랑해달라고,
꾀꼬리 우는 해 질 녘에
칼, 입맞춤, 너와 함께 울어달라고.

나의 꽃들을 살해하려는 유일한
증인을 죽이고 싶다. 그리고 나의 눈물과

---

97. Federico García Lorca(1986), "Juego y teoría del duende", *Obras completas III*, 312.

나의 땀을 튼튼하고 영원한
밀 더미로 만들고 싶다.

너를 사랑해, 나를 사랑하라고 하는 실타래가
노쇠한 해와 늙은 달과 함께
항상 불타올라 끝없이 영원히 감기도록.
네가 주지 않는 것, 내가 요청하지 않는 것은
죽음의 것이 되리니, 전율하는 육신을 위하여
그림자도 남기지 않는 죽음의 것.[98]

Quiero llorar mi pena y te lo digo
para que tú me quieras y me llores
en un anochecer de ruiseñores,
con un puñal, con besos y contigo.

Quiero matar al único testigo
para el asesinato de mis flores
y convertir mi llanto y mis sudores
en eterno montón de duro trigo.

Que no se acabe nunca la madeja
del te quiero me quieres, siempre ardida
con decrépito sol y luna vieja.

Que lo que no me des y no te pida
será para la muerte, que no deja
ni sombra por la carne estremecida.

이 시는 사랑의 힘으로 고통을 이겨내려는 강한 열망을 드러내고 있다. 특히 3연과 4연에 해당하는 부분은 절대 소멸하지 않는 사랑에 대해 언급한다. "네가 주지 않는 것, 내가 요청하지 않는 것은 죽음의 것"이 된다는 말은 모든 것을 휩쓸어가는 죽음조차도 우리의 사랑은 막을 수 없음을 역설적으로 드러내고 있다. 이렇듯 로르카에게 인간 삶의 의미는 합리적 이성이나 논리적 사유에서 기인하는 것이 아니라 거역할 수 없는 운명 속에 표출되는 격정과 삶에 대한 역설적인 감정을 오히려 긍정하며 이를 예술적 창조로 승화시키는 데 있다.

따라서 인간에게 숙명적으로 다가오는 죽음의 조건을 서로에 대한 사랑의 힘으로 극복하려는 이 시의 후반부는 케베도의 〈죽음 저 너머의 영원한 사랑Amor constante más allá de la muerte〉의 주제를 상기시킨다. 거역할 수 없는 죽음을 인정할 수밖에 없지만, 그런데도 사랑에 대한 기억을 끝내 포기할 수 없음을 케베도는 "재로 되겠지. 하지만 느낌은 들 것이며, 먼지로 되겠지. 하지만 사랑에 불타는 먼지가"라는 역설적인 표현 속에 담아내고 있다. 여기서 사랑이 삶을 의미한다면, 먼지는 죽음을 나타낸다. 하지만 사랑과 먼지를 결합하면서 존

98. Federico García Lorca(1986), *Obras completas I*, Aguilar, 943.

재와 무, 삶과 죽음의 경계를 허물고 있다.

호르헤 기옌

로르카와 마찬가지로 호르헤 기옌의 시에는 죽음에 대한 심도 있는 성찰이 들어 있다. 그가 옥스퍼드 대학교에서 초빙교수로 일할 때 썼던 〈멀리서 죽음Muerte a lo lejos〉에는 죽음을 기억하라는 '메멘토 모리'의 경구처럼, 자신의 삶 속에서 언젠가 다가올 죽음에 대한 상념을 암시적으로 그려내고 있다.

…… 그리고 날이 가면 그 많은 날 중 하루가
가장 슬픈 날이 되리라. 열망도 열기도 없이 손은
그대로 펼쳐지리라. 다가오는 운명을 따르며

힘을 알아보며 눈물 없이 말하리라. 덤벼라
정당한 숙명이여. 흰 머리의 벽이
그 법칙을 내게 적용하는 것일 뿐, 우연은 아니다.[99]
...Y un día entre los días el más triste
Será.Tenderse deberá la mano
Sin afán.Y acatando el inminente

Poder diré sin lagrimas: embiste,
Justa fatalidad. El muro cano

Va a imponerme su ley, no su accidente.

언젠가는 다가올 죽음에 대한 고뇌와 더불어 죽음이 우리 삶 속에 있다는 상징으로 기엔의 시에는 로르카의 시에서처럼 '하얀 담벼락'이 나온다. 기엔은 이러한 죽음의 이미지를 스페인의 역사 속에서 계속되어온 것으로 확장하며, 로르카가 언급했던 "아, 스페인의 하얀 담벼락¡Oh blanco muro de España!"을 자신의 시 〈깨어나고 있는 스페인Despertar español〉에서 제사題詞의 형식으로 다시 가져온다.

스페인의 하얀 담벼락!
나는 더 알고 싶지 않다.
운명을 향해 삶이 몰려든다.
아, 영혼 스스로가 결정하는 순간

담벼락 옆에서 계속된다.

다단한 운명에서 온 역경이
나를 떼어놓지 못한다.
결말 없는 부드러운 집착!
진정한 스페인의 하얀 담벼락

---

99. Jorge Guillén(1984), *Cántico*, Seix Barral, 282.

우리의 협약은 진실 속에서 이어진다.[100]

¡Blanco muro de España!

No quiero saber más.

Se me agolpa la vida hacia un destino,

Ahí, que el corazón se convierte en voluntario.

¡Durase junto al muro!

Y no me apartarán vicisitudes

De la fortuna varia.

¡Tierno apego sin término!

Blanco muro de España verdadera:

Nuestro pacto es enlace en la verdad.

이 시는 죽음을 상징하는 '하얀 담벼락'을 제시하며 역사를 통해 스페인에 '죽음'이 계속되었음을 암시한다. 하지만 화자는 피할 수 없는 운명이 계속 이어진다 해도 자신에게 주어진 운명을 거스르지 않고 당당하게 대면하려는 자세를 보인다.

이렇듯 호르헤 기옌은 중세와 황금세기를 거치며 스페인 문학의 소재로 이어져 온 '죽음'의 문제를 자신만의 감수성으로 새롭게 담아냈다. 기옌은 죽음에 대한 대면을 노래했던 스페인어의 전통적인 표현을 효과적으로 드러내며, 도래하는 죽음 앞에서 고뇌하지만 이를 받아들이고 평정심을 갖는다.

죽음에 대한 고뇌는 자연스럽게 시간에 대한 성찰로 이어진다. 시간은 모든 만물을 변하게 하고 사라지게 한다. 이러한 시간 속에 놓인 인간의 삶 역시 한순간도 고정되지 못하고 흘러간다. 이때 계속해서 다른 시간 속에 있는 '나'는 삶 속에서 항상 '다른 나'의 모습으로 남게 된다. 케베도의 소네트 〈산다는 것의 짧음과 살았다는 것의 허무함을 그리다Represéntase la brevedad de lo que se vive y cuán nada parece lo que se vivió〉는 이러한 인식을 신랄하게 드러낸 바로크의 대표적인 시다. 앞서 부분적으로 언급한 바 있지만, 기옌 시와의 비교를 위해 전문을 싣는다.

아, 인생이여! 아무도 대답이 없는가?
지난 세월, 여기 내가 살았었다고…
운명이 나의 인생을 다 뜯어먹어 버리고,
내가 미쳐서 사노라, 시간 가는 줄 몰랐구나.

어떻게 어디로 간 줄도 모르게
건강과 나이는 나 달아나 버리고…
살날은 얼마 남지 않았는데, 살아왔던 날만 보이고,
세상의 온갖 재앙만 나를 에워싸는구나.

---

100. Jorge Guillén(1993), *Clamor.* Ed. F. J. Díaz de Castro, Anaya-Mario Muchnik, 386.

어제는 가 버리고, 내일은 오지 않고,
오늘은 한순간도 머물지 않고 가고 있나니,
나는 '~이었던 그 사람', '~일 그 사람', '~인 피곤한 그 사람'이다.

오늘과 내일, 어제라 하는 것 속에,
어린아이 기저귀와 염하는 옷이 함께 들어 있었던 것을…
나는 방금 죽은 사람의 계속된 행렬일 뿐.[101]

«¡Ah de la vida!»… ¿Nadie me responde?
¡Aquí de los antaños que he vivido!
La Fortuna mis tiempos ha mordido;
las Horas mi locura las esconde.

¡Que, sin poder saber cómo ni adónde
la Salud y la Edad se hayan huído!
Falta la vida, asiste lo vivido,
y no hay calamidad que no me ronde.

Ayer se fue; Mañana no ha llegado;
Hoy se está yendo sin parar un punto:
soy un fue, y un será y un es cansado.

En el Hoy y Mañana y Ayer, junto
Pañales y mortaja. Y he quedado

Presentes sucesiones de difunto.

이 소네트는 기옌에게 직접적인 영향을 미쳤는데, 그는 특히 '삶을 살아가기 위한 기술Ars vivendi'에 대해 말한 자신의 시에서 "죽은 사람의 계속된 행렬일 뿐"이라는 케베도의 소네트 한 구절을 시의 시작 부분에 직접 인용하고 있다. 따라서 케베도의 영향을 받은 이 시의 기본적인 동기는 연속적인 시간의 흐름 속에 놓인 인간의 실존적 삶을 표현한 데 있다.

시간이 흐르고 나는 시간을 보내기에 한숨 짓는다.
비록 내가 내게 머물러 있고, 그러한 사실을 알고 이야기할지라도
맑은 하늘 아래 천천히 행진하는
—그 행진은 결코 나의 것이 아니다— 시계로서가 아니다.

계산해보고 알게 되고 한숨 짓는다.
—내 경우 예외가 아니다— 그리고 현재 70대인 나.
내가 다루고 있는 것이 쉽게 부서지는 것임에도 불구하고
현재의 나의 열망은 식을 줄 모른다.

아, 신이시여, 나는 진실로 유한한 존재임을 압니다.

---

101. Francisco de Quevedo(2008), *Poesía varía*, Ed. James O. Crosby, Cátedra, 158-159.

하지만 결국 나의 흐름을 앗아갈
그 순간은 사멸하지 않지요.
이 시간은 최후의 시간이 아니다.
앞으로 삶이 있는 동안
이 시간은 살아있는 사람의 계속된 행렬일 것이다.[102]

Pasa el tiempo y suspiro porque paso,
Aunque yo quede en mí, que sabe y cuenta,
Y no con el reloj, su marcha lenta
–Nunca es la mía– bajo el cielo raso.

Calculo, sé, suspiro –no soy caso
De excepción– y a esta altura, los setenta,
Mi afán del día no se desalienta,
A pesar de ser frágil lo que amaso.

Ay, Dios mío, me sé mortal de veras.
Pero mortalidad no es el instante
Que al fin me privará de mi corriente.

Estas horas no son las postrimeras,
Y mientras haya vida por delante,
Serán mis sucesiones de viviente.

기옌의 시는 몇 가지 면에서 케베도의 시와 비교될 수 있다. 이 소네트의 마지막 행 "방금 죽은 사람의 계속된 행렬일 뿐"이라는 표현은 기옌의 소네트 마지막 행에서는 "살아있는 사람의 계속된 행렬"로 표현된다. 이는 기본적으로 헤라클레이토스의 유명한 말 '누구도 같은 강물에 발을 두 번 담글 수 없다'를 떠올리게 한다. 강물이 계속해서 흘러가기에 우리가 접하는 강물이 항상 다른 것처럼, 시간의 흐름 속에서 인간은 항상 다른 존재로 변할 수밖에 없음을 나타낸다. 디에스 데 레벵가Díez de Revenga는 이러한 관련성이 각각의 시 속에 어떠한 방식으로 나타났는지를 좀 더 구체적으로 살펴보고 있다. 예를 들어 "나는 '~이었던 그 사람', '~일 그 사람', '~인 피곤한 그 사람'일 뿐이다."는 "현재의 나의 열망은 식을 줄 모른다."와 비교된다. "오늘은 한순간도 머물지 않고 가고 있나니"라는 케베도의 표현은 기옌에게 순간은 사멸하지 않고 계속 이어진다로 나타난다. 또한, 케베도의 "시간las horas"은 기옌의 "시계reloj"의 이미지로 나타나는데, "내가 미쳐서 사노라, 시간 가는 줄 몰랐구나."라는 말은 "맑은 하늘 아래 천천히 행진하는 – 그 행진은 결코 나의 것이 아니다 – 시계로서가 아니다."라는 표현과 관련된다.[103]

우리는 기옌과 케베도의 시 모두에서 순간성과 역동성을 특징으로 하는 바로크적 시간관을 엿볼 수 있다. 그런데, 기옌은 케베도

---

102. Jorge Guillén(1993), *Clamor.* Ed. F. J. Díaz de Castro, Anaya-Mario Muchnik, 510.
103. Francisco Javier Díez de Revenga(2004), "Más sobre la recepción de Quevedo por los poetas del siglo XX: (Quevedo y Jorge Guillén)", *La Perinola*, 8, 118-119.

의 시간에 대한 사유를 받아들이면서도 이를 또 다른 전망으로 이끌어간다. 그것은 인간의 유한한 삶에 대한 다른 시각이다. 케베도가 한순간도 멈추지 않고 흘러가는 시간의 냉혹한 흐름에 대해 염세적인 시선을 갖고 있다면, 기옌은 그러한 흐름에서도 살아가는 것에 대한 낙관적인 시선을 던지고 있다. 케베도 시의 마지막 구절에 나오는 '죽은 사람difunto'을 자신의 시에서는 관점을 변화시켜 '살아있는 사람viviente'으로 바꾸어 놓음으로써 삶에 대한 유쾌한 긍정을 드러내고 있다. 이는 '삶의 기술'이라는 제목에서부터 나타난다. 케베도의 시가 '죽음의 기술Ars moriendi'을 떠올리게 했다면, 그는 이를 뒤집어서 죽음에 앞서 계속해서 진행되는 삶을 응시했다.

기옌은 이러한 방식으로 바로크 시인의 사유를 동시대적인 맥락에서 심도 있게 성찰하면서 이를 자신의 새로운 감수성 안으로 가져올 수 있었다.

27세대에 미친 케베도의 이러한 영향은 《대지의 마도로스Marinero en tierra》를 출간하며 시인으로서의 입지를 다진 라파엘 알베르티의 시 세계에도 나타난다.

라파엘 알베르티

로르카의 초현실주의가 일정 부분 스페인의 문학 전통에 뿌리내리고 있는 것처럼, 알베르티 역시 스페인 시 전통을 받아들이면서 자신의 시 세계를 개척해나갔다. 이러한 면에서 호세 루이스 테하다José Luis Tejada는 알베르티의 초기 시를 분석하면서 그의 시학을 스페인 전통의 다양한 요소들이 내재하여 있는 '신전통주의 Neotradicionalismo'라고 불렀다.[104]

알베르티는 초기에는 앞서 살펴본 것처럼 공고라의 영향을 받았으나 점차 벗어나 케베도의 문학 등 또 다른 바로크 미학 전통을 탐색하게 된다. 폴 일리에Paul Ilie는 알베르티가 받은 바로크 미학의 성격에 따라 그의 문학을 두 단계로 구분한다.

> 첫 번째, 바로크식으로 정제된 건축물인 그의 초기 시는 주관적인 '나'의 존재가 가장 잘 거주할 수 있는 장소가 된다. 두 번째, 이 주관적인 '나'의 존재가 갖는 초현실성은 이후에 스페인 내전의 혼돈을 드러내는 데 적합한 폭력으로 변모된다. 이 두 번째 단계는 향후 선전시를 향한 전환기를 형성했다. 첫 번째 시기에 보이는 알베르티의 난해한 공고라주의는 《천사에 관하여》에서는 개인적으로 느꼈던 바로크의 또 다른 감수성으로 대체됐다.[105]

앞서 스페인의 내부 전통에서 우러나온 초현실주의가 고야, 라몬 고메스 데 라 세르나, 바예 잉클란을 거쳐 27세대의 시인들에게까지 이어졌다고 보았는데, 다른 예술가들처럼 알베르티 역시 이러한 내부 전통, 특히 고야의 회화에서 많은 영향을 받았다.

---

104. José Luis Tejada(1977), *Rafael Alberti entre la tradición y la vanguardia (Poesía primera 1920-1926)*, Gredos, 629-633.

105. Paul Ilie(1972), *Los surrealistas españoles*, Taurus, 180.

무엇보다 알베르티의 회상록인《잃어버린 숲La arboleda perdida》에는 그가 프라도 미술관에서 만난 이 화가의 그림에 대한 기억을 담아내고 있다. 또한, 스페인 내전 당시 프라도 미술관의 작품들을 안전한 곳에 보존하기 위한 일화를 바탕으로 한 희곡 〈프라도 미술관에서 보낸 전쟁의 밤〉에 고야의 그림에 대한 깊이 있는 이해가 엿보이는데, 그곳에서 그는 스페인 내전 시 미술관을 지키는 인물들로 그림 속에 나오는 민중들을 가져왔다.

알베르티 역시 고야의 회화에 대한 관심을 자연스럽게 케베도 문학에 대한 관심으로 옮겨갔다. 그는 고야의 그림, 특히 시대상을 반영한 검은 그림에서 느꼈던 풍자적이면서도 초현실적인 요소를 케베도의 시 속에서도 감지할 수 있었다.

케베도의 영향은 알베르티가 심각한 위기를 겪었을 때 보다 분명히 나타나는데, 1929년에 출간된《천사에 관하여》는 이를 대표하는 작품이다. 개인적으로 겪은 경험에 근거하여 잃어버린 세계에 대한 향수와 서로 반대되는 현실 사이의 갈등 그리고 스페인 바로크의 핵심 사상인 환멸desengaño의 문제가 나타난다.[106]

알베르티는 1920년대 후반 건강 악화와 경제적 어려움을 겪고 신앙까지 상실하면서 실존적인 위기를 겪었다고 한다. 그는 그 시절을 회고록에서 다음과 같이 묘사한다.

> 나는 잠들 수 없었다. 머리털과 손톱 끝까지 아팠었다. 황색 담즙이 올라오면서, 찌르는 듯한 고통에 베개를 깨물면서. 이분법으로 나누어진 세상에서 얼마나 많은 일이 넘어질 때까지 나를 밀었는

> 가. 번쩍이는 광선처럼 저 깊은 나락 속으로! 불가능한 사랑, 이해와 신뢰의 최고의 시간에서 얻어맞고 배반당한. 불면의 밤에서 꾀할 수 있는 가장 격렬한 질투, 복수하려는 강한 열망[107]

이러한 내면의 위기에서 나온 작품이 《천사에 관하여》인 것이다. 따라서 이 시에는 시인 자신이 처한 위기처럼 실낙원을 잃어버린 인간의 혼란스러운 실존적 상황이 그려지고 있다. 여기서 천사의 존재는 우리 내부의 소리가 되고, 내면에서 속삭이는 투쟁의 소리가 되며, 저항할 수 없는 영혼의 힘으로서 인간의 고뇌에 찬 영혼을 드러내 주게 된다.[108] 천사는 초현실적인 알레고리로 작용하면서 실제 세계에서 보이는 선과 악의 상반된 요소가 함께 갖춰진 존재로 나타난다. 이는 일반적으로 인간이 천사에 대해 가지고 있는 이미지와는 다른 성격을 나타낸다.

> 많은 비평가가 무의식적으로 가지고 있는 천사에 대한 매우 긍정적인 이미지로 인하여, 알베르티가 그의 작품 속에서 사용하는 때로는 아주 불합리하고, 잔인하며, 사악한 행위를 일삼는 천사들

106. José Luis Calvo Carilla(1992), *Quevedo y la generación del 27 [1927-1936]*, PRE-TEXTOS, 134-135.
107. Rafael Alberti(1981), *La arboleda perdida*, Seix Barral, 263-264.
108. 고려대학교 스페인·라틴아메리카연구소(2008), 《작품으로 읽는 스페인 문학사》, 고려대학교출판부, 594.

의 모습에 당혹해하며, 알베르티의 천사들의 기독교적 성향을 부인하지만, 실제로 성서에서도 이들 천사, 나아가 야훼에게까지도 선/악, 질서/파괴의 이중성이 잠재해 있음을 인정하고 있다.[109]

이를 통해 알베르티는 자신의 실존적 위기와 쉽게 규정 지울 수 없는 인간의 상반된 본성을 드러내려고 하였는데, 이를 상징적으로 표현한 시로 〈텅 빈 몸El cuerpo deshabitado〉이 있다. 이 시는 주제 면에서 성체극 형식으로 쓰인 그의 희곡《텅 빈 사람El hombre deshabitado》과 연결된다. 이 시에는 서양에서 오랫동안 이어져 내려온 영혼과 육체의 문제를 바탕으로, 시인의 육체가 어떻게 빈 상태로 되었고, 그로 인해 어떤 모습이 되었는지를 그리고 있다.

나는 너를 내 몸에서 던져 내 버렸지
내가, 타는 숯으로

—꺼져.

새벽
길모퉁이에서, 집에서
죽어 버린 빛
남자도 여자도
이젠 없어.

—꺼져.

내 몸은 텅 비고,
검은 웃옷만 창가에.
가 버렸어.

(…)

연기, 안개, 형체도 없이,
넌 내 몸에서 나왔어.
텅 빈, 외로운 껍데기.[110]
Yo te arrojé de mi cuerpo,
yo, con un carbón ardiendo.

—Vete.

Madrugada,
La luz, muerta en las esquinas
y en las casas.

---

109. 성초림(2002), 〈라파엘 알베르티의 《천사에 관하여》에 나타난 종교성〉, 《서어서문연구》, 22, 327.

110. Rafael Alberti(1982), *Marinero en tierra, Sobre los ángeles*, Orbis, 117-122.

Los hombres y las mujeres
ya no estaban.

— Vete.

Quedó mi cuerpo vacío,
negro saco, a la ventana.

Se fue.

(...)

Humo. Niebla. Sin forma,
saliste de mi cuerpo,
funda vacía, sola.

이 시의 시작 부분에서 시인인 '나'는 '너'로 불리는 무언가를 내 몸에서 던졌다. 알베르티의 자전적 경험에서 볼 때, 이것은 바다가 있는 고향 카디스에서의 행복한 유년 시절, 굳건했던 신앙심, 미래에 대한 희망 등을 잃어버린 것으로 유추해볼 수 있다. 하지만 이러한 모든 상실은 그로 인해 결국 육체가 텅 비어 있게 되었다는 점에서 영혼의 상실로 수렴될 수 있을 것이다.[111] 이와 관련하여 《천사에 관하여》의 첫 번째 시 제목인 '잃어버린 천국Paraíso perdido'과의 연관성도 떠올려 볼 수 있다.

이렇듯 영혼이 육체에서 떠난 사람을 지칭하기 위해 이 시는 '텅 빈 껍데기'라는 은유를 사용한다. 또한, 알베르티는 자신의 존재로부터 추방된 인간을 묘사하기 위해 일반적으로 '몸과 옷'의 관계를 설정했는데, 육체 속에 영혼이 깃들어 있지 않은 사람을 '텅 빈 옷'으로도 형상화하였다.[112]

다음으로 영혼이 거주하는 공간으로 집을 떠올릴 수 있다. 집에서 떠나가는 것들을 묘사하며, 알베르티는 〈퇴거Desahucio〉라는 시에서 텅 빈 집의 이미지를 그린다.

> 선한 천사인지 악한 천사인지
> 모를 사들이
> 너를 내 영혼 속으로 던져버렸다.
>
> 외로이,
> 가구도 침실도 없는
> 텅 빈 내 영혼[113]

---

111. Carlos Marcial de Onís(1974), *El surrealismo y cuatro poetas de la generación del 27*, José Porrúa Turanzas, 171.

112. José Luis Calvo Carilla(1992), *Quevedo y la generación del 27 [1927-1936]*, PRE-TEXTOS, 136. 이 시의 중간쯤에 나오는 "속이 텅 빈 주인 없는 옷 한 벌"은 영혼 없는 육체의 모습을 의미하는 일례이다.

Ángeles malos o buenos,
que no sé,
te arrojaron en mi alma.

Sola,
sin muebles y sin alcobas,
deshabitada.

케베도가 영혼과 육체가 거주하는 공간적 이미지로서 방과 그와 유사한 성질의 것들인 숙박소hospedaje, 침실aposento, 왕궁alcázar, 객줏집posada 또는 단순히 집을 제시한 것처럼, 알베르티는 집과 더불어 포도주 저장소bodega나 지하실sótano 등을 언급한다.[114] 이러한 공간들은 육체 속에 영혼이 제대로 거주하지 못하고 있는 시인들의 실존적 상황을 보여주기 위함이다.

이처럼, 알베르티는 정신적 위기를 시적으로 표현하면서 케베도가 상정한 영혼과 육체의 문제를 유사한 시적 장치를 활용하여 자신의 시학 속에 담아냈다.

---

113. Rafael Alberti(1982), *Marinero en tierra, Sobre los ángeles*, Orbis, 115.

114. José Luis Calvo Carilla(1992), *Quevedo y la generación del 27 [1927-1936]*, PRE-TEXTOS, 136.

4.

스페인 문화의 전통과 에스페르펜토

1) 그로테스크의 전통과 에스페르펜토 미학

스페인 문화를 이루는 축은 크게 두 가지로 구분해볼 수 있다. 하나는 가톨릭을 바탕으로 한 엄격한 도덕 규범이고 다른 하나는 이러한 규범 문화에서 자유롭기 위한 사회적 요청에 따라 출현한 것인데, 그로테스크한 유머에 기반을 두며 현실 풍자의 기능을 수행했던 문화이다. 후자를 이루어왔던 대표적인 문화적 산물은 플라멩코, 투우, 카니발 등의 민중 축제와 《좋은 사랑의 이야기Libro de Buen Amor》, 《셀레스티나》, 《돈키호테》, 피카레스크 소설, 케베도의 풍자적인 작품 그리고 근·현대에 이르러서는 고야의 그림과 부뉴엘의 영화에까지 이른다.[115]

115. 이러한 점은 그로테스크한 면과 연결되는데, 볼프강 카이저는 프라도 미술관에서 감상한 고야와 벨라스케스의 그림을 예로 들며 '그로테스크'에 관한 한 스페인이 다른 여타 유럽 국가들보다 두드러진다고 언급한다. 볼프강 카이저

신랄한 현실 풍자에 기반을 둔 이러한 문화전통은 20세기 초에 바예 잉클란의 문학으로 이어지는데, 그는 부조리하고 엉뚱하며 터무니없는 것을 다루는 그로테스크한 미학에 기반을 둔 '에스페르펜토'라는 용어로 새로운 '문학 장르'를 창조하였다. 이 장르는 '오목거울'의 은유를 사용해 그 속에 비친 세상이 오히려 더 진실한 모습을 반영한다고 보며, 기괴하거나 괴물 같은 인간 군상의 어두운 모습으로 삶의 진실을 파헤쳐 보려고 하였다. 에스페르펜토는 미학적인 면에서 아방가르드와 연결되는데, 왜냐하면 이 미학이 오르테가 이 가세트가《예술의 비인간화》에서 말하듯이 인간의 일상적인 관점을 바꿔서 기존의 가치체계 아래에 자리 잡은 계급화된 질서를 전복하기 때문이다.[116] 이는 특히 에스페르펜토 작품에서 숭고한 것을 우스꽝스러운 것으로, 정형화된 고전적인 형식을 대중적인 자유로운 형식으로, 인간적인 것을 동물적인 것으로 변모시키는 것에서 나타난다.

바예 잉클란은 자신이 만든 에스페르펜토 미학을 설명하기 위해 문학 작품 속에 나타난 세상을 미학적 또는 예술적으로 보는 세 가지 방식을 언급한다. 이는 작가가 등장인물을 바라보는 태도와 연결되는데, 첫 번째는 무릎을 꿇고 보는 것이고, 두 번째는 등장인물과 동등한 위치에 서서 바라보며, 세 번째는 공중에서 등장인물을 내려다보는 것이다. 이 마지막 세 번째는 작가가 등장인물을 자신보다 열등한 존재로 여기는 태도인데, 이는 케베도, 세르반테스 그리고 결정적으로 고야의 작품에서 보이는 것으로 매우 스페인적인 방식이며, 이로부터 문학에 대한 사고의 전환과 함께 에스페르펜토라는 문학 장르가 태어났다.[117] 실제로 바예 잉클란은 《보헤미아의 빛》에서 주인공의 입을 통해 스페인 삶의 비극적 의미는 체계적으로 뒤틀린 미학으로만 전달될 수 있다고 말한다.[118] 이는 뒤틀림과 변형을 바탕으로 한 '에스페르펜토' 미학이 스페인인들의 삶과 문화에 깊이 뿌리내리고 있음을 시사한다. 또한, 등장인물을 그로테스크하게 변형시키는 이 방식이 바로 에스페르펜토 미학을 상정하는 기본적인 요소이다.

공중에서 내려다보는 방식은 에스페르펜토적인 관점을 상징적으로 나타내는 것인데, 이는 대상을 오목 거울로 비춰보는 방식과 관련된다. 《보헤미아의 빛》에서 막스는 "오목 거울에 비친 고전적인 영웅들의 모습이 바로 에스페르펜토를 만들지."[119]라고 말하며 이러한 전망을 확인해준다. 말하자면 바예 잉클란은 '오목 거울'의 은유로 기존의 현실을 일그러뜨리고 뒤틀어보면서 거울 속에 드러난 또 다른 현실을 사유한다. 일반적으로 거울이 현실을 반영하는 은유로서 리얼리즘적 기능을 갖는다면, 오목 거울은 가장 아름다운 형상도 우스꽝스러운 것으로 만들어버리며 인간 사회의 부조리한 면을 드러

(2011), 《미술과 문학에 나타난 그로테스크》(이지혜 옮김), 아모르문디, 39-41.

116. 오르테가 이 가세트(2004), 《예술의 비인간화》(안영옥 옮김), 고려대학교출판부, 49.

117. Gregorio Martínez Sierra(1997), "Entrevista a Valle-Inclán", *Literatura española contemporánea*, Edinumen, 64.

118. Ramón María del Valle Inclán(2013), *Luces de Bohemia*, Espasa. 168-169.

119. 같은 책, 168.

낸다. 익숙한 현실을 변형함으로써 기존 현실을 의심하는 것이다.

말하자면, 바에 잉클란은 오목 거울에 투영된 현실로 대변되는 에스페르펜토로 가시적인 현실 너머의 또 다른 현실을 떠올렸다. 이는 기존의 미학 개념에서 그로테스크와 연결된다. 사아레아스는 그로테스크가 모든 예술 속에 뿌리내리고 있다고 보면서 그 함의를 다음과 같이 제시한다.

> 외부 현실을 뒤틀어서 보기, 동물적인 것과 인간적인 것의 융합, 꿈과 현실의 혼합이다. 이런 기괴한 것들은 보는 이에게 웃음, 공포, 당혹감을 불러일으킨다. 이때 웃음은 종종 공포와 당혹감을 완화하고 악몽을 참아낼 수 있게 한다.[120]

이러한 성격을 갖는 그로테스크가 미학적인 면에서 의미가 있게 된 것은 18세기 이후이다. 당시 그로테스크적인 것과 관련하여 나타난 캐리커처는 예술이 단지 아름다운 자연을 모방한다는 원리에서 벗어나 뒤틀리고 추하며 변형된 것에 대해 미적인 의미를 부여하도록 하였다.

> 왜곡되고 추한 현실을 묘사하고 불균형을 과장되게 표현한 캐리커처가 진정한 예술로 인정받으면서, 당시까지 예술적 사고의 토대로 여겨졌던 '아름다운 자연을 모방하고 나아가 그것을 이상화된 형태로 표현해야 한다.'라는 원칙이 뿌리째 흔들리는 것도 시간문제였다.[121]

캐리커처의 예처럼, 그로테스크가 미적인 의미를 획득하는 것은 이것이 모방이 아닌 '거친 상상력'으로부터 나오는 것이자 '머릿속에서 탄생한 것'이기 때문이다.[122] 자연에 대한 조응과 모방에서 유래한 사실성에서 벗어나, 뒤틀린 세계에 대해 "관찰자가 느끼는 충격을 현실 세계의 파괴에 당면해 느끼는 당혹감으로 해석할 때 그로테스크는 인간세계와 은밀한 관계를 맺는 동시에 일정한 '사실성'을 부여"받게 된다.[123]

그런데 16세기 이후 출현한 스페인 피카레스크 소설은 이미 변형, 과장, 뒤틀림을 통해 추한 현실을 묘사하며 이전 시대의 미적 기준을 벗어나려고 하였다. 특히 케베도식의 피카레스크 소설 기법, 말하자면 현실의 굴절 투영은 르네상스기의 고전주의적 미의 이상이 와해되는 것을 의미했다.[124] 이는 바로크 시대에서 이미 그로테스크적인 성격과 연결된 요소들이 사실성을 부여받으며 미적인 가치를 지니게 되었음을 의미한다. 김춘진은 케베도의 예를 들며 다음과 같이 그러한 면을 확인한다.

케베도에게도 미는 이상이 아니라 실재여야 했다. 현실 밖에서 연

---

120. Anthony N. Zahareas(1980), "El esperpento: Extrañamiento y caricatura", *Historia y crítica de la literatura española 6*, Crítica, 315.
121. 볼프강 카이저(2011), 《미술과 문학에 나타난 그로테스크》, 아모르문디. 59.
122. 같은 책, 60-61.
123. 같은 책, 61.
124. 김춘진(1999), 《스페인 피카레스크 소설》, 아르케, 154.

실 위에 군림하는 이상이 아니라, 현실 속에 응어리져 있는 찾아져야 할 가치여야 했다. 그것은 미적 이상의 고갈을 알리는 매너리즘과 바로크 예술 정신의 일단을 드러낸다. 바로크에 있어 르네상스의 미적 이상은 환상이고 미몽이다. 오히려 추한 것이더라도 현실적인 것은 아름다울 수 있다.[125]

세계를 바라보는 방식으로써 그로테스크에 긍정적인 의미를 부여한 것의 연장 선상에서 에스페르펜토의 의미 또한 생각해볼 수 있다. 사아레아스는 그로테스크적인 것과 관련해서 에스페르펜토의 기법을 다음과 같이 정리한다.

오목 거울처럼 외양을 파악하고 뒤틀며 우스꽝스럽게 만드는 것이다. 그렇게 극작가는 그로테스크한 틀 속에서 현실에 대한 또 다른 모습을 제시한다. 이때, 수학 공식에서 유동적인 숫자들처럼 변형은 질서와 조화를 이루고 미적인 아름다움을 획득한다.[126]

이어서 사아레아스는 에스페르펜토의 가장 두드러진 성격 중의 하나가 인간의 모습을 변형하고 기괴하게 만드는 그로테스크한 것에 있다고 말하며, 그 특징을 다음과 같이 설명한다.

기괴함, 광대 짓, 악몽, 환상적 카니발, 조롱, 비정상, 코메디아 델 아르테의 인물, 기묘한 표정, 이무기들, 무시무시한 광대, 엉뚱한 인물, 난쟁이, 멍청한 얼굴과 그 밖의 이와 유사한 것들이 에스페

르펜토와 관련된 그로테스크한 특징들이다.[127]

이렇게 그로테스크와 관련되는 에스페르펜토의 기원으로 바예 잉클란은 전술한 바와 같이 고야와 더불어 케베도와 세르반테스의 유산을 언급했다. 그런데 이 두 작가는 바로 스페인의 바로크와 직접적인 관련성을 맺는다. 따라서 에스페르펜토 미학에서 바로크적인 성격을 유추할 수 있는 개연성은 높아진다. 바로크는 그로테스크한 것이 무엇보다 특별한 중요성을 얻은 시대이기 때문이다. 이러한 면을 고려할 때 케베도와 바예 잉클란의 비교를 가능하게 하는 출발점은 다음과 같다.

> 자연을 모방하는 것이 아니라 창조하는 것으로 그 의미가 있는 예술적 작업을 재정의하는 방식modus operandi으로서 그로테스크, 대상의 속성을 의미심장하게 나타내려는 '변형'에 대한 두 작가의 취향, 뒤틀린 시선으로 대상을 일그러뜨려 책 속에 또는 무대 위에 수사학적으로 올려놓은 인물의 등장, 바로크가 만들어낸 현대성으로 두 작가가 열망하는 비판적 거리 표출, 겉으로 드러난 모습 거부, 연극적 은유를 활용해서 작품들을 뒤섞음, 거짓과 위

---

125. 같은 책, 154-155.

126. Anthony N. Zahareas(1980), "El esperpento: Extrañamiento y caricatura", *Historia y crítica de la literatura española 6*, Crítica, 315.

127. 같은 책, 316.

선을 비난하는 데서 보이듯이 윤리적이고 미적인 면에서의 공통성, 뒤틀리게 하는 것까지도 포괄하며 언어의 조탁과 정제에 힘씀, 스페인 제국의 쇠퇴와 함께 떠오르고 20세기까지 간헐적으로 이어져 온 바로크적인 환멸에 뿌리를 두고 있는 모습 등이 두 작가에게 공통으로 나타나는 요소들이다.[128]

두 작가의 이러한 공통점과 함께 바예 잉클란이 제시한 오목 거울의 비유는 케베도의 문학에서는 '거꾸로 된 세상', '혼란스러운 미궁으로서의 세상'과 연결된다. 이는 관점의 전환을 통해 세상을 바라보면서 기성 관념을 전복하는 것을 말하는데, 이때 바라보는 대상은 변형되고 기괴하며 과장된 이미지로 나타난다. 예를 들어 앞서 언급했던 케베도의 〈코 큰 사람에게〉라는 소네트에서 코가 너무 커서 사람이 오히려 코에 붙어 있는 모습을 그려내면서, 과장과 그로테스크한 변형을 통해 케베도가 상정한 현실에 대한 인식을 보여준다.

케베도의 피카레스크 소설인 《사기꾼El Buscón》에도 전도된 시선으로 대상을 과장하는 모습이 나타난다. 예를 들어 이 작품의 1부 3장에서 한 인물에 대해 다음과 같이 묘사하고 있다.

색바랜 턱수염이 나 있었는데 근처에 있는 굶주린 입이 잡아먹을지도 몰라 그런지 두려운 듯 뻣뻣해져 있었다. 이빨도 거의 없었는데 아마도 할 일이 없어 다 빠져 버린 듯했다. 목은 타조처럼 길쭉하고 목젖은 음식을 찾으러 가려는 듯 불쑥 튀어나와 있었다.[129]

이렇듯 굶주림을 묘사하기 위해 주체가 아닌 객체의 입장으로 관점을 전도하며 신체 기관을 부각하고 있다. 1부 4장에도 굶주림으로 인해 쓸 일이 없어진 주인공 파블로스의 입 주변에 가득 쌓인 먼지를 마치 제단 병풍에 쌓인 먼지를 솔질하듯이 의사들이 털어내는 장면이 나온다. 이 역시 묘사 대상을 기괴하게 변형하고 과장하는 기법이다.

익숙한 관점을 전복하는 것은 바예 잉클란의《보헤미아의 빛》에도 등장인물 차라투스트라의 책방을 묘사하면서 나타난다. 인간 정신의 결실인 책들이 있는 곳에 어울리지 않게 동물과 식물이 기괴한 인간과 혼합되어 그로테스크한 분위기를 자아내고, 나아가서 동물인 쥐를 인간의 형상을 떠올리게 하는 모습으로 그려내고 있다.

> 동굴에는 고양이, 앵무새, 개, 책방 주인이 모임을 갖고 있다. 푸른 색을 띤 뱀처럼 생긴 목도리를 걸친 차라투스트라는 피부가 무르고 곱사등이에다 맛이 간 비곗덩어리 같은 얼굴을 하고 있다. 그는 자신의 괴짜 허풍쟁이의 성격을 나타내듯 아주 감동적이고 근대적이면서도 날카롭고 고통스러운 불협화음을 만들어내고 있다. 털이 다 빠진 양털로 덮인 낮은 의자에 파묻혀서 먼지가 수북하게 쌓인 다리를 마치 포도 줄기처럼 화로 받침대 위에 길게 걸쳐놓고 가게를 지키고 있다. 쥐 한 마리가 마치 무슨 음모를 꾸미는 것처럼 쥐구멍으로 주둥이를 내밀고 있다.[130]

---

128. Brucey Swansey(2008), *Barroco y vanguardia: De Quevedo a Valle-Inclán*, EUNSA, 13.
129. Francisco de Quevedo(1987), *El Buscón*, REI-México, 100.

카프카는 진정한 현실은 항상 비현실적이라고 말한다.[131] 이것은 눈앞에 보이는 현실이 오히려 권력의 필요성에 따라 실제 현실을 왜곡할 수 있기 때문이다. 이러한 맥락에서 우리는 케베도와 바예 잉클란의 미학을 사유해볼 수 있다. 그들은 시대를 달리했지만 모두 정치적 혼란과 부조리가 횡행하는 사회를 살았다. 이러한 사회에서 그들은 세계에 대한 평면적인 반영으로는 자신들을 둘러싼 환경 속에 있는 무지, 부패, 불합리, 괴기함 등을 효과적으로 드러낼 수 없다고 보았다. 따라서 그들은 현실의 어두운 면을 포착하고 진정으로 바라는 현실을 끌어내기 위해서 겉으로 보이는 현실을 뒤틀고 변형하는 방식을 택했다. 바로 바예 잉클란이 정의했던 에스페르펜토의 미학인 것이다. 브루스 스완지에 의하면,

> 케베도처럼 바예 잉클란은 관객이나 독자가 보고 있는 장면이나 읽고 있는 텍스트에 몰입하지 않고 거리를 유지한 채 스스로 판단하고 결정할 수 있도록 제유, 과장, 은유를 통해서 뒤틀린 기하학적인 공간을 수사학적인 공간으로 바꾼다. 이렇듯 이 두 작가를 비교할 수 있게 하는 것은 현대 미학의 새로운 전망을 가능하게 했던 바로크적인 기법이다. 그것은 독자나 관객의 능동적인 참여를 최대화하려는 것으로 나타난다.[132]

이러한 기법은 아리스토텔레스가 마음의 긴장, 불안 등을 예술적 정화를 통해 해소하려고 상정했던 '카타르시스' 개념과는 반대로 브레히트가 제시했던 '생소화 효과'를 떠올리게 한다. 이는 대상에

감정이입을 하지 않고 거리를 두어 극을 비판적으로 볼 수 있게 하는 것이다. 이때 독자나 관객은 비판적 거리를 통해 겉으로 드러난 세계의 위선을 들추어내고 그러한 현실 이면에 자리 잡은 진정한 현실을 보게 된다.

이렇게 케베도와 바예 잉클란이 유사한 기법을 사용하며, 그로부터 겉으로 드러난 현실 이면에 있는 또 다른 현실을 탐색한다는 인식론적인 전망에서 이 두 작가 사이의 유사성과 더불어 바로크와 아방가르드의 관련성을 도출할 수 있다. 이때 케베도와 바예 잉클란 사이의 유사성을 끌어낼 수 있는 가장 기본적인 근거는 대상을 어떻게 바라볼 것인가에 대한 전망의 문제로 수렴된다.

2) 케베도와 바예 잉클란의 미학적 거리
—'높은 곳으로부터ex sede elevata'와 '공중에서levantado en el aire'

케베도가 주로 17세기 전반에 활동하며, 스페인 제국의 가치와 왕의 권위를 방어하고 그 체제를 옹호하려고 했던 반면에, 바예 잉클란은 20세기 전반에 활동했던 작가로 스페인 왕정 체제에 신랄한 비판을

---

130. Ramón del Valle-Inclán(2013), *Luces de Bohemia*, Espasa, 50.

131. Manuel Durán(1988), "Valle-Inclán y el sentido de lo grotesco", *Ramón del Valle Inclán*, Ed. Ricardo Doménech, Taurus, 264 재인용.

132. Bruce Swansey(2008), *Barroco y Vanguardia: De Quevedo a Valle-Inclán*, Universidad de Navarra, 11-12.

가했던 인물이다.

이렇듯, 이 두 인물은 각각 당대의 지배 체제에 대해 다른 태도를 보였지만, 스페인의 현실을 그려내는 방식에서는 유사성을 보였다. 그것은 대상 또는 사물을 보는 전망의 문제로 수렴된다. 브루스 스완지는 두 작가 사이의 공통점으로 '조물주로서의 작가' 개념을 제시하며, 이는 케베도에게 '높은 곳으로부터'의 관점 즉 '다른 경계로부터' 세계를 바라보는 것으로 나타나며, 바예 잉클란도 이에 상응하는 전망을 보인다고 말했다.[133]

바예 잉클란의 에스페르펜토 미학과 관련하여 무엇보다 중요한 것은 세상을 보는 방식이다. 전술한 바와 같이 바예 잉클란은 이 미학을 설명하기 위해 작품 속의 등장인물을 '공중에서 내려다보는' 관점을 택한다. 이는 작가가 등장인물에 대해 감정적인 교감을 갖지 않도록 거리를 갖는 것을 뜻한다.

이렇게 에스페르펜토의 시각으로 등장인물과 세상을 바라보는 방식을 바예 잉클란은 《카니발의 화요일Martes de canaval》 3부작 중 《바람난 부인의 남편 돈 프리올레라Los cuernos de don Friolera》에 나오는 대화 중에서 돈 에스트라팔라리오의 입을 통해 제시한다.

> 돈 마놀리토: 당신은 사람들이 말보다는 바위가 더 멀리 있다고 느끼기에 바위에 별 감정을 못 느낀다고 생각합니까?
>
> 돈 에스트라팔라리오: 그래요. 이것은 우리를 즐겁게 하는 일에도 똑같이 적용되지요. 우리는 우리와 비슷하지 않은 것을 조롱하지요.

돈 마놀리토: 돈 에스트라팔라리오, 사랑해야만 돼요. 웃음과 눈물은 신의 길입니다. 그것이 저의 미학이고 당신의 미학입니다.

돈 에스트라팔라리오: 제 미학은 아닙니다. 저의 미학은 고통과 웃음을 초월하는 것입니다. 살아있는 사람들의 이야기를 할 때 죽은 자들이 하는 대화처럼 되어야 하지요.

돈 마놀리토: 그런데, 왜 당신은 죽은 자들이 그렇게 말할 수 있다고 생각하세요?

돈 에스트라팔라리오: 왜냐하면 이제 불멸하기 때문이죠. 우리의 모든 예술은 우리가 어느 날 죽는다는 것을 아는 데서 태어납니다. 그러한 앎은 프랑스 혁명보다 훨씬 더 인간을 평등하게 합니다.

돈 마놀리토: 돈 에스트라팔라리오, 당신은 신과 같이 되기를 원하죠!

돈 에스트라팔라리오: 나는 다른 쪽의 전망에서 이 세상을 보고 싶습니다.[134]

여기에 나오는 두 사람 사이의 대화는 현실 인식에 대한 관점의 차이를 드러내는 것으로 돈 마놀리토는 19세기 사실주의 미학의 전망으로 세상을 바라본다. 반면 예술적 거리를 통해 대상에 대한 감정

---

133. Bruce Swansey(2008), *Barrco y vanguardia: De Quevedo a Valle-Inclán*, EUNSA, 29.

134. Ramón del Valle-Inclán(2011), *Martes de carnaval*, Espasa Libros, 124.

이입을 배제하는 돈 에스트라팔라리오의 관점은 바예 잉클란이 제시한 새로운 예술관인 에스페르펜토적인 전망을 암시한다.

새로운 관점으로 대상을 풍자적으로 그려내는 에스페르펜토의 이러한 측면을 드러내는 데 있어서 바예 잉클란은 스페인의 전통, 특히 케베도의 영향을 떠올린다. 그의 다양한 유산 중 대상을 '높은 곳으로부터' 바라보는 전망은 바예 잉클란의 문학을 이해하기 위해서 무엇보다 중요하다.

케베도의 작품 중 공중에서 대상을 바라보는 전망은《모든 이의 시간과 논리적인 운명의 여신La Hora de todos y la Fortuna con seso》에서 두드러진다.[135] 케베도는 이 작품에서 은유와 상징을 바탕으로 당대 스페인 사회의 모습을 그려내려고 하였다. 이를 위해 올림포스 신전이 스페인을 상징적으로 비추는 공간적 배경으로 등장한다. 그곳에서 주피터는 인간들이 자신들의 변덕스러운 운명을 불평하며 정부에 대한 비판을 쏟아내고 있다는 이야기를 접한 후 신들을 소집하고 운명의 여신을 불러 그 소식을 전한다.

케베도는 이렇게 올림포스 신전이라는 '높은 곳으로부터' 아래를 내려다보며 혼란스러운 세상에 시선을 던지는데, 인간세계에서 일어나는 사건들이 한순간에 즉 모두 같은 시간에 일어난다고 설정함으로써 세상 만물을 창조하고 통제하는 조물주의 전망을 강화한다. 이를 통해 케베도는 당대의 현실을 성찰하고 그 속에서 어떻게 살아가야 할 것인가를 환상적이고 암시적인 방식으로 제시한다.

이러한 전망은 케베도가 살았던 시대와 관련을 맺는다. 신의 존재가 중요했던 17세기에 칼데론 데 라 바르카가 말하듯 세상은 하나의 거대한 연극 무대 또는 꿈으로 인식되었다. 그리하여 지상의 세계를 위에서 바라보는 전망을 상정했다. 이러한 전망의 발견은 케베도의 조물주적인 시선에서 영향을 받고 기술적으로는 화자의 역할에 영향을 줄 공간을 감지하는 또 다른 방법을 함축한다.[136]

《사기꾼》은 이러한 면이 잘 드러난 작품이다. 언뜻 보기에 이 피카레스크 소설은 16세기 중반에 나온《라사리요 데 토르메스의 삶 그의 행운과 불운》과 여러 가지 유사성이 있는 듯하다. 배고픔이 소재로 등장하고, 주인공이 여기저기를 떠도는 공간 이동이 나타나기 때문이다. 무엇보다 1인칭 자전적 소설 형식으로 과거를 되돌아보는 형식상의 관련성이 엿보인다. 1인칭 화자이자 주인공인 파블로스의 목소리가 작품 전반에 나타나기 때문이다. 하지만 이는 현상적인 면에 한정되며, 작품에 대한 면밀한 독서는 주인공 파블로스가 자신의 삶을 회고하는 형식 이면에 작가라는 또 다른 목소리가 들어 있음을 깨닫게 한다.

> 《사기꾼》에서는 파블로스의 인생 회고라는 자전적 형식을 쓰면서도 시점이 주인공과 작가의 것으로 이중으로 분열되어 있다. 주인공 화자의 목소리는 형식적으로는 주인공 자신의 것이지만 내

---

135. 작품의 제목에서 여신을 수식하는 말인 '논리적인(con seso)'은 논리적일 수 없는 운명과 어울리지 않는 바로크적인 특성을 드러낸다.

136. Bruce Swansey(2008), *Barroco y Vanguardia: De Quevedo a Valle-Inclán*, Universidad de Navarra, 30.

용적으로는 파블로스를 풍자하는 작가의 목소리인 것이다. 말하자면《사기꾼》의 화자는 단일 화자이며, 작가는 문법적으로만 일인칭 화자인 주인공 파블로스의 나르시스적 자기 예찬을 조롱하고 비웃는다.[137]

파블로스가 여러 곳을 다니면서 속임수를 사용하여 이익을 얻고 사람들의 반응을 살피며 이야기를 주도하지만, 그는 결국 인형극의 인형처럼 당대 사회의 다양한 모습을 드러내려는 작가에 의해 조종된 인물이다. 말하자면, 이야기를 이끌어가는 목소리가 아니라 작가인 케베도의 재능과 우월성을 드러내 보이기 위한 도구일 뿐이다.[138]

다른 피카레스크 소설의 주인공인 라사리요가 왜 영악하게 남을 속이는 '피카로'가 되었는지 설명할 수 있는 원인이 작품에 내재해 있다면, 파블로스는 처음부터 작가에 의해서 '피카로'로 설정된 인물이다. 라사리요와 달리 파블로스는 단지 이야기를 이끌어갈 뿐 자신의 행동에 따른 내적인 성찰을 드러내 보이지 않는다. 결국, 작가의 목소리에 의해 통제된 파블로스는 진정한 자신의 모습을 드러내지 못한 채, 남을 속이기 위해 겉으로 나타난 모습과 실제가 다른 인물을 연기할 뿐이다. 결국, 그는 기지에 넘친 사회 풍자의 길을 열어가는 일을 하는 인물이 아니라 단지 꼭두각시 인형일 뿐이다.[139]

이러한 관점에서 도밍고 인두라인은 이 작품이 기존의 피카레스크 소설과 다른 점을 다음과 같이 언급한다.

그렇다면 파블로스의 입을 통해 말하는 사람은 작가이다. 그는 자

> 신의 고유 관점으로부터 출발한다. 이때 돌이킬 수 없는 모순이 발생한다. 피카레스크 소설 고유의 자전적인 형식이 여기서도 유지되지만, 그것을 가능하게 하는 원인과 그것으로 말미암은 기능은 이전 모델들의 형식과는 매우 다르다. 결국, 이 작품은 문법적으로만 1인칭인 서술 형식일 뿐이다.[140]

1인칭 자전적 소설은 이야기의 전개에 따라 인물의 성격이 차츰차츰 윤곽을 드러내고 발전해간다. 하지만 이 작품에서는 작가가 처음부터 파블로스를 둘러싼 환경을 토대로 그 인물의 성격을 규정했고, 그는 작가의 논리에 따라 역동적인 변화 없이 행동한다. 한편 작가는 남을 속이는 주인공의 행동이 본격적으로 나타나는 계기를 만드는데, 그것은 돈 토리비오의 등장으로 설명된다.《사기꾼》2부 6장에서 돈 토리비오는 파블로스에게 다른 사람의 눈을 어떻게 속이면서 이익을 취할 수 있는지 알려준다. 예를 들어, 남의 집에 가서 밥을 얻어먹을 방법, 봉사료를 받기 위한 처신 방법, 사람들이 많을 때 몸의 가려운 곳을 긁을 방법 등 가진 것이 거의 없으면서도 왕처럼 지

---

137. 김춘진(1999),《스페인 피카레스크 소설》, 아르케, 152.

138. Domingo Ynduráin(2003), "El Quevedo del Buscón", *Quevedo y la crítica a finales del siglo XX (1975-2000)*, EUNSA, 316.

139. Francisco Rico(1989), *La novela picaresca y el punto de vista*, Seix Barral, 125.

140. Domigo Ynduráin(1987), "*El Buscón* como novela picaresca", *El Buscón*, REI-México, 20-21.

낼 수 있는 기술을 가르쳐준다. 파블로스는 그의 충고 덕분에 세상일에 눈뜰 수 있었고, 남을 속이는 길에 들어서게 되었다고 말한다.

목적한 바를 얻기 위해서 상대를 속이는 파블로스의 처신은 3부 9장에서 배우가 되고 스스로 신사가 된 것처럼 행동하며 아버지가 위대한 기사였다고 속이면서 수녀와 교제하려 했을 때 절정을 이룬다.

이렇게 작가가 '높은 곳으로부터'의 우월적인 창조자의 관점에서 그린 파블로스의 모습은 겉으로 드러난 모습과 실제 사이의 차이에서 비롯된 바로크적인 '환멸'의 주제를 떠올리게 하는 장치로 보인다.

바예 잉클란도 '공중에서' 바라본 전망을 등장인물들에게 투영한다. 그는《보헤미아의 빛》에서 주인공 막스의 입을 빌려 '돈 라티노'가 오목 거울에 비친 그로테스크하고 뒤틀린 인물이며, 에스페르펜토 속에 존재한다고 말한다.

> 막스: 돈 라티노 데 이스팔리스, 자넨 그로테스크한 사람이야. 자네를 영원히 소설 속에서 살게 해주지.
>
> 돈 라티노: 비극에서겠지, 막스?
>
> 막스: 우리의 비극은 비극이 아니네.
>
> 돈 라티노: 그렇다면 그 비슷한 걸 거야!
>
> 막스: 그건 바로 에스페르펜토일세.[141]

작품 전반을 따라가보면 라티노는 사용하는 말과 행동에서 겉으로 드러난 것과 실제가 다른 위선적인 인물로 비친다. 안토니아 로베르토 페레스는 그를 가짜 친구, 가짜 지식인, 가짜 보헤미안이라고 보며, 그는 장님을 안내하는 라사로이자 동시에 그를 속이는 인물이라고 말한다.[142] 말하자면 돈 라티노는 겉으로 드러난 말과 실제 행동이 다른 매우 위선적인 인물로 그려지고 있다. 무엇보다 돈 라티노는 장님인 막스를 온종일 안내하며 동행했지만, 결국에는 막스에게서 훔친 복권이 당첨되자 막스의 장례식 날 복권 당첨금으로 술을 마신다. 이렇듯 그는 겉으로는 스페인의 현실을 풍자하고 비판하는 말을 쏟아내며 막스의 천재성을 찬양하면서 그의 죽음을 슬퍼하는 듯하지만, 실제 그의 행동은 그 말에 진정성이 있지 않음을 보여준다. 따라서 그는 에스페르펜토에서 제시하는 오목 거울에 비칠 때 뒤틀린 모습으로 보일 수 있는 인물이다. 즉 그는 에스페르펜토의 근본적인 면을 드러내 주는 겉으로 드러난 것과 실제가 같지 않은 인물로 보인다.

주인공인 장님 시인 막스 역시 이중적인 모습에서 벗어나 있지 않다. 먼저 그는 호메로스 같은 지적이며 이상적인 인물의 모습으로 나타난다.

> 막스 에스트레야가 아름다운 흰 수염 다발을 가슴 위로 흩뜨리며 힘차게 일어난다. 고전적이고 고풍스러운 위대한 인물로 곱슬머

141. Ramón del Valle-Inclán(2013), *Luces de Bohemia*, Espasa, 167.

142. Antonia Roberto Pérez(2006), *Esperpentización en "Luces de Bohemia"*, Alhulia, 165-166.

리와 눈이 안 보이는 것은 헤르메스 조각상을 떠오르게 한다.[143]

그러나 다른 한편으로는 현실과 타협하며, 문학에 대한 열정을 접는 모습을 보인다. "문학이 밥 먹여 주는 건 아니지 않은가? 문학이란 그저 겉으로만 그럴듯할 장식일 뿐, 배고픔만 주는 누더기일 뿐이지."[144] 그러면서 친구인 장관이 주는 생활비를 받아들인다.

이렇게 막스는 작품의 첫 부분에서는 위엄을 갖추고 있는 고전적인 영웅의 모습을 하지만, 후반으로 가면서 다른 등장인물들처럼 그로테스크한 면을 드러낸다. 따라서 그가 '에스페르펜토'라는 용어를 언급하며 스페인 사회의 부조리와 비이성적인 면을 고발하지만, 그의 외침은 결국 행동이 수반되지 않은 공허한 메아리로 남는다.

그런데 이러한 에스페르펜토적인 인물은 자신의 굳건한 의지가 빠져 있기에 인형극에 나오는 꼭두각시 인형 또는 헝겊 인형을 연상시킨다. 인형이 갖는 상징성이 모든 현대 예술 조류에서 그로테스크한 것이 갖는 의미와 일치하기 때문이다.[145] 실제로 바예 잉클란은 《보헤미아의 빛》에서 등장인물들을 인형처럼 변형하여 여러 번에 걸쳐 묘사한다.

> 돈 라티노가 눈과 얼굴을 찡그리고 헝겊 인형처럼 팔을 툭 떨쳐 낸다.[146]

막스의 시체를 실으러 온 마부의 모습 역시 헝겊 인형의 모습을 하고 있다. "문틀에 장의 마차 마부가 나타난다. 주정꾼들에게서 볼 수 있는 딸기코에 삼으로 만든 가발과 높은 비단 모자를 쓰고 있으며, 닳아빠진 장례식용 연미복과 검은 바지를 입고 있다."[147]

이러한 면은 막스가 죽음 이후를 생각하는 모습에서도 나타난다. 그는 루벤과의 대화에서 "난 마지막 숨을 쉰 이후엔 아무것도 없을 거라 믿네."[148]라고 말하며 죽음 이후의 세상에 대해서 회의한다. 이것은 인간에게 있어 죽음이라는 것이 어쩌면 기능을 상실한 채 부서진 인형의 모습과 별반 다를 바가 없다는 것을 의미한다.

앞서 언급했던 2장에 나오는 책방 주인 차라투스트라 역시 이러한 모습에서 벗어나 있지 않다. 그 역시 여러 이질적인 요소로 혼합된 채 나타나면서 그러한 면을 잘 드러내고 있다.

이렇듯 케베도와 바예 잉클란은 높은 곳에서 세상을 바라보는 조물주와 같은 전망을 보이는 점에서 연결된다. 이러한 관점으로 사회와 등장인물을 바라보는 거리를 확보하여 비판적인 성찰을 하였다. 따라서 그들은 작품 속에서 등장인물들에 공감하거나 감정적인 교감을 나누지 않고 이들을 그로테스크하게 묘사하여 그 이면에 자리 잡은 진정한 모습을 들추어내려고 하였다.

---

143. Ramón del Valle-Inclán(2013), *Luces de Bohemia*, Espasa, 43

144. 같은 책, 127.

145. Antonio Risco(1975), *La estética de Valle-Inclán en los esperpentos y en "El ruedo ibérico"*, Gredos, 243.

146. Ramón del Valle-Inclán(2013), *Luces de Bohemia*, Espasa, 209.

147. 같은 책, 189.

148. 같은 책, 144.

5.

바로크적 이미지에서 아방가르드 미술과 영화로

뵐플린은 16세기까지 고전적 미술이 선을 기반으로 하였다면, 17세기 바로크 미술은 사물의 윤곽을 파악하기 위한 테두리에 더는 관심을 두지 않고, 대상을 색채나 명암에 기반을 둔 하나의 덩어리로 인식하려고 했는데, 이러한 선적 재현에서 회화적 재현은 미술사의 전개 과정에서 커다란 인식론적 변화를 동반한다고 말한다.

> 형태에 일관되게 뚜렷한 선을 통해 윤곽을 부여하는 것은 실제 손으로 쥐는 행위와 관련이 있다. 회화적 재현은 단지 시각에 근거하며 시각에만 의존한다. 마치 어린아이가 처음에 사물을 '인지'하기 위해 모든 것을 만지려들다가 점점 그 습성을 버리듯이, 우리 인간은 보이는 것을 그 가촉치可觸置에 따라 평가하려는 습성으로부터 점점 벗어나게 된다. 그리하여 발전된 단계의 미술은 전적으로 눈에 보이는 현상에만 골몰할 줄 알게 되는 것이다.[150]

또한, 뵐플린은 티치아노와 미켈란젤로 회화의 예를 들며, 16세기 회화가 명료함을 추구하려고 했다면, 17세기 바로크는 이와는 반대로 형태를 분명히 나타내지 않는 불명료함과 모호함에서 아름다움을 찾았다고 말한다.

> 바로크 양식은 추측이 가능한 한 모든 것을 드러내지 않는다. 또 바로크 양식의 기준에서 볼 때 아름다움이란 결코 완벽하게 파악되는 형태가 아니라 모호한 기운을 품고 있는, 그래서 감상자에게 늘 새로운 여운을 남기는 그와 같은 형태에서 발견된다. 규정된 형태에의 열광은 이제 그 한계가 뚜렷지 않은, 움직이는 듯한 가상에의 열광에 의해 압도당하게 되었다. 그리하여 완전 정면이나 정측면 같은 단순 시점은 퇴색하고 우연적인 모습이 선호되기에 이른다.[151]

더불어 중요하게 고려해야 할 점은 바로크 양식이 형태 앞에 형태, 겹쳐진 것 앞에 겹치는 것 하는 식으로 파악할 뿐 아니라 중첩으로 인하여 생겨난 새로운 차원의 외양을 즐겼던 데서 보듯이 중첩 구조를 선호했다는 것이다.[152]

이러한 면에서 뵐플린이 바로크 미술의 특징을 보여주는 예로

---

150. 하인리히 뵐플린(1998), 《미술사의 기초 개념—근세미술에 있어서의 양식발전의 문제》(박지형 옮김), 시공사, 43.

151. 같은 책, 278.

152. 같은 책, 310.

높이 평가한 벨라스케스의 그림은 거울의 효과 등을 이용해 어느 관점에 서느냐에 따라 주체와 객체가 바뀌면서 무한히 확장되는 세계를 보여주고 있다. 특히 벨라스케스의 〈시녀들Las meninas〉은 '평면에서 깊이'로의 변화를 보여주는 대표적인 예로 상정될 수 있는데, 그림 속의 시선과 그림 밖의 시선이 무한히 교차하면서 입체감과 깊이감의 효과를 증폭시키고 있다.

이러한 점을 바탕으로 여기서는 바로크 회화 특히 벨라스케스의 미술이 큐비즘의 문을 연 피카소에게 미친 영향과 두 화가 사이에 어떠한 미학적 관련성이 있는지를 살펴보자.

1) 벨라스케스와 피카소

바로크 시대에서 예술 작품은 현실과의 관계에서 그 진리를 구하는 오랜 관습에서 탈피하여 그 자체로서의 현실성, 다시 말하면 예술적 의미의 진리를 탄생시킨다. 푸코의 언급처럼, 《돈키호테》 이후 오랫동안 이어져 오던 말과 사물 사이의 유사성이 사라졌다. 이 작품에서는 기호와 유사성이 동일성과 차이의 엄정한 근거에 의해 끊임없이 무시되고, 언어가 사물과의 오랜 친화력을 잃고서 고고孤高한 상태에 처하는데, 이 이후로 언어는 오직 문학이 됨으로써만 고립된 처지를 벗어나 생경한 모습으로 재출현하게 되기 때문이다. 따라서 17세기 초엽, 다시 말해 옳건 틀리건 바로크라고 불린 시대에는, 사유가 더 이상 닮음의 원리에 따라 진행되지 않는다.[153]

이제 사물 자체와 그것에 대한 인간의 경험 사이에는 절대적 거리가 존재한다. 따라서 예술가는 사물 자체를 대상으로 하는 것이 아니라 사물에 대한 자신의 주관적 관념을 그리는 일로 돌아섰다. 예전에 사물의 진리 반영 여부에 따라 그 존재 근거를 구하던 예술은 새로운 현실 앞에 그 자체로서의 진리를 구할 힘을 갖게 되었다.

이러한 사고는 벨라스케스의 그림에서 분명히 나타난다. 여기에는 무엇을 그릴 것인가가 근본적인 문제로 자리 잡고 있다. 벨라스케스의 〈시녀들〉은 상상할 수 있는 인물들의 공간에 따라 세 측면으로 구분될 수 있다. 첫 번째 측면은 관객과 국왕 부처 그리고 그림 밖에서 실제로 이 그림을 그리고 있는 화가의 측면이다. 두 번째는 그림 속에서 작업하고 있는 화가와 그림 속의 공주와 시녀들의 측면이다. 세 번째는 거울과 앞의 두 측면을 유일하게 모두 바라볼 수 있는 검은 옷을 입은 사람의 측면이다. 이 세 측면에서 가장 중요한 것은 화가가 차지한 공간이다. 왜냐하면, 그는 이 세 측면에 모두 현재하기 때문이다. 그림 밖에서는 관객으로서 그림을 바라보고 그림 안에서는 작업하는 중이고 마지막 사람의 모습처럼 그림이 포함하고 있는 모든 것을 관찰할 수 있기 때문이다. 따라서 그림에서 가장 근본적인 인물은 그림 안팎에서 그림을 그리고 있는 화가 자신이다. 화가는 그림을 그리고 있는 자신을 그리려고 했기에 화가와 모델, 주체와 객체가 계속해서 바뀌는 중첩의 효과가 나타난다. 푸코에 의하면, 마치 화가는 자신이 재현되어 있는 그림에서 보일 수 없고 이와 동시에 자신이 무언

---

153. 미셸 푸코(2012), 《말과 사물》(이규현 옮김), 민음사, 88-91.

가를 재현하기에 열중하고 있는 그림을 볼 수 없는 듯하다. 그는 이 양립할 수 없는 두 가지 가시성可視性의 문턱에 군림한다.[154]

한편으로 그림 〈시녀들〉을 보고 있는 우리는 그림에는 직접 언급되지 않는 가상적인 존재이다. 그러나 벨라스케스는 그러한 가상적 세계 역시 대상의 한 부분으로 만들고 있다. 〈시녀들〉에서 화가는 우리를 객체의 위치에 세우면서 우리를 향해 시선을 던진다. 우리 관객들은 이 그림에서 하나의 부가적 요소다. 말하자면 〈시녀들〉을 형성하기 위한 능동적인 요소이다.

> 관람자로서 우리는 추가 요소일 뿐이다. 우리는 화가의 시선에 받아들여지지만 또한 화가의 시선에 의해 축출되고 우리보다 먼저 언제나 거기에 있는 것, 즉 모델로 교체된다. 그러나 역으로 화가의 시선은 그림의 바깥으로, 화가와 마주 대하는 허공을 겨냥하는 것으로서, 관람자들이 오는 그만큼 많은 모델을 받아들이는 셈이며, 그 명확하나 중립적인 장소에서 주시하는 자와 주시되는 자는 끊임없는 교환에 가담한다. 어떤 시선도 안정적이지 않다.[155]

그러므로, 끊임없이 역할을 바꾸는 운동 속에 참여하는 화가와 모델 그리고 관객 누구의 시선도 고정된 것으로 인정되지 않는다. 이것은 무엇을 그릴 것인가에 대한 화가의 인식론 변화에 기인한다. 그것은 벨라스케스가 사물의 이데아를 그리려고 하거나 단순히 대상 자체를 재현하려고 하는 데 관심을 기울인 것이 아니라 그림을 그리고 있는 자신의 관념에 주목한 데서 나타난다. 이제 화가는 사물에

얽매여 맹종적으로 사물을 잡으려고 하는 것이 아니라 사물에 대한 자신의 한 시선만이 가능할 뿐임을 안다. 이때 나타난 예술 작품은 사물 자체는 아니지만, 사물에 대한 하나의 표상이며 그 자체로서의 현실성을 획득하게 된다. 이는 생각하고 의심하는 데서 자신의 존재 의미를 찾았던 데카르트에 비견되는 근대 세계에 대한 벨라스케스적인 인식의 혁명적 변화이다.

벨라스케스의 그림은 이러한 세계관을 반영하고 있다. 중세적 가치 그리고 당대 스페인이 고수하던 가치가 현실에 대한 이상화의 과정을 통해 수직적이며, 주체에서 객체로의 일방성을 지녔다면 이 그림은 그림 그리는 행위 자체를 대상으로 함으로써 주체와 객체가 고정되지 않고 서로의 시선에 따라 끊임없이 자리바꿈을 하고 있다. 이렇듯 벨라스케스의 그림에는 하나의 독단적인 시선과 대상은 사라지고 상대적인 관점만이 놓이게 된다.

이러한 벨라스케스의 사유는 큐비즘을 창조한 피카소에게 많은 영향을 미쳤다. 이는 먼저 그의 자전적 경험에서 나타난다. 피카소는 14세 때 가족과 함께 마드리드에 있는 프라도 미술관을 방문했고, 그곳에서 벨라스케스의 그림을 직접 접하였다고 한다. 그중에시도 〈시녀들〉을 보고 이 작품이 구성·데생·채광 등이 뛰어남을 알아보았고 강렬한 색채가 잘 조화되었음에 깊은 감명을 받아 이후에도 이 작품의 내재적 성격을 깊이 있게 탐구했다고 한다.[156]

---

154. 같은 책, 26.

155. 같은 책, 27.

프라도 미술관에서 〈시녀들〉을 본 경험은 피카소가 화가로서의 큰 꿈을 품는 계기가 되었으며, 화가로서의 명성을 얻고 난 후에 벨라스케스의 이 그림을 분석하고 자신의 스타일로 모방하여 피카소의 〈시녀들〉 58점을 그렸다. 여기에는 벨라스케스의 〈시녀들〉 전체를 모방한 것과 이 그림의 각 인물에게 초점을 맞추어 부분을 그린 것들을 포함한다. 이 연작은 한편으로는 피카소가 17세기 바로크 화가에 대해 경의를 표현한 것이며, 다른 한편으로는 고전 작품을 자신의 미학으로 투영하여 재창조한 것이다. 그렇다면, 피카소는 벨라스케스의 〈시녀들〉을 어떻게 바라보았는지 그가 팬로즈에게 이 그림에 대해 분석해준 내용을 살펴보자.

> 이들을 보고, 이 인물들 각각이 다른 이들과의 관계 속에서 실제로 어디에 위치해 있는지 알아내보시오. 벨라스케스는 그래서는 안 되는데도 그림 속에 들어가 있소. 그는 왕녀에게 등을 돌리고 있는데, 이 그림을 처음 보면 왕녀가 주제라고 생각하기 쉽소. 벨라스케스는 작업 중인 듯한 대형 캔버스를 마주보고 있소. 하지만 우리는 캔버스의 뒷면만 볼 수 있을 뿐, 그가 무엇을 그리고 있는지 전혀 알 수 없소. 이것을 알아낼 수 있는 유일한 방법은 그 방의 뒤편에 있는 대형 거울에 비친 모습인데, 거기에서는 왕과 왕비가 보인다오. 그러므로 벨라스케스는 실제로 시녀들을 그리고 있는 게 아니오. 그들은 화가에게 포즈를 취하기 위해서가 아니라 왕과 왕비의 초상화를 보기 위해 모여 있는 거라오. 그리고 우리도 왕이나 왕비와 마찬가지로 그들 뒤에 있는 거요.[157]

이렇듯 피카소는 1950년대 벨라스케스의 회화를 집중적으로 분석하며 자신의 회화 세계에 접목했는데, 이 작품에 관해 그는 전술한 미셸 푸코의 인식과 맥락을 같이한다. 이전부터 피카소의 미학에는 벨라스케스에게 받은 많은 영감이 들어 있었는데, 그에게 〈시녀들〉은 회화를 가장 충실하게 잘 요약해주는 것으로, 열네 살 무렵 이후 그의 통찰력을 훈련시켜 준 작품이었다.[158]

그렇다면, 이러한 영향 관계에서 추출할 수 있는 두 화가 사이의 인식론적 상관성은 무엇일까? 먼저 뵐플린이 바로크 미술의 특징으로 언급했던 모호성과 불명료성의 성격이다. 선을 바탕으로 사물의 윤곽을 명확하게 포착하려는 고전 미술에 반해 바로크 미술이 색채나 명암법에 기반을 두고 대상에 관한 인상을 추구했던 점은 19세기에 출현한 인상주의와 연결된다. 특히 벨라스케스는 빛과 색채를 대상에 실감나게 적용하여 후에 인상주의의 선구자로 불렸다. 그의 그림에 매료된 인상주의 화가들은 대상을 그리지 않고 인상을, 즉 한 무더기의 감각을 그린다. 이로써 예술은 완전히 세상으로부터 떨어져 나와 주체의 행위에 따르기 시작한다.[159]

시시각각 변하는 빛에 따라 사물이 다르게 비친다는 것을 깨달

---

156. 김원일(2004), 《김원일의 피카소》, 이룸, 502.
157. 피에르 덱스(2005), 《창조자 피카소 2》(김남주 옮김), 한길아트, 284-285.
158. 같은 책, 286.
159. 오르테가 이 가세트(2004), 〈예술에서의 관점에 대하여〉, 《예술의 비인간화》(안영옥 옮김), 고려대학교출판부, 266.

은 인상주의자들은 바라보는 대상을 고스란히 재현하려는 노력을 그만두고, 대상에 관한 자신들의 관념을 바라보기 시작했고, 이는 후기 인상주의를 거쳐 피카소 큐비즘의 근본적인 토대가 된다. 벨라스케스에서 비롯된 사물에 대한 인상이 피카소의 인식론으로까지 이어졌다고 볼 수 있는 것이다.

또한, 앞서 분석한 것처럼 〈시녀들〉에 나타난 수많은 시선이 그림 속의 그림을 계속해서 가정하는 '중첩'의 구조를 만들어낸다고 할 때, 이는 다양한 시점에서 포착한 사물의 모든 면을 평면인 화폭에 한꺼번에 옮기려고 하는 큐비즘의 중첩 효과와 관련을 맺는다.

이러한 면에서 볼 때, 벨라스케스와 피카소는 관점에 따라 그림의 전체 구도가 달라지는 역동적인 미학을 추구했다고 볼 수 있다.

2) 부뉴엘의 영화와 스페인의 전통

1900년에 태어난 부뉴엘은 1917년부터 1925년까지 청년기를 보낸 마드리드 '학생 기숙사' 시절이 자신의 지적 형성 과정에 큰 영향을 미쳤다고 회고한다.

> 그 시절에 대한 나의 기억은 너무나 풍요롭고 생생하다. 확신하건대 그 기숙사에서 보낸 시절이 없었더라면 나의 삶은 매우 달라졌을 것이다.[160]

이 기간에 부뉴엘은 당대 스페인에서 일어나고 있었던 예술적 움직임을 알게 되었으며, 마드리드의 카페에서 열렸던 여러 문학 모임에 참여하면서 스페인 문학과 예술의 흐름을 접하였다. 그는 자서전《나의 마지막 숨소리Mi último suspiro》에서 당대의 대표적인 지식인들과의 만남과 그들의 영향력에 대해서 다음과 같이 언급하였다.

> 19세기 말과 20세기 초에 스페인은 우리의 사상을 이끌었던 경이로운 작가들로 이루어진 세대를 배출했다. 나는 그들 대부분을 알았는데, 그중에서 네 명만을 꼽자면 오르테가 이 가세트, 우나무노, 바예 잉클란, 에우헤니오 도르스이다. 그들 모두는 우리에게 영향을 미쳤다. 나는 또한 위대한 갈도스를 알게 되었다.[161]

이렇듯 부뉴엘은 청년 시절 당대 스페인의 작가와 예술가들과 교류하면서 영향을 받고 이를 자신의 예술 세계에 활용하기에 이르렀다. 그는 고야의 서신, 다양한 역사책들, 특히 갈도스의《국민 일화집Episodios nacionales》, 바예 잉클란의《순수혈통 왕비에 대한 인증서와 소극Farsa y licencia de la reina castiza》,《이베리아의 수레바퀴El ruedo ibérico》, 라몬 고메스 데 라 세르나의《고야》를 그 자신 예술 세계의 원천으로 활용했다.[162]

---

160. Luis Buñuel(2000), *Mi último suspiro*, Bolsillo, 59.

161. 같은 책, 66.

162. Agustín Sánchez Vidal(2009), *Buñuel, Lorca, Dalí: El enigma sin fin*, Planeta, 191-192.

한편, 부뉴엘은 마드리드 '학생 기숙사'에서 자신의 삶과 예술에서 중요했던 동료들인 로르카와 달리를 만났다. 시인인 로르카, 화가인 달리, 영화감독인 부뉴엘은 종사했던 분야는 서로 달리했지만, 초현실주의 예술가라는 공통점을 갖는다. 이들은 마드리드의 이 기숙사에서 함께 생활하며 새로운 예술 운동에 대한 교감을 나눴는데 문학, 미술, 영화 등 다양한 장르를 망라하며 서로의 관심을 공유하고 의견을 교환했다. 어느 날 그들은 함께 톨레도를 방문했는데, 이 도시를 대표했던 화가인 엘 그레코를 재평가하기 위해서였다. 마니에리즘과 바로크 양식에 속하는 엘 그레코의 회화가 20세기 초반에 새롭게 등장한 예술 운동과 어떤 관련성이 있는지를 살펴보려는 일환이었다. 특히 이러한 탐색은 새로운 장르인 영화로 아방가르드의 이념을 표출했던 부뉴엘에게 흔적을 남기게 된다. 바로크의 회화에 대한 조명은 고야의 그림에 대한 관심으로 이어졌고, 이는 그의 영화 세계에 영향을 미쳤다.

이러한 바로크적인 이미지는 고야의 회화 전통까지 이어진다. 당시에 달리가 벨라스케스주의자였다면, 부뉴엘은 고야에 깊은 관심을 표명한 고야주의자였다.[163] 무정부주의자나 사회의 규범 문화 바깥에 있던 예술가들과도 거리낌 없이 어울렸던 부뉴엘은 공식적인 규범의 틀을 벗어났던 스페인의 전통에 관심을 기울였고, 이는 자연스럽게 고야에 대한 관심으로 이어졌다.

고야 기념 위원회와 접촉을 가질 정도로 고야에 깊은 관심을 표명했던 부뉴엘은 고야가 죽은 지 100년이 되었던 1928년 이 화가의 삶을 영화로 옮기려고 생각하게 되었다.[164]

당시 바예 잉클란 역시 영화 예술을 높이 평가하며 고야에 대한 영화를 만들려고 하였는데, 이를 접한 로르카가 부뉴엘에게 그 소식을 전하자 마찬가지로 고야를 소재로 한 영화제작에 관심이 있었던 부뉴엘이 바예 잉클란을 방문하여 대화를 나누기까지 하였다.[165] 고야를 매개로 바예 잉클란과 부뉴엘이 연결된 것이다.

부뉴엘은 당시 고야를 기념하는 일과 관련된 표현주의 경향이나 케베도와 에스페르펜토의 유산 등이 자신에게 영향을 미쳤다고 하는데,[166] 여기서 말하는 케베도와 고야는 모두 바예 잉클란이 에스페르펜토의 전통으로 언급했던 이들이다. 이렇게 케베도와 고야에 대한 바예 잉클란과 부뉴엘의 공통적인 관심은 에스페르펜토와 부뉴엘의 영화가 시각 이미지를 바탕으로 연결될 수 있음을 암시한다.

이러한 맥락에서 부뉴엘의 영화를 살펴보면 그가 프랑스 문화의 세례를 많이 받고 멕시코에서 오랜 기간 생활했지만, 그의 작품에는 스페인에서 이어져 오던 문화전통이 깊이 내재 되어 있다. 먼저 〈안달루시아의 개〉에 나오는 개미의 이미지 등 난해한 은유들은 제임스 라미가 '숨겨진 공고리즘'이라고 언급한 것처럼, 공고라에서 비롯된 은유적 전통과 연결된다고 볼 수 있다.[167] 또한, 일반적으로 프

---

163. 같은 책, 190.

164. 같은 책, 188.

165. 같은 책, 191.

166. 같은 책, 189-190.

167. James Ramey(2016): Baroque Buñuel: "The Hidden Culteranismo in Un Chien andalou", *Bulletin of Spanish Studies*, DOI: 10.1080/14753820.2016.1184014

로이트 심리학의 영향을 받았다고 하는 이 영화의 초현실주의 역시 현실의 이면을 탐구해보려고 했던 고야의 검은 그림에서 라몬 고메스 데 라 세르나의 '그레게리아'로 이어지는 스페인적 전통과의 관련성을 생각해볼 수 있다.

그런데 이러한 초현실주의는 사회 풍자 또는 체제 저항적 성격의 스페인 전통과 연결된다. 스페인의 규범 문화가 무엇보다 종교적 이상에 기반을 두고 이와 다른 목소리를 배척하려고 했다면, 부뉴엘은 모든 억압적인 체제를 반대하며 이를 전복하기 위해, 마치 고야의 〈변덕Los caprichos〉을 연상시키는 많은 이미지를 만들어냈다. 〈안달루시아의 개〉에서 당나귀 시체와 함께 질질 끌려가는 사제들의 모습과 〈황금시대〉에서 해골 모습으로 장례식 노래를 부르는 주교들의 그로테스크한 모습 등이 그것이다. 스페인에서 가장 가난한 지역인 라스 우르데스 주민들의 굶주림과 힘겨운 삶을 그린 〈빵 없는 대지〉는 스페인에서 나온 문학 장르인 피카레스크 소설을 떠오르게 한다. 이러한 반문화적 성격의 이미지들은 스페인적인 맥락이 더욱 강하게 나타난 영화들인 〈비리디아나〉와 〈트리스타나〉로 이어지는데, 이전의 작품에 비해서 파격의 정도는 덜하지만, 더 풍자적인 방식으로 기성 질서에 반하는 이미지를 보여주었다. 〈비리디아나〉에 보이는 레오나르도 다빈치의 〈최후의 만찬〉을 연상하게 하는 부랑자들의 모습과 〈트리스타나〉에서 장례식을 떠올리게 하는 결혼식 장면은 기존의 현실을 의심하고 전복하며 새로운 현실을 갈망했던 스페인의 역동적인 문화와 맥락을 같이한다.[168] 카를로스 푸엔테스는 부뉴엘의 이러한 면을 어떠한 억압적 체제에서도 나타나는 스페인 문화의 한 특징으로 파악한다.

> 히틀러는 독일 문화를 완전히 파괴했다. 그의 국가사회주의체제에 찬동하지 않는 사람들은 추방당하거나 살해당했다. 그리고 나치 독일 내에서는 정통에서 벗어난 작품들은 어떠한 것도 제작될 수 없었다. 그러나 스페인 문화는 36년간의 프랑코 정권 동안, 그 강인한 저항성을 입증하여 다시 한 번 위험하기 짝이 없는 거의 이단에 가까운 영역을 창조해냈으며, 스페인의 풍부한 문화원천으로부터 다시 한번 더 비정통의 광맥을 캐내고 있었다.[169]

이것은 역사를 통해 눈에 보이는 현실 너머의 또 다른 현실을 추구했던 스페인의 전통이며, 어떤 면에서 보면 두 개의 현실을 상정했던 스페인적인 바로크의 한 모습일 수 있다.

---

168. 빅토르 푸엔테스는 부뉴엘의 영화 〈잊힌 사람들〉 특히 〈나사린〉, 〈비리디아나〉, 〈트리스타나〉를 보면서 비평가들이 부뉴엘의 이름과 스페인의 예술과 문학 전통에서 가장 언급할만한 이름들인 세르반테스, 케베도, 그라시안, 피카레스크 소설, 고야, 갈도스를 연결했다고 말한다. Víctor Fuentes(2000), *Los mundos de Buñuel*, Akal, 140.

169. 카를로스 푸엔대스(1997), 《라딘 아메리카의 역사》(서성철 옮김), 까치, 418.

결론을 대신하여

— 바로크와 바로크적 전통

17세기 유럽의 역사적 문맥을 강하게 내포하고 있는 바로크는 18세기 이후 근대가 도래함으로써 그 효력을 다하는 듯 보였다. 이러한 평가는 바로크가 르네상스와 근대 계몽주의 사이에 있는 양식으로서 시대의 변화와 함께 극복해야만 할 지난 시대의 유산으로 치부된 점도 작용하였다. 그 기저에는 바로크 미학이 불균형, 부조화 등을 특징으로 하며, 독창적인 내용 없이 문체나 형식을 장식하는 데 주의를 기울인 데서 나타난다.

그런데, 이러한 부정적인 평가의 이면에서 바로크의 불완전성, 일그러짐, 장식성을 오히려 긍정하며 한계에 봉착한 이성적 사유의 대안으로 고려하는 움직임 또한 존재해왔으며, 이는 바로크가 일회적으로 끝난 역사의 한 단면이 아니라 순환적으로 이어질 수 있다는 가능성으로 이어진다. 그것은 또한 인간의 본성과도 관계된 요소이기에 반복적으로 나타날 수 있다.

역사가 다르면서도 비슷한 것은 인간성과 인간조건이 변하지 않기 때문이다. 욕망하지 않거나, 사랑을 갈구하지 않거나, 실수하지 않거나, 병마에 시달리지 않거나 늙지 않거나, 죽지 않는 인간이 없기에, 인간이 꾸미고 저지르는 일도 그 한계 내에서 전개된다. 인간의 욕망과 시도, 도전과 실패가 반복되듯, 역사 또한 반복적이다. '바로크'적 상황 또한 역사 속에서 반복된다. 지금 이 시대는 인간의 투지와 야망, 욕망, 기교, 기술, 도전, 도발 등 '르네상스'적 업적의 유산을 물려받았지만 동시에 그 폐해와 모순, 잔해와 파괴를 목도하는 '바로크'적 국면을 맞이하고 있다.[1]

실제로 20세기 초 이후 이성에 기반을 둔 근대성의 위기가 본격화됨과 더불어 바로크는 새로운 대안적 사유로 재평가되기 시작하였다. 이는 바로크가 내용과 형식 면에서 변형을 추구하며 르네상스에서 근대로 넘어가는 시기에 과도기적으로 나타난 미학이라는 부정적 평가를 벗어나 그 자체로 독창적인 세계관을 내포한다는 시각을 갖게 한다.

이러한 사유는 발터 벤야민, 뵐플린이나 에우헤니오 도르스, 오르테가 이 가세트, 세베로 사르두이 같은 스페인어권 비평가들에 의해서 바로크가 재평가되며, 이 시기의 작품 속에 현대성의 요소가 내재해 있음이 밝혀진 데서 기인한다.

더불어 바로크라는 말이 비록 한 시대의 문맥을 담고 있지만, 그로부터 유래한 바로크적 전통은 모든 시대에서 나타날 수 있는 사유로 탈바꿈하고 있다. 이러한 면은 '바로크'의 함의가 역사적 현실이 위기에 처했을 때, 언어적인 면에서 역동성을 드러낸다는 사실과 연결된다.

실제로 바로크에 해당하는 17세기 스페인은 위기의 시대였다. 르네상스의 세례를 받은 유럽 세계가 빠르게 변화하고 있었지만, 종교를 통한 국가 통합을 열망했던 스페인은 변화에 완강히 저항하며 어떠한 새로움도 받아들이지 않는 정책을 취하였다. 자연히 스페인 사회는 르네상스로부터 기원했던 인본주의와 물질주의의 가치에 대한 열망을 억누르고 종교적 도그마를 바탕으로 한 닫힌 사회에 진입하게 되었다.

이렇게 새로운 변화를 거부하는 사회 속에서 케베도, 공고라, 그라시안 등 바로크 작가들은 겉으로 보이는 개념이나 현상 뒤에 숨어 있는 또 다른 면을 상정하기 위해 역동적인 사유와 언어를 지향했다. 현상 유지를 바탕으로 한 정체된 사회를 극복하기 위한 방식으로 언어적 긴장을 도입했다. 안토니오 마라발은 이러한 면을 설명하기 위해 바로크 미학의 대표적인 개념으로 '역동적인 움직임'을 언급했다.

이렇듯, 시대의 위기 앞에서 나타난 바로크 미학은 동일하게 계몽주의 이후 이성 과잉으로 말미암아 직면한 근대의 위기에서 탄생한 아방가르드 미학과 구조적 상관성을 갖는다.

여기서 우리는 바로크와 아방가르드 모두 하나의 인위적인 현실만 고집하는 사회에서 겉으로 드러난 현실 너머의 또 다른 현실 즉

---

1. 윤혜준(2013), 《바로크와 '나'의 탄생》, 문학동네, 191.

이중적 현실을 구조적으로 반영하려고 긴장감 있는 언어를 사용한 데서 두 미학 사이의 구체적인 연관성을 발견한다. 말하자면, 현실과 언어의 역동적인 긴장 관계에서 두 시기의 미학이 탄생할 수 있었다.

결국, 논의의 초점은 언어와 현실 사이의 상관성으로 수렴된다. 계속해서 변화하는 현실을 하나의 고정된 의미에만 한정할 때, 현실은 제대로 읽히지 않게 된다. 더불어 하나의 개념이 너무 익숙해지고 상투적으로 되면 제대로 지각작용을 활성화하지 못한다. 이런 맥락에서 고갈된 의미를 미학적으로 쇄신시킨다는 점에서 바로크와 아방가르드의 언어적 역동성이 나온다.

> 만약 언어가 불충분한 것이라면, 이미 충분히 닳아졌기 때문이다. 그것을 다시 젊게 하기 위해서는 새로운 조작을 가하는 것이 필요하다. 그로부터 새로운 연상 작용을 향한 상투적인 언어와의 싸움, 일상적인 형식에서의 일탈, 엉뚱한 형식들이 나온다.[2]

언어의 이러한 면은 바로 새로운 문학이 탄생하는 방식이다. 현실을 마주하는 언어가 상투성에 빠지지 않도록 바로크 작가들은 다양한 언어적 실험을 했고, 아방가르드 작가들 역시 이러한 점을 바탕으로 새로운 문학 운동을 전개했다.

이렇듯 우리는 아방가르드 미학의 개념 속에 바로크적인 전통이 깊이 침투해 있음을 상정해볼 수 있었다. 그것은 여러 학자에 의한 언급과 실제 작품 분석을 통해서 더욱 실증적으로 이야기된다. 이러한 맥락에서 20세기 중반 이후 현실에 대한 개념을 변화시킨 라틴

아메리카의 '마술적 리얼리즘'은 세르반테스의 마술적 현실과 만나며, 《돈키호테》와 벨라스케스의 〈시녀들Las Meninas〉에 나타난 주체와 객체의 상호작용은 오늘날의 많은 문학과 예술작품 속에서 여전히 유효한 개념으로 자리 잡고 있다.

움베르토 에코 역시 이러한 바로크의 성격에 주목하며, 바로크에서 고전적 규범을 벗어나 끝없이 역동적으로 움직이는 세계와 이에 대응하는 창조적인 사유를 발견한다.

> 바로크 정신이 근대 문화와 감수성을 처음으로 명확하게 표현할 수 있었던 것은 최초로 우주의 질서와 세계의 모든 존재의 불멸 모습을 반영하는 규범에서 벗어나, 대상 자체가 끊임없이 유동하기 때문에 스스로 (…) 그에 상응하는 창조적 정신을 발휘해야 하는 세계에 직면하게 되었기 때문이다.[3]

움베르토 에코가 열린 작품과 관련하여 언급한 바로크에 대한 이러한 가치 평가는 전통 예술에 대한 반작용으로 등장한 아방가르드 그리고 포스트모더니즘과 연결된다. 세베로 사르두이 등 일부 비평가들이 20세기 이후에 등장한 새로운 미학적 경향을 '네오바로크'

---

2. Ricardo Senabre(1984), "Técnica de la greguería", Ed. Francisco Rico, Historia y *crítica de la literatura española* 7, Crítica, 225-226.
3. 움베르토 에코(1995), 《열린 예술작품》(조형준 옮김), 새물결, 50.

라고 이름 붙이는 데에도 이는 드러난다.[4] 특히 벤야민이 "오늘날은 바로크적 정신상태의 어떤 면들을 예술 활동의 세부에 이르기까지 반영한다"[5]고 언급했을 때, 20세기 현대 미학의 개념 속에 바로크적인 요소가 깊이 침투해 있음을 상정해볼 수 있다.

이렇듯 여러 학자에 의해서 언급된 바로크가 갖는 현대성은 현대 작가들이 바로크적 전통을 자신들의 미학에 반영하게 하는 동인으로 작용하였다. 우리는 그 구체적인 예를 스페인 아방가르드 문학을 대표하는 작가들에서 보는 것이다. 은유, 이미지, 기지 그리고 언어적 실험 등의 바로크적 전통은 아방가르드 문학을 이루는 하나의 토대로 작용하였다. 그리고 이로부터 추출한 문학적 의미는 어떤 현실이나 개념이 굳어지고 상투적으로 되는 것에 저항하여 계속해서 우리의 지각을 깨어 있게 하는 역동적인 언어를 지향한다는 데에 있다.

이상의 논의에서 우리가 고려해야 할 점은 바로크는 역사상 한 시기에 나타난 시대정신이며 미학이지만, 이로부터 유래한 '바로크적'이라는 용어는 '네오바로크'라는 이름으로 불리기도 하면서 조화롭고 안정적인 질서를 유지하려는 경향을 벗어나, 역동적인 움직임을 바탕으로 현실을 능동적으로 포착하려는 어느 시대에서나 유효하게 적용될 수 있다는 것이다.

---

4. Severo Sarduy(1986), "El barroco y el neobarroco", *América Latina en su literatura*, siglo veintiuno, 167-184 참고.

5. 발터 벤야민(2009), 《독일 비애극의 원천》(최성만·김유동 옮김), 한길사, 78.

[참고문헌]

고려대학교 스페인·라틴아메리카연구소(2008),《작품으로 읽는 스페인 문학사》, 고려대학교출판부.

김선욱(2006), 〈에스페르펜토로 투사한 일그러진 스페인 사회〉,《보헤미아의 빛》, 문학과지성사, 348-370.

김욱동.《은유와 환유》, 민음사, 1999.

김원일(2004),《김원일의 피카소》, 이룸.

김은중(1999), 〈두엔데: 생명력이 깃든 그늘—페데리꼬 가르시아 로르까의 시학 연구〉,《서어서문연구》, 14, 279-300.

김춘진(1999),《스페인 피카레스크 소설》, 아르케.

______(2000), 〈스페인 바로크 기지주의 문학과 문화적 정체성〉,《이베로아메리카연구》, 11, 341-374.

김홍근(2005),《보르헤스 문학전기》, 솔출판사.

깔데론 데 라 바르가, 페드로 (2000),《인생은 꿈입니다》, 안영옥 옮김, 서쪽나라.

______(2004),《세상이라는 거대한 연극·살라메아 시장》, 김선욱 옮김, 책세상.

나병철(2004),《탈식민주의와 근대문학》, 문예출판사.

나송주(2012),《스페인의 바로크 예술》, 월인.

남영우(2012), 〈〈뉴욕의 시인〉에 나타나는 가르시아 로르카의 사회의식conciencia social〉,《스페인어문학》, 65, 83-109.

다사스, 프레데릭(2000),《바로크의 꿈》, 변지현 옮김, 시공사.

덱스, 피에르(2005),《창조자 피카소 2》, 김남주 옮김, 파주: 한길아트.

민용태(2007), 《스페인·중남미 현대시의 이해—로르까에서 네루다까지》, 파주: 창비.

______(2008), 《스페인 중세·황금세기 문학》, 고려대학교출판부.

바르트, 롤랑(1990), 《텍스트의 즐거움》, 김명복 옮김, 연세대학교 출판부,

벤야민, 발터(2009), 《독일 비애극의 원천》, 최성만·김유동 옮김, 한길사.

뵐플린, 하인리히(1998), 《미술사의 기초 개념—근세미술에 있어서의 양식발전의 문제》, 박지형 옮김, 시공사.

사르트르, 장폴(1998), 《문학이란 무엇인가》, 정명환 옮김, 서울: 민음사.

서동욱(2016), 〈현대사상으로서 바로크—벤야민과 들뢰즈의 경우〉, 《철학논집》, 44, 209-244.

성초림(2002), 〈라파엘 알베르티의 《천사에 관하여》에 나타난 종교성〉, 《서어서문연구》, 22, 317-345.

송상기(2002), 《멕시코의 바로크와 근대성》, 고려대학교출판부.

신정환(1999), 〈보르헤스와 바로크 미학〉, 《이베로아메리카연구》, 제10집, 65-91.

______(2011), 〈바로크와 환상문학—의심의 시대와 의심의 미학〉, 《외국문학연구》, 43, 167-181.

아기나가·푸에르톨라스·사발라(2013), 《스페인 문학의 사회사 4》, 정동섭 옮김, 파주: 나남.

안영옥(2015), 〈기지주의 관점에서 본 로르카〉, 《스페인어문학》, 74, 137-159.

에코, 움베르토(1995), 《열린 예술작품》, 조형준 옮김, 새물결.

오르테가 이 가세트, 호세(2004), 《예술의 비인간화》, 안영옥 옮김, 고려대학교출판부.

______(2004), 〈바로크의 의지〉, 《예술의 비인간화》, 안영옥 옮김, 고려대학교출판부, 239-246.

______(2004), 〈예술에서의 관점에 대하여〉, 《예술의 비인간화》, 안영옥 옮김, 고려대학교출판부, 247-272.

와트, 이언(2004), 《근대 개인주의 신화》, 이시연·강유나 옮김, 파주: 문학동네.

우석균(2003), 〈바로크 문학과 바로크 모더니티〉, 《실천문학》, 72, 320-327.

윤혜준(2013), 《바로크와 '나'의 탄생: 햄릿과 친구들》, 파주: 문학동네.

윌라이트, 필립(1982), 《은유와 실재》, 김태옥 옮김, 문학과지성사.

이지훈(1998), 〈바로끄의 과학(I)—케플러의 타원과 공고라의 생략법〉, 《과학과 철학》, 9, 113-132.

쟈라, 트리스탕, 앙드레 브르통(1987), 《다다/쉬르레알리슴 선언》, 송재영 옮김, 문학과지성사.

전혜찬(2002), 〈현대시학의 전통에서 바라본 비센테 우이도브로의 '창조주의'〉, 《서어서문연구》, 22, 473-489.

조민현(2003), 〈탈신화 시대의 소설—스페인 실험 소설에 대한 성격 연구〉, 《서어서문연구》, 29, 403-421.

______(2004), 〈시대의 위기와 예술적 상상력—세르반테스와 벨라스케스의 인식론적 상관성을 중심으로〉, 《스페인어문학》, 33, 335-352.

______(2005), 〈《안따고니아Antagonía》에 나타난 생성의 미학〉, 《스페인어문학》, 34, 217-234.

______(2006), 〈반문화의 문화—스페인의 문화정체성 고찰〉, 《스페인어문학》, 40, 283-300.

______(2007), 〈오르테가의 은유와 그 미학적 의미〉, 《세계문학비교연구》, 21, 157-174.

______(2008), 〈그레게리아에 나타난 관점의 이동과 미적 현대성〉, 《스페인어문학》, 47, 131-146.

______(2009), 〈스페인의 문화정체성과 액자문학〉, 52, 197 213.

______(2011), 〈께베도와 신스토아주의—그 시대적 의미와 한계〉, 《세계문학비교연구》, 36, 377-400.

______(2011), 〈그레게리아와 바로크적 전통〉, 《외국문학연구》, 44, 211-235.

______(2013), 〈보르헤스 문학에 미친 케베도와 공고라의 영향〉, 《스페인어문학》, 69, 157-174.

______(2014), 〈바예 잉클란의 《보헤미아의 빛》에 나타난 에스페르펜토 미학과 고야의 회화 전통〉, 《스페인라틴아메리카연구》, 7, 2, 151-174.

______(2015), 〈스페인 문학잡지 현황〉, 《현대시학》, 549, 46-52.

______(2015), 〈부뉴엘의 영화 속에 나타난 에스페르펜토 미학〉, 《스페인어문학》, 76, 337-361.

조민현·황수현(2009), 〈그레게리아의 수용과 확장—알베르또 이달고의 단순주의 미학〉, 《세계문학비교연구》, 29, 375-397.

주은우(2003), 《시각과 현대성》, 한나래.

진중권(2003), 《미학 오디세이 1》, 휴머니스트.

최낙원(2000), 〈스페인 바로크 미학의 현대적 변형에 관한 연구〉, 《서어서문연구》, 16, 607-625.

카이저, 볼프강(2011), 《미술과 문학에 나타난 그로테스크》, 이지혜 옮김, 아모르문디.

포지올리, 레나토(1998), 《아방가르드 예술론》, 박상진 옮김, 문예출판사.

푸엔테스, 카를로스(1997), 《라틴 아메리카의 역사》, 서성철 옮김, 까치.

푸코, 미셸(2012), 《말과 사물》, 이규현 옮김, 민음사.

플라톤(1985), 《이상국가》, 최현 옮김, 집문당.

하우저, 아르놀트(1999), 《문학과 예술의 사회사 4》, 백낙청·염무웅 옮김, 창작과비평사.

Abellán, José Luis(1996), *Historia del pensamiento español: de Séneca a nuestros días*, Madrid: Espasa Calpe.

Alberti, Rafael(1978), *Cal y canto*, Barcelona: Seix Barral.

______(1981), *La arboleda perdida*, Barcelona: Seix Barral.

______(1982), *Marinero en tierra, Sobre los ángeles*, Barcelona: Orbis.

Alonso, Dámaso(1981), *Poesía española*, Madrid: Gredos.

Alonso, Dámaso y Galvarriato de Alonso, Eulalia(Ed.)(1966), *Primavera y flor de la literatura hispánica I*, Madrid: Selecciones del Reader's Digest.

Asún, Raquel(1986), "1927 y la literatura clásica: presencia de Fray Luis de León", *Studia in honorem profesor Martín de Riquer*, Barcelona: Quaderns Crema, 201-

234.

Baños Saldaña, José Ángel(2017), "*Fue, Será y es*. La consideración de Quevedo como clásico en la literatura contemporánea", *Revista de Estudios Filológicos*, 33, 4.

Bernal, José Luis(1993), "Creacionismo y neogongorismo en la poesía 'adrede' de Gerardo Diego", *Gerardo Diego y la vanguardia hispánica*, Ed. José Luis Bernal, Cáceres: Universidad de Extremadura, 43-65.

Blüher, Karl Alfred(1983), *Séneca en España*, Madrid: Gredos

Borges, Jorge Luis(1981), *Otras inquisiciones*, Madrid: Alianza.

______(1996), *Obras Completas I-IV*, Barcelona: Emecé.

______(1998), *El idioma de los argentinos*, Madrid: Alianza.

______(2001), *Inquisiciones*, Madrid: Alianza,

Borrás Gualis, Gonzalo M.(1999), "Mercurio y Argos", *Vélazquez*, Barcelona: Galaxia Gutenberg, 71-84.

Buckley, Ramón(ed.)(1973), *Los vanguardistas españoles 1925-1935*, Madrid: Alianza.

Buñuel, Luis(2000), *Mi último suspiro*, Barcelona: Bolsillo.

Calabrese, Omar(1999), *La era neobarroca*, Trad. Anna Giordano, Madrid: Cátedra.

Calvo Carilla, José Luis(1992), *Quevedo y la generación del 27 [1927-1936]*, Valencia: PRE-TEXTOS.

Cardona, Rodolfo y Zahareas, Anthony(1987), *Visión del Esperpento. Teoría y práctica en los esperpentos de Valle-Inclán*, Madrid: Castalia.

Correa Calderón, Evaristo(1970), *Baltasar Gracián: Su vida y su obra*, Madrid: Gredos.

Devoto, Daniel y Spitzer, Leo(1984), "Tradiciones y técnicas en la poesía de Lorca", *Historia y Crítica de la literatura española VII*, Crítica, 385-392.

Díaz-Plaja, Guillermo(1971), "Teoría de la greguería", *Comentario de textos de literatura española*, Barcelona: Ediciones La Espiga.

______(1972), *Las estéticas de Valle Inclán*, Madrid: Gredos.

Diego, Gerardo(1964), *Lope y Ramón*, Madrid: Editora Nacional.

______(1974), "Fábula de Equis y Zeda", *Poesía de creación*, Barcelona: Seix Barral.

______(1984), "El creacionismo poético y Huidobro", *Historia y crítica de la literatura española*, Barcelona: Crítica.

______(1989), *Obras completas*, Ed. Francisco Javier Díez de Revenga, Madrid: Aguilar.

Díez de Revenga, Francisco Javier(2004), *Las Vanguardias y la Generación del 27*, Madrid: Síntesis.

______(2004), "Más sobre la recepción de Quevedo por los poetas del siglo XX: (Quevedo y Jorge Guillen)", *La Perinola*, 8, 109-123.

Dobry, Edgardo(2009), "Barroco y modernidad: De Maravall a Lezama Lima", *Orbis Tertius*, 14, 15, 1-8.

D'ors, Eugenio(2002), *Lo barroco*, Madrid: Tecnos.

______(2004), *Tres horas en el Museo del Prado*, Madrid: Tecnos.

Durán, Manuel(1988), "Valle-Inclán y el sentido de lo grotesco", *Ramón del Valle Inclán*, Ed. Ricardo Doménech, Madrid: Taurus, 254-268.

Echeverría, Bolívar(1998), *La modernidad de lo barroco*, México D.F.: Era.

Egido, Aurora(2009), *El barroco de los modernos*, Valladolid: Universidad de Valladolid.

Fuentes, Víctor(2000), *Los mundos de Buñuel*, Madrid: Akal.

García de la Concha, Víctor(ed.)(1982), *El surrealismo*, Madrid: Taurus.

García Lorca, Federico(1966), "La cogida y la muerte", *Primavera y flor de la literatura hispánica III*, Madrid: Selecciones del Reader's Digest.

______(1978), *Poema del Cante Jondo, Romancero gitano*, Madrid: Cátedra.

______(1984), "Juego y teoría del duende", file:///C:/Users/DCU/AppData/Local/Microsoft/Windows/INetCache/IE/SEN271S9/1888.pdf

______(1986), *Obras completas I-III*, Madrid: Aguilar.

Gómez de la Serna, Ramón(1975), *Ismos*, Madrid: Guadarrama.

______(1991), *Greguerías: Selección* 1910-1960, Madrid: Espasa Calpe.

______(1991), "Prólogo", *Greguerías: Selección 1910-1960*, Madrid: Espasa Calpe.

______(2006), *Greguerías*, Madrid: Cátedra.

Gracián, Baltasar(1998), *Arte de ingenio, Tratado de la Agudeza*, Emilio Blanco(ed.), Madrid: Cátedra.

Góngora, Luis de(1982), *Soledades*, Madrid: Alianza.

______(1991), *Letrillas*, Ed. Robert Jammes, Madrid: Castalia.

González Olle, Fernando(2000), "*Nomen, omen*. Sobre el origen de greguería y de la greguería", *Príncipe de Viana. Anejo*, 18, 165-188.

Grande Yáñez, Miguel(2004), *Gracián: Barroco y modernidad*, Madrid: Universidad Pontifica Comillas.

Guillén, Jorge(1984), *Cántico*, Barcelona: Seix Barral.

______(1993), *Clamor*, Ed. F. J. Díaz de Castro, Madrid: Anaya-Mario Muchnik.

Harbison, Robert(2000), *Reflections on Baroque*, Chicago: The University of Chicago Press.

Hills, Helen(ed.)(2011), *Rethinking the Baroque*, Surrey: Ashgate.

Ilie, Paul(1972), *Los surrealistas españoles*, Madrid: Taurus.

Jackson, Richard L(1965), "Toward a Classification of the 'Greguería'", *Hispania*, 48, 4, 826-32.

Jiménez, Juan Ramón(1968), *Páginas escojidas (verso)*, Madrid: Gredos.

Lambert, Gregg(2004), *The Return of the Baroque in the Modern Culture*, London: Continuum.

Leyra, Ana María(2006), *De Cervantes a Dalí: Escritura, imagen y paranoia*, Madrid: Fundamentos.

Lucas, Ana(1992), *El trasfondo barroco de lo moderno (Estética y crisis de la Modernidad en la filosofía de Walter Benjamin)*, Madrid: UNED.

Maravall, José Antonio(1999), *Velázquez y el espíritu de la modernidad*, Madrid: Centro de estudios políticos y constitucionales.

______(2000), *La cultura del Barroco*, Barcelona: Ariel.

Marcial de Onís, Carlos(1974), *El surrealismo y cuatro poetas de la generación del 27*, Madrid: José Porrua Turanzas.

Marcilly, Charles(1978), "La angustia del tiempo y de la muerte en Quevedo", *Francisco de Quevedo*, Ed. Gonzalo Sobejano , Madrid: Taurus.

Martín-Estudillo, Luis(2004), *La mirada elíptica: El trasfondo barroco de la poesía española contemporánea*, Madrid: Visor.

Martínez Nadal, Rafael(1974), *El público: Amor y muerte en la obra de Federico García Lorca*. México D. F.: Joaquín Mortiz.

Martínez Sierra, Gregorio(1997), "Entrevista a Valle-Inclán", *Literatura española contemporánea*, Madrid: Edinumen.

Muñoz Jiménez, José Miguel(1999), "El barroco como arte plenamente moderno", *Cuadernos de arte e iconografía*, 8, 16, 471-492.

Neruda, Pablo(1955), "Viaje al corazón de Quevedo", *Los viajes*, Satiago: Nascimiento.

Ortega y Gasset, José(1983) "La voluntad del barroco", *Obras Completas I*, Madrid: Alianza, 403-406.

______(1983), "Las dos grandes metáforas", *Obras Completas 2*, Madrid: Alianza, 387-400.

______(1985), *Meditaciones del quijote, Ideas sobre la novela*, Madrid: Espasa Calpe.

Parker, Alexander A.(1978), "La «agudeza» en algunos sonetos de Quevedo", *Francisco de Quevedo*, Gonzalo Sobejano(ed.), Madrid: Taurus.

Pastor, José Francisco, "Miguel de Unamuno", *Gaceta Literaria*, 1 de Julio de 1929.

Pedraza, Felipe B., Rodríguez, Milagros(2002), *Manual de literatura española X. Novecentismo y vanguardia: Introducción, prosistas y dramaturgos*, Pamplona-Iruñea: Cénlit.

Porqueras Mayo, Alberto(1989), *La Teoría poética en el manierismo y barroco españoles*, Barcelona: Puvill Libros.

Quevedo, Francisco de(1966), "Contrarios en el amante", *Primavera y flor de la literatura hispánica II*, Madrid: Selecciones del Reader's Digest.

______(1987), *La Hora de todos y la Fortuna con seso*, Madrid: Cátedra.

______(1987), *El Buscón*, México, D.F.: REI.-México.

______(2008), *Poesía varía*, Ed. James O. Crosby, Madrid: Cátedra.

Ramey, James(2016): Baroque Buñuel: "The Hidden Culteranismo in Un Chien andalou", *Bulletin of Spanish Studies*, DOI: 10.1080/14753820.2016.1184014

Risco, Antonio(1975), *La estética de Valle-Inclán en los esperpentos y en "El ruedo ibérico"*, Madrid: Gredos.

______(1977), *El demiurgo y su mundo: Hacia un nuevo enfonque de la obra de Valle-Inclán*, Madrid: Gredos.

Roberto Pérez, Antonia(2006), *Esperpentización en "Luces de Bohemia"*, Granada: Alhulia.

Salinas, Pedro(1983), *Literatura española siglo XX*, Madrid: Alianza.

Salinas de Marichal, Solita(1975), *El mundo poético de Alberti*, Madrid: Gredos.

Sarduy, Severo(1986), "El barroco y el neobarroco" *América Latina en su literatura*, México, D.F.: siglo veintiuno, 167-184

Senabre, Ricardo(1984), "Técnica de la greguería." en Francisco Rico(ed.), *Historia y crítica de la literatura española* 7, Barcelona: Crítica, 221-226.

Snyder, Jon R.(2014), *La estética del Barroco*, Trad. Juan Antonio Méndez, Madrid: Antonio Machado.

Spitzer, Leo(1980), *Estilo y estructura en la literatura española*, Barcelona: Crítica.

Swansey, Bruce(2008), *Barroco y Vanguardia: De Quevedo a Valle-Inclán*, Pamplona: Universidad de Navarra.

Rico, Francisco(1989), *La novela picaresca y el punto de vista*, Barcelona: Seix Barral.

Tejada, José Luis (1977), *Rafael Alberti entre la tradición y la vanguardia (Poesía primera 1920-1926)*, Madrid: Gredos.

Torre, Guillermo de(1969), *Del 98 al Barroco*, Madrid: Gredos.

______(1971), *Historia de las literaturas de vanguardia II*, Madrid: Ediciones Guadarrama.

______(1984), "Génesis del ultraísmo", *Historia y crítica de la literatura española* 7, Barcelona: Crítica.

______(2001), *Literaturas europeas de vanguardia*, Sevilla: Renacimiento.

Umbral, Francisco(1978), *Ramón y las vanguardias*, Madrid: Espasa Calpe.

______(2012), Valle-Inclán. Los botines blancos de piqué, Barcelona: Planeta.

Valle Inclán, Ramón María del(2011), *Martes de carnaval*, (Ed.) Jesús Rubio Jiménez, Madrid: Espasa Libros.

______(1994), *Entrevistas*, (Ed.) J. del Valle-Inclán, Madrid: Alianza.

______(2002), "Modernismo", *Obra completa II, Teatro, Poesía, Prosa*, Madrid: Espasa,

______(2013), *Luces de Bohemia*, Madrid: Espasa.

Vidal, Agustín Sánchez(2009), *Buñuel, Lorca, Dalí: El enigma sin fin*, Barcelona: Planeta.

Videla, Gloria(1971), *El ultraísmo*, Madrid: Gredos, 127-134.

Vivanco, Luis Felipe(1967), "La generación poética del 27", *Historia general de las literaturas hispánicas VI*, Díaz-Plaja(ed.), Barcelona: Vergara, 464-563.

Ynduráin, Domingo(1987), "*El Buscón* como novela picaresca", *El Buscón*, REI-México, 13-71.

______(2003), "El Quevedo del Buscón", *Quevedo y la crítica a finales del siglo XX (1975-2000)*, Victoriano Roncero y J. Enrique Duarte (Eds.), EUNSA, 289-335.

Ynduráin, Francisco(1984), "Sobre el arte de Ramón", *Historia y crítica de la literatura española VII*, Barcelona: Crítica,

Young, Allen(2015), "Solving for X in Gerardo Diego's *Fábula de Equis y Zeda*", *Hispanófila*, 175, 213-228.

Zahareas, Anthony N.(1980), "El esperpento: Extrañamiento y caricatura", *Historia y crítica de la literatura española 6*, Barcelona: Crítica, 315-319.

[찾아보기]

ㅅ

ㅇ

ㅈ

ㅊ

ㅎ

스페인 아방가르드와 바로크적 전통

초판 1쇄 2019년 4월 30일
초판 2쇄 2019년 12월 10일

지은이 조민현
펴낸곳 고려대학교출판문화원
www.kupress.com
kupress@korea.ac.kr
(02841) 서울특별시 성북구 안암로 145
Tel 02-3290-4230, 4232
Fax 923-6311
찍은곳 한국컴퓨터인쇄정보

ISBN 978-89-7641-997-2 93870

값 20,000원